鉴 赏 与 收 藏

张庆麟工作室　编著

上海科学技术出版社

图书在版编目(CIP)数据

玉鉴赏与收藏 / 张庆麟工作室编著. —上海：上海科学技术出版社, 2013.11
(投资收藏系列)
ISBN 978-7-5478-1897-8

Ⅰ.①玉… Ⅱ.①张… Ⅲ.①古玉器-鉴赏-中国②古玉器-收藏-中国 Ⅳ.①K876.8②G894

中国版本图书馆CIP数据核字（2013）第169981号

上海世纪出版股份有限公司 出版、发行
上 海 科 学 技 术 出 版 社
(上海钦州南路71号 邮政编码200235)
新华书店上海发行所经销
上海中华商务联合印刷有限公司印刷
开本 787×1092 1/16 印张 16.75
字数：300千字
2013年11月第1版 2013年11月第1次印刷
ISBN 978-7-5478-1897-8/G·430
定价：98.00元

如发生质量问题，读者可向工厂联系调换

玉 鉴赏与收藏

前言

　　玉，在我国人民的心目中一直占有十分崇高的地位。爱玉、崇玉是中华文明的一大特征。从万年之前，人类还处于蒙昧时期开始，人们就有了对玉的崇尚和眷爱；商周时期又发展到"举凡国家之以祀、以飨、以朝、以聘无一而不用玉，自天子以至庶人未有不佩玉者……"；时至今日，尽管在珠宝的殿堂中有着远比古代丰富得多的琳琅满目的各种钻石和有色宝石可供人们选择，但人们对玉的爱好和崇尚依然热情不减。君不见社会各界不论男女老少，庶民或大款，又有谁不想拥有一块美玉，又有谁不想用美玉来装饰和表现自我？君不见在每次的拍卖会上，玉都是各类拍品中的重要角色，为了争夺一块美玉，还不时掀起一浪又一浪的竞拍高潮；君不见赏玉、鉴玉，把玉作为投资和收藏的对象，已越来越成为富裕起来的人们的一种高雅的选择，成为广泛流行的时尚……

　　今天，人们对玉的爱好，并不仅仅是由于玉的温润、晶莹和艳丽，是一种令人赏心悦目的饰物，能使佩戴者增添几分俏丽，几分荣耀，助长高雅的气质，从而给人以美的享受，以炫耀的满足和把玩的乐趣；还由于玉的丰富的文化内涵，让人们能够通过对玉的鉴赏，追思中华文明的演化，了解玉文化的历史传承，从而使个人的文化修养得到提高，使知识得到积累，使心情更加愉悦。另外，玉所具有的珍贵价值，特别是它所具有的不断增长的增值潜力，还使人们可以期望通过藏玉、戴玉，来达到财富的积累，获得投资的效益。正是在这些因素的共同推动下，爱玉、藏玉之风已愈演愈烈，有了渐渐席卷全国之阵势。

　　然而，当面对这些靓丽珍贵的美玉时，人们在怦然心动、渴望获取的同时，往往也不免会有些许担心、些许疑惑：它们是真的吗？是表里如一吗？它们究竟会值多少钱？我会不会上当受骗、吃亏挨斩？是的，这些担心、这些疑惑并非多余。事实上，在今天的珠宝玉石市场上，形形色色、巧夺天工的仿冒品、伪装品和人工合成品，早已是普遍可见。

1

前言

一些爱好者因此而上当吃亏的例子更是不时可以听到。如某小姐花八千元买来的翡翠戒面，竟是实价不超过百元的所谓"马玉"；某翡翠爱好者，倾几年来退休工资之全部，收集了许多翡翠玉件，但后来经鉴定竟然只有不足一成是真品，其他九成多不是用近似玉料冒充的，就是经过不同程度人工处理过的所谓"B货"和"C货"翡翠，损失之大可见一斑。某大款曾夸耀他的收藏，满屋的各色玉器，但后来经鉴定，他的许多所谓"白玉"制品，竟然绝大部分是用"京白玉"、"阿富汗白玉"甚至是人造的乳白色玻璃冒充的。诸如此类的例子，可说是不胜枚举。因此，如何才能避免上当受骗，避免吃亏挨斩，是每个玉石爱好者和收藏者最关心的课题。然而，应该说这个课题的解决并非易事，不要说一些新近加入的爱好者和收藏者，难免重蹈他人的覆辙，就是一些专家里手，若不依赖一些必要的仪器和科学的鉴定手段，也难免走眼弄错。不过，尽管如此，掌握一些必要的有关玉的知识，了解一些市场上常见的作假和仿冒手法，还是可以大大减少上当受骗、吃亏挨斩的几率，不致轻易地把赝品当成真品，把次品当作珍品，蒙受不必要的损失。而这正是本书希望告诉大家的，我们希望通过本书的介绍，使您知道究竟什么才是玉，常见的玉有着哪些类型和品种，它们分别有哪些作伪蒙人的手法，又有哪些可用于仿冒的顶替品，怎样才能尽可能地辨识这些赝品、次品，还有怎样评价它们的好坏优劣，怎样评估它们的价值高低，以及当今它们在市场上的供需情况，有没有增值的前景。

本书是笔者多年来在珠宝领域中不断学习的心得和体会，也是多年来从事教学、科研和鉴定实践的经验汇总。在编写过程中，我们以我国国家质量监督检验检疫总局和国家标准化管理委员会共同发布的2001年版《珠宝玉石标准》作为本书相关叙述的重要依据。另外还引入了我国国家质量监督检验检疫总局和国家标准化管理委员会共同发布的《翡翠分级》标准（GB/T 23885-2009），并对其的执行情况作了相关评述，以便读者对此有所了解。此外，我们还参阅了国内外的一些相关著述，如丘志力著的《珠宝市场估价》、张蓓莉主编的《系统宝石学》、唐元骏主编的《珠宝首饰评估师》等，以及散见在珠宝界刊物中的一些论述，在此，特向有关作者表示真挚的感谢。另外，限于笔者本身的水平，书中若有错误或不当之处，敬请读者批评指正。

最后，愿本书能真正成为玉石爱好者和收藏者的益友和参谋，并衷心地预祝读者能从玉石的收藏中，不仅获得美的享受、知识的积累和收藏的乐趣，还能获得良好的经济效益。

张庆麟
2013 年 5 月

目录

一、总论 / 1
(一) 泛论玉和玉石 / 2
1. 什么是玉 / 2
2. 现代概念中的玉和玉石 / 5
3. 源远流长的玉文化 / 12
4. 玉的投资与收藏价值 / 17
5. 玉的投资收藏要点 / 20
(二) 玉的鉴别防伪概述 / 26
1. 玉的结晶学特征 / 27
2. 认识玉石的"结构" / 30
3. 玉石结构的四要点 / 32
4. 玉石的"构造"类型 / 34
5. 玉的颜色与鉴定 / 38
6. 玉的折射率与光性 / 40
7. 光泽及其鉴定意义 / 42
8. 硬度与玉的鉴别 / 43
9. 相对密度的鉴别意义 / 45
10. 其他常用的检测手段 / 47
11. 几种精密检测法简介 / 49

二、各论 / 53
(一) 玉石之皇——翡翠 / 54
1. 翡翠是什么 / 55
2. 翡翠的基本性质 / 56
3. 翡翠的产出状态 / 60
4. 翡翠料石的选购 / 62
5. 赌石的做假与鉴别 / 66
6. 翡翠的颜色及其成因 / 69
7. 翡翠评价的颜色因素 / 71
8. 透明度和质地的评价意义 / 74
9. 形形色色的翡翠品种 / 77

目录

10．翡翠评价的其他因素／80
11．国标《翡翠分级》简介／82
12．翡翠价格的评估／87
13．警惕B货翡翠／92
14．C货翡翠与其他处理手段／95
15．常见的翡翠仿冒品／99
16．翡翠的投资收藏要点／104
17．古翡翠追踪／108
18．翡翠料石的供应概况／111
19．翡翠加工和消费市场概况／114
20．漫话翡翠价格的走势／116

（二）传统佳玉——软玉／118

1．软玉的基本特征／118
2．软玉的形成与产出／120
3．软玉的主要品种／123
4．我国的软玉／129
5．蓝田玉之谜／133
6．评价软玉优劣的因素／135
7．软玉的价格评估／139
8．软玉的作伪处理／142
9．常见的软玉仿冒品／145
10．古玉鉴赏简介／148
11．软玉的投资收藏要点／152
12．软玉的供需概况／154

（三）南阳美玉——独山玉／156

1．独山玉的基本特征／157
2．独山玉的主要品种／158
3．独山玉的品质评价／162
4．独山玉的投资收藏要点／164

（四）玉衣原料——蛇纹石玉／167

1．岫玉的基本特征／168
2．其他蛇纹石玉／171
3．蛇纹石玉的品质评价和做假／173
4．蛇纹石玉的投资收藏要点／176

（五）五彩之石——欧泊／179

1．色彩变幻的欧泊／179

2. 欧泊的优劣评价 / 183
3. 欧泊的处理、合成和仿造 / 186
4. 欧泊的投资收藏要点 / 189
5. 欧泊的供需概况 / 190

(六) 土耳其玉——绿松石 / 193
1. 绿松石的基本情况 / 194
2. 绿松石的性质与品种 / 196
3. 绿松石的优劣评价 / 199
4. 绿松石的人工美化处理 / 201
5. 常见的绿松石仿冒品 / 203
6. 绿松石的供需概况 / 206
7. 绿松石的投资收藏要点 / 209

(七) 天庭之石——青金石 / 211
1. 青金石的早期应用史 / 211
2. 青金石的基本特征 / 213
3. 青金石的主要品种与品质评价 / 215
4. 青金石的仿冒品和代用品 / 217
5. 青金石的供需概况和投资收藏要点 / 221

(八) 古老的珍宝——玛瑙 / 224
1. 玛瑙史话 / 224
2. 玛瑙的基本特征 / 226
3. 玛瑙和玉髓的主要品种 / 228
4. 玛瑙和玉髓的人工处理 / 233
5. 玛瑙和玉髓的供需概况 / 235
6. 玛瑙和玉髓的投资收藏要点 / 237
7. 其他石英质玉石简介 / 239

(九) 若干少见玉石介绍 / 242
1. 孔雀石 / 242
2. 印加玫瑰石 / 245
3. 京粉翠 / 247
4. 萤石 / 250
5. 梅花玉 / 255

结束语 / 258

总论 一

（一）泛论玉和玉石

我国素有"玉石王国"之称，早在人类蒙昧的原始社会时期就已懂得琢玉和用玉。已知的最古老的玉器，发现于辽宁阜新的查海遗址，是一块用软玉制成的"玉玦"，距今已有八千多年的历史。"玦"是一种环形有缺口或半圆形的，可用于装饰或祭祀、礼仪的器具；也就是说这是经过人们精心打磨的玉器。人们认为，它既然能出现在八千多年前，这就表明在出现经精心打磨的玉器之前，应该还存在有更早的未经精心加工的玉器。因此这就使人们相信，玉，在我国至少有万年以上的利用史。

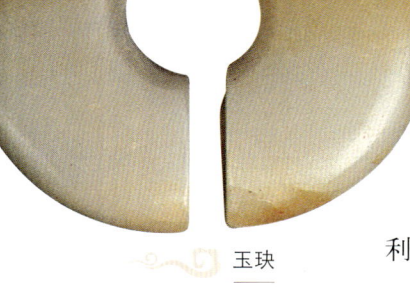

玉玦

1. 什么是玉

那么，玉究竟是什么呢？

首先，从字形上看，它是"王"字加一点，说明它是帝王的佩饰。

另外，东汉许慎（约58～约147）在其所著《说文解字》中说："玉，石之美"，意思就是说：玉是一种美丽的石头。那么究竟什么样的美丽石头才可以称为玉呢？许慎又进一步解释说："石之美有五德：润泽以温，仁之方也；腮理自外可以知中，义之方也；其声舒扬，专以远闻，智之方也；不挠而折，勇之方也；锐廉而不收，絜（xie）之方也"。也就是说，他认为玉的美丽体现为上述"五德"，所以只有具备上述"五德"的石头才能称为玉。

其实玉德之说，并不是许慎的新发明，早在先秦的春秋战国时期，儒家就有玉有"九德"和"十一德"之说。如孔子在《礼记·聘义》中说："夫昔者君子比德于玉焉，温润而泽，仁也；缜密以栗，智也；廉而不刿（音'贵'，刺伤、割伤解），义也；垂之如坠，礼也；叩之其声清越以长，其终诎（音'屈'戛然而止解）然，乐也；瑕不掩瑜,瑜不掩瑕,忠也；孚尹旁达（玉色旁达,不有隐翳），信也；气如白虹，天也，精神见于山川，地也；圭璋特达，德也；天下莫不贵者，道也"。在这里，孔子不仅把玉人格化，将它与君子的德行相比拟，而且一口气指出了玉的十一种特性。用我们现在的话来说，那就是它具有：①像仁者那样温润和善，惠泽于人；②像智者那样缜密细致；③像义士那般虽刚硬，但不会伤人；④相对密度较大，垂之如坠，像有礼貌的人那样垂手而立；⑤击之声音清脆优雅，像好听的音乐一样；⑥像忠义之士那样，瑕即瑕，瑜即瑜，不会掩饰，没有伪装；⑦质地均匀，表里如一，就像具有诚信的人一样；⑧气质非凡，如天穹般深沉，极具鉴赏的内涵；⑨是天然的产物，并集天地之精华；⑩像圭璋（高贵的礼器）那样，具高贵的品德；⑪产出稀少，深受人们的珍爱，所以天下的人都以玉为贵。

然而，尽管孔子或其他人的玉德之说，使人们对什么是玉，和玉的特性有了一定的了解，但毕竟还是过于概念化、模糊化，让人难以确切地把握。因此据当今的考古资料，我们知道，早在先秦时期，被我国古人所使用的玉就有多个不同的品种。其中包括我们今天所述的软玉、岫玉、独山玉、绿松石、玛瑙等。如前面我们已经提到的发现于八千多年的玉玦，就是用软玉制成；太湖流域的良渚文化遗址（距今4 000～5 000年）发掘出来的大量玉器也多为软玉制成；而在山东大汶口文化（距今6 000～7 000年）和甘肃齐家文化（距今4 000～5 000年）遗址中则

红山文化的岫玉质玉猪龙

发现有绿松石制品；另外，1959年在河南南阳黄山发掘出有新石器时期（距今5 000～6 000年）的玉铲、玉凿、玉璜，系用独山玉制成；而辽宁红山文化时期（距今5 000～6 000年）著名的三星它拉玉龙及其他多种玉器，则多为用岫玉制成；还有浙江余姚的河姆渡遗址（距今4 000～7 000年）的早期文化层里则发现有一些制作相对原始，由不同材质制成的玉器。其材质包括所谓的软水玉（即萤石），叶蜡石质（可能为青田石或昌化石），及少量的玛瑙质（甘肃齐家文化遗址中也发现有玛瑙珠）等。

下表是对古代曾利用的玉材所作的简要汇总

玉材类型和名称		古 玉 举 例
软玉	白玉、青玉、碧玉、墨玉、黄玉、杂色玉	八千年前的玉玦；河姆渡遗址玉器；汉金缕玉衣的少部分玉材；明"一捧雪"玉杯
	翡翠	明代墓葬；明以前有无翡翠尚待考证
	蛇纹石玉（岫玉）	红山文化玉器；殷墟妇好墓部分玉器；汉金缕玉衣的玉材
	蛇纹石大理岩（蓝田玉）	汉代玉佩及大型玉铺首
	独山玉	新石器晚期玉铲；殷墟妇好墓部分玉器
	绿松石	大汶口文化的玉佩；齐家文化的部分玉珠
	玛瑙（赤玉）或玉髓	齐家文化的部分玉珠，河姆渡遗址个别玉器
	梅花玉	曾见于商周遗址，盛行于东汉初
	京白玉	始见于宋；清代较多
	煤玉（煤精）	沈阳新乐新石器晚期遗址的玉耳珰等
	软水玉（萤石）	河姆渡遗址的部分玉器
	孔雀石	殷商5号墓出土有孔雀石簪
	青田石或昌化石	河姆渡遗址部分玉器
	天河石	陕西周原文管所存有西周时代两面抛光的天河石玉片

从上表可知，"玉"在古人的眼中曾是一个泛称，并无具体石种的指认。

不仅是古代，即使在近代，在现代的科学的岩矿理论引入玉的研究之前，更确切地说在"宝石学"作为独立的学科出现在我国之前，人们对究竟什么是玉，也还存在着三种不尽相同的看法。

第一种，把玉的概念无限扩大化，在他们看来，玉就是石之美者；只要是色彩鲜艳，具有观赏价值的，均可称为玉。如台北故宫博物院的那志良先生，在20世纪60年代所著的《古玉通释》中写道："广义的'玉'是包括一切'石之美者'而言，凡是磨得光滑，硬度较高的，例如玛瑙、水晶及一切黝帘石（这里应是指独山玉）、蛋白石等，都算作玉"。在这里那先生虽然对什么是玉，给出了美、硬度较高、磨得光滑的三个条件。但由于没有明确的指标性的杠杠，因此是非常泛称化的，自然界能符合他的条件的石材，显然远远不止他所列出的那几种。另外，人们还认为若按这一概念，也不能完全符合孔子的玉有十一德和许慎玉有五德的指认。

第二种观点则把玉的概念极端地狭义化，在他们看来，玉只有一种，那就是软玉，甚至只指"和田玉"。如清代的刘太同在所著的《古玉辨·石之似玉者》

中，就曾试图把一些他认为的似玉之"石"从玉中剥离出去。他写道："世之美石，酷似脱胎古玉者甚多，如宝石（应指红蓝宝石、碧玺等）、蜜蜡（琥珀的一种）、翠石（可能指碧石）是也，即锦州石（玛瑙）、江石（玉髓）亦如之，惟石性坚硬脆滑，不如玉之温和润泽耳。如莱州石（绿泥石岩）、岫岩石（今岫玉），则又质软色嫩；即青田、寿山、昌化等石，质地鲜明，色浆宛如宝石，以之摹则可，以之雕刻古玩，用手一握，毫无趣味"。也就是说，在他看来那些石质相对坚硬脆滑，或相对质软色嫩者均不应该称为玉。明初曹昭在《格古要论》中也说："玉出西域于阗国（即今新疆和田），有五色，利刃刮不动"，可见他认为玉只来自和田。还有，今人王春云先生在《玉的概念、命名、种属与分类研究》（1992）一文中也指出："中华文明中的真玉……实际上就是软玉。根据玉德的定义，可以将一切似玉与真玉区分开来"；他又进一步指出："中国的古玉一直只有软玉一种，这种情况一直延续到明清之交，缅甸翡翠呈一定规模输入中国时为止"。换言之，他认为中国的古玉只有软玉一种，一直到明清之交才增加了也能称为玉的翡翠。但对翡翠能否称为玉，一些人也是具有不同看法的。如清代著名学者纪昀（1724—1805）在《阅微草堂笔记》中写道：云南翡翠，不过如"蓝田乾黄，强名以玉耳，今则以为珍玩，价远出真玉上矣"。正是在这些思想的影响下，许多人特别是古玩界的一些人，一直把玉视为就是软玉一种。然而这样的观点是很值得商榷的。正像有人指出的那样，如果按这个观点来定义玉，岂不是我国古代的许多玉器，都要变为"石器"了。

第三种观点是对前两种观点的折中，主张玉不限于软玉一种，也应包括其他一些具有工艺美术价值的石料，如岫玉、独山玉等，但由于没能结合科学的岩石矿物理论，因此在如何定义玉的问题上，仍存在许多模糊不清，让人难于把握的缺陷，甚至把无论从哪个角度来看，都与玉相去甚远的水晶，也纳入玉的范畴。如赵永魁（1989）在所著《中国玉器概论》中就把水晶、珊瑚、琥珀等也都列入玉石之中。

2. 现代概念中的玉和玉石

20世纪80年代以来，原先受到国人忽视的宝石学的引入，结合了现代地质矿物学理论的研究，使人们终于对如何定义"玉"，逐渐有了一个较统一的认识。

首先，我们应该知道，玉或玉石是广义珠宝中的一大类别。也就是说，按照当今人们的共识，珠宝可再分为三大类别，即宝石、玉石和有机宝石三类。

其中有机宝石比较容易理解，它是指那些来自生物体的珠宝。如珍珠、琥珀是来自生物的分泌物；象牙、珊瑚、玳瑁是生物机体的组成部分；煤精（或称煤玉）是植物残骸碳化变质的产物，如此等等，不一而足。

那么什么是宝石和玉石呢？

为了让读者能更好地理解宝石和玉石的现代定义,我们有必要先简单地介绍一下关于矿物和岩石的概念。

矿物是地球上一切地体的最基本组成单元。从其化学组成来说,可区分为单质矿物和化合物矿物两类。前者是由某一种元素自身结合而成的。后者则是由两种或两种以上元素互相化合而成。如钻石就都是由碳元素的原子结合而成,而石英则是由硅元素和氧元素共同结合而成。矿物的化学成分是基本固定的,所以我们可以用特定的化学式来表示它们的化学组成。如钻石的化学式是 C,石英的化学式是 SiO_2,钠铝辉石则是 $NaAlSi_2O_6$ 等。已知绝大多数矿物是以固体的形态产出,而且它们还几乎都是晶体。只有个别的例外,如我们在各论中将要介绍的欧泊就是非晶体。

所谓晶体,是指组成该晶体的各个元素的质点都能作有规律的重复排列。这种内部结构上的规律性,就决定了在外界环境许可的情况下,它们都会自动地形成具有一定的几何多面体形态的固体——晶体。而非晶体,如常见的玻璃,其组成物质的质点则是作无序的任意的无规律排列的。晶体可大可小,大的晶体长径可超过 1 米,甚至更大;小的晶体可小到不足毫米,甚至小到在普通的

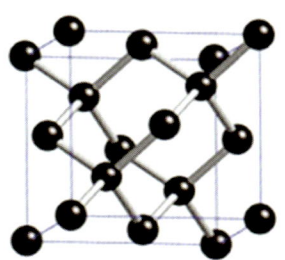

(a) 金刚石(C)晶体的碳原子的排列方式

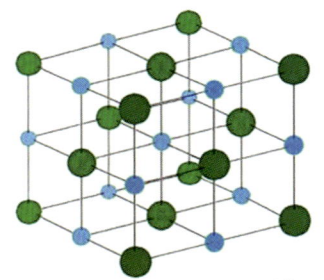

(b) 食盐(NaCl)晶体中钠离子(蓝色)和氯离子(绿色)的排列方式

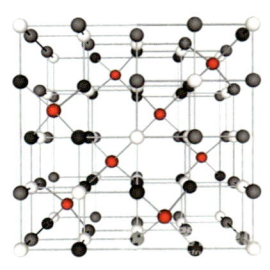

(c) 尖晶石($MgAl_2O_4$)晶体中镁离子(红色)、铝离子(白色)和氧离子(黑色)的排列方式

矿物的晶体结构

左:金刚石的八面体晶体;中:食盐的立方体晶体;右:尖晶石的八面体晶体

光学显微镜下都很难分辨其颗粒。但不管是大是小，同一种矿物的晶体都具有相同的晶体结构，即具有相同的质点排列方式。

不同的矿物会具有不同的，可用于鉴别它们的物理化学性质。矿物的物理化学性质，不仅决定于其化学成分，也决定于其晶体结构，所以具有相同化学成分但晶体结构不同的两种矿物，会具有完全不同的性质。如石墨和钻石都同样由碳元素的原子结合而成，但由于其内部质点（也即每个碳原子）的排列方式不同，所以就具有完全不同的性质。

岩石就是由许许多多矿物小晶体组构而成的，所以也可称为"矿物集合体"。有的岩石是基本上由同一种矿物集合组成的，称为单矿物岩，如大理岩就基本上全由方解石矿物组成，白玉则基本上全由透闪石矿物组成等。也有的岩石是由两种或两种以上矿物集合组成的，称多矿物岩。如我国河南南阳地区产的著名的独山玉便是一种多矿物岩，它由斜长石、黝帘石、铬云母等几种不同的矿物集合而成，梅花玉就是由长石、角闪石、石英、绿帘石等共同组成。

矿物与岩石的不同，就成为今天我们科学地划分宝石与玉石的理论基础。

也就是说我们今天认为：宝石实际上是某一种矿物的单个晶体，因此它的大小受到矿物晶体大小的严格限制，而且因为它本身就是矿物晶体的一部分，所以和矿物一样具有特定的化学组成，可以用化学式来表示它的化学组成。如红宝石由三氧化二铝组成，可用 Al_2O_3 表示；祖母绿由铍铝硅酸盐组成，可用 $Be_3Al_2Si_6O_{18}$ 表示等（注意"宝石"一词有广义和狭义之分。广义的宝石是珠宝的同义词，我们这里讲的是狭义的宝石，它是珠宝中一大类别）。

而玉石则实际上就是一种岩石。也就是说它是由某一种矿物，或某几种矿物的许许多多小晶体共同组成的。由于即使是单矿物岩，在其组成中也只是以某一种矿物为主，而不是全部由它组成；除这种主要矿物外，它还总是包含有数量不定的其他杂质矿物，所以作为岩石其化学成分是可变的，是不能用固定

主要由石英、长石和黑云母三种矿物构成的花岗岩

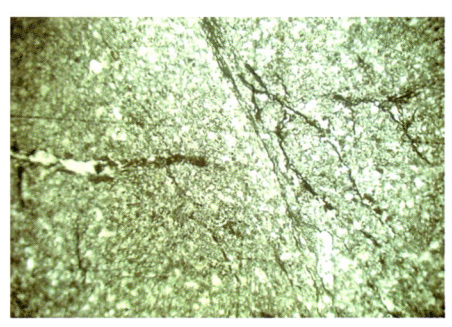

基本上全由方解石一种矿物构成的大理岩（照片中显示出一些裂隙）

的化学式来表示的；而它的物理化学性质，也将决定于组成矿物的平均特征，并因杂质矿物的种类和含量的变化而变化。

世界上已知有矿物四千多种，岩石的种类则更是不计其数，那么究竟什么样的矿物和岩石才能成为宝石和玉石呢？对于这个问题，当今珠宝界已达成了

美丽的红蓝宝石和祖母绿

基本共识，那就是不论是矿物还是岩石，要能被选为宝石和玉石，必须满足以下三个最基本的条件。

首先它必须具有美观，可爱的基本属性。美观可爱当然不限于有艳丽喜人的色彩，还应该包括是否晶莹剔透、光泽亮丽，纹理悦目，甚至具有特殊的光学效应和令人迷惑的神秘现象等。总之，要能吸引人们的眼球，使人有反复把玩、爱不忍释的感觉。

其次它还应该比较罕见，使人不能轻易获得，从而使它有物以稀为贵的高贵身价。事实上许多珠宝都是大自然的骄子，是在特定的有利的地质条件下才孕育出来的，所以产出十分稀少。如翡翠，已知偌大的世界就只有那么三四个产地，而优质者又几乎都来自缅甸一地，尤其是高档品更是百里挑一，甚至万里挑一。这使它焉能不成为稀世之宝。

第三它还应该具有一定的耐久属性，能经受岁月的考验，经久不变，永葆美丽的本色。为此，它又必须具有较大的硬度，使它能足以抵御外界其他物质的刻画和磨损。由于在自然界的尘埃中通常会含有较多的石英矿物的微粒，而石英的硬度为7级，所以优质的珠宝，其硬度也应在7级左右，甚至7级以上。这样才能使它具有足够的抵御风沙的本领。再者，它还应该具有稳定的化学性质，不会因受到空气中的水、氧和其他化学物质的侵害而改变面貌。

根据以上三个基本条件，矿物中能被选作宝石的也就一百来种，其中最重要的也就二三十种；而岩石的种类虽然多，能被选作玉石的更是少之又少，仅有几十种，其中重要的不过十几种。另外在为数众多的岩石中，除了少数被选作玉石之外，一些人还主张分出彩石、印石、砚石和观赏石。

彩石和玉石一样也具有美观的特点，有的在美观的属性上甚至一点也不亚于玉石。但它们或者由于硬度较低（通常低于摩氏3级），或者化学性质不稳定，易分解，致使它们缺乏耐久的属性；更重要的是它们大多在自然界分布较广，不那么稀少，致使它们

如被称为"蓝田玉"的蛇纹石化大理岩，究竟应该是属于彩石，还是玉石，就存在见仁见智的不同争论

没有了物以稀为贵的高贵身价，所以人们认为应该把它们与玉石区分开来，称之为"彩石"。如常见的大理岩、叶蜡石岩、石膏等。不过，还应该指出，由于玉石与彩石之间的划分，缺乏一个十分明确的标准（如怎样认定分布多、分布少），所以对某些品种的石料来说，它们究竟应该被确认为是玉石还是彩石，就存在见仁见智的问题。以至同是一种石料，在有的书上将其列为彩石，而另一些书上则将其列入玉石。

印石，是一类主要用作印章的石料，如著名的寿山石、青田石和鸡血石等。此类石料尽管大多色彩靓丽，令人喜爱，但由于硬度一般较低，大多为摩氏2～3级，传统上一般也都不将其视为玉石，因此一些人倾向于把它们划入彩石的范畴；然而又由于它们在自然界产出相对稀少，有些特殊品种更是非常紧俏，市场售价高高居上，所以另一些人则主张它们也属于玉石。在本书中，我们采用了前一种观点，即未将其纳入玉石的范畴。限于篇幅，将不对其作更多的介绍。读者若有兴趣可参阅笔者编著的《印石鉴赏与收藏》。

砚石，是一类主要用于制作文房用砚的工艺石料，如端砚石、歙砚石等。与彩石不同的是，它们通常没有华丽的色彩，虽然有的也可以具有秀丽的纹理或装饰性的色斑，但人们对此类石料的要求，不在于它们是否美观，而在于它们的使用价值，在于它们能否发墨益毫、滑不拒墨；细腻湿润、贮墨不涸。砚石和印石一样，硬度一般也都不高，多在摩氏3级左右（2.5～3.5），而且传统上人们都不把它视为玉石，所以在本书中我们也不将其作为玉石予以介绍。不过也有人根据玉石是岩石的简单推理，把它们列入玉石之中（如张蓓莉主编的《系

印石

左：著名的寿山艾叶绿；中和右：鸡血石

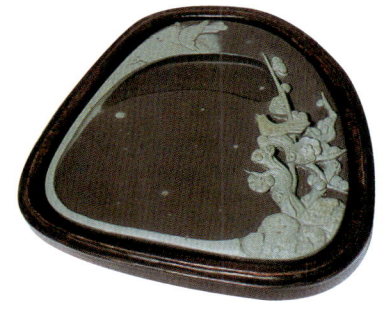

砚石

左：歙砚；右：苴却砚

统宝石学》）。

观赏石，是另一大类石料。从地质学的角度讲，它们既可以是矿物（但多为矿物的集合体，尤其是一些矿物的晶簇），也可以是岩石，还可能是化石。所以对于此类石料，人们的唯一要求就是它们要具有观赏性，如有的色彩艳丽，令人赏心悦目；有的图案如画，令人浮想联翩；有的造型奇特，意境深远，让人可以从中领略大自然的奥秘，产生无穷的遐思……与宝石、玉石相比，此类石料的另一个大特点是，它们大多具有相对原始的面貌，通常不作更多的人为的加工，不像宝石和玉石，一般均需要进行仔细的琢磨；再者它们也不像珠宝那

观赏石

左：雨花石"轻舟已过万重山"；右：景观石"孤岭崎岩"

样用于人体自身的装饰、佩戴或把玩,而主要是用于案头、居室等的摆饰和欣赏。因此有人认为它们不属于珠宝,而应该是另一范畴的石料;但也有些人认为,它们和其他珠宝一样也具有美观、稀少和耐久的属性,而且常常也具有十分高昂的价格,因此应属于广义的宝石之列。但本书赞同前一观点,所以也未纳入本书的介绍内容之中。读者若有兴趣可参阅笔者编著的《奇石鉴赏与收藏》。

综上所述,我们可以知道,在现代的宝石学中,人们把玉石定义为是一种具有美观、稀少和耐久三属性的岩石;并以硬度较高区别于与其具有某种相似性的彩石(包括印石)和砚石,又以使用价值的不同,区别于观赏石。

在当今的宝石业界,人们一般又把玉石再区分为"玉"和"普通玉石"两亚类。玉只指硬玉(即翡翠)和软玉(又按颜色的不同而分白玉、青白玉、青玉、碧玉、黄玉、墨玉等)两种;而普通玉石则包括了除硬玉和软玉之外的所有玉石,如独山玉、岫玉(蛇纹石玉)、玛瑙、绿松石、青金石、欧泊等。

3. 源远流长的玉文化

前面我们已经谈到,玉在我国有着十分悠久的利用史。远在人类文明的早期——新石器时期,就已有了许多经过精细加工的玉器,显示出高超的玉器加工技艺和令人叹为观止的艺术水平。如在红山文化(距今5 000~6 000年)遗址出土的著名的内蒙古翁牛特旗三星它拉的玉龙。它高26厘米,呈"C"形,吻前伸,闭嘴昂首;头部刻画生动,线、面利落、简洁、圆润,龙身圆浑无鳞,有一中孔可悬挂。整个作品造型协调优美,具有极高的文化艺术的鉴赏价值(在5 000~6 000年前,人类还不懂得使用铁器的情况下,能雕琢出如此精美的玉器,可以想象到是多么不易)。

再如在浙江余杭良渚文化(距今4 000~5 000年)遗址出土的兽面纹玉琮,是另一件备受人们赞誉的古玉器。它高7.2厘米,上宽8.4厘米,下宽8.3厘米,孔径6.8~6.7厘米,呈方筒形;方筒两头有圆形的口边,柱面中分有横竖轧的槽,将玉琮分为两节。每节四个凸面,共八个凸面。凸面以方棱为中线,并勾有阴线兽面纹。兽面纹的主要纹饰集中在两只蛋圆的大眼上,鼻、嘴、面颊也有阴线纹饰;大眼炯炯有神,虎视眈眈。整个作品构思严谨,表现细腻,刻画手法娴熟,确是一件十分难得的玉器珍品。这两

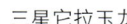
三星它拉玉龙

一 总论

玉琮

左：兽面纹玉琮；右：造型不同的玉琮

件南北相互辉映的古玉瑰宝，充分显示出早在新石器的晚期，我国的先民在玉的利用方面已达到十分高的水准。

由于早期的玉器多为各种不同用途的祭祀器，因此今古宫博物院的著名的古玉研究家扬伯达先生认为，玉在我国先民的心目中是神的代表，是可以通天的，所以受到人们的顶礼膜拜，具有至高无上的地位。正是玉的这一崇高的地位，使它后来又成为帝王权威的象征。传说当年黄帝在打败蚩尤，分封诸侯时，为体现王权神授的观念，就曾以玉作为他们执掌权力的凭证。人们认为，当初先民在造字时，把"玉"字写成"王"字加一点，就充分表明，在当时人们曾经认为，玉是王者的佩饰，是王者的专利。

在早期，玉除了用作帝王的权证，体现王权神授之外，它的更重要价值仍然在于用作祭器和瑞器。如《周礼》载："苍（碧）璧礼天，黄琮礼地，青圭礼东方，赤璋礼南方，白琥礼西方，玄璜礼北方"，是为六器。它表明玉作为祭器在当时是有着非常明确的规定和讲究

用于礼天的汉代玉璧，直径21厘米

13

玉璜

左：早期的玉璜；右：战国时期的双龙首玉璜

的，随着祭祀对象的不同，其形制和色泽都将有所不同。另一方面，鉴于王者是天之骄子的神权观念，就使"天子"也获得了类似苍天那样的待遇，于是玉不仅作为祭器，也作为礼器、瑞器进入官场的礼仪，官员朝见天子也必须执玉为礼（实际上是一种变相的祭器）。《周礼·春官·大宗伯》载："以玉作六瑞，以等邦国。王执镇圭，公执桓圭，侯执信圭，伯执躬圭，子执谷璧，男执蒲璧"。这表明在当时，玉作为礼器就像祭器一样，也有着十分严格的等级限制。

随着社会经济的发展，让人们有可能获得越来越多的玉。如《周书》中曾说："周天纠，获宝玉万四千，佩玉亿有八万"，可见帝王拥玉之多。这就使帝王有可能把玉也赠赐给他周围的贵胄、亲王，甚至士大夫。从而使玉渐渐摆脱了早期只限于帝王的格局，也摆脱了作为祭器和礼器的限制，开始向士大夫和庶民阶层扩展。但毕竟拥有玉，特别是优质玉和高档玉器仍然是相对少数人的权利，所以玉在人们心目中的崇高地位并没有因此而改变。也就是说，它虽然已不再是王权的代表，但仍被人们视为高贵身价和地位的象征。

象征武力和王权的玉斧

另一方面，为了适应玉走下神坛的这一变化，儒家在继续神化玉的同时，又赋予玉有德的观念，提出玉有"九德"和"十一德"的说法，提倡"君子比德于玉"，和"君子无故，玉不离身"，以玉来显示道德品格的高尚。这使商、周时期"举凡国家之以祀、以飨、以朝、以聘无一而不用玉。自天子以至庶人，未有身不佩玉者"。对此，杨伯达先生曾给予高度的评价，认为这是中华玉文化发展史上的一场意义重大的革命。它把玉从深宫禁苑中解放了出来，使地位不高，或并未踏入仕途的平民也拥有了佩玉的权利。于是，玉的利用得到了极大的普及。而且这对后世道德观念的建立也具有十分深远的影响，玉成了一切美好事物、高尚品德的象征，并深刻地反映在人们的言辞和观念之中。如人们在赞叹美女的容颜时，有"玉女"、"玉容"、"玉貌"、"冰清玉洁"、"冰肌玉骨"

一 总论

具不同祈福意义的玉佩图案

的说法；称赞美少年为"美如冠玉"；赞赏美酒为"玉液琼浆"；赞美富贵的生活为"锦衣玉食"；把神仙的居住地，叫做"玉宇"；把帮人做成好事，叫做"玉成"；还有"化干戈为玉帛"、"宁为玉碎，不为瓦全"等，不一列举。据不完全的统计，在汉语中有200多个词和成语与"玉"字有关，而且这些与玉字有关的词或成语，几乎都是褒义词，足见玉在我国文化中所具有的独特地位。

在人们把玉普及化，和视为美好事物与高尚品德的象征同时，早期形成的玉是神的代表的观念也依然根深蒂固地在人们的心目之中滋生发展。所以人们除了在各种祭祀和礼仪场合使用玉，以显示自己的地位和身价之外，也普遍相信可以用玉来保佑自己，护佑家庭和亲朋。于是这就有了用玉制成的各种各样的护身符和护身用具，甚至日常的用具，并以不同的图案和形制来寄托人们的美好祝愿，祈求神灵的护佑；相信佩玉、戴玉，能带来吉祥如意，频频好运，和祛祸去灾，逢凶化吉。如用玉雕图案"象驮宝瓶"，来祝愿太平有象；用"两蝙蝠夹一寿字"来祝愿福寿双至；"一凤衔月季花枝"则用于象征荣华富贵；"葫芦连枝蔓"用于祈求福禄万代；"荷叶上伏一青蛙"是祝愿连生胖娃；以"荷叶、莲藕和鱼"祝福生活富裕，年年有余；用"猴子爬上枫树挂印"来象征封侯高升……这种以图案的谐音和象征意义来表达祝福的习俗，应该说也是中华玉文化的特征之一。

人们还相信，玉不仅能护佑生者，也能保护死者。为此还设计了各种用于死者的玉器，如口含的玉琀，塞耳的瑱玉，盖脸的玉片，甚至用于全身的玉衣等。人们相信在这些玉器的保护下，死者可以尸体不腐，灵魂不散。

对玉的这种护佑意义的进一步挖掘，又使人们产生了玉有某种医疗价值的联想。因此早在汉末和魏晋、南北朝时期，便盛行有为延年益寿而服用玉粉的记

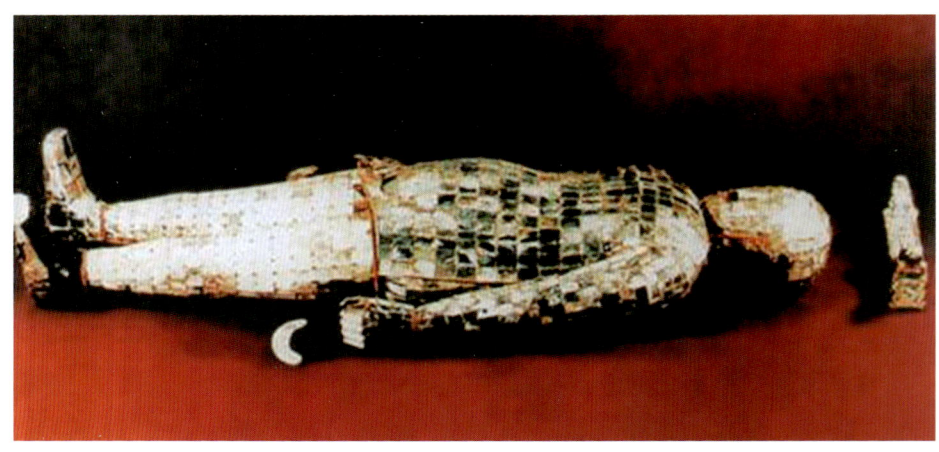

发现于保定满城汉墓中的金缕玉衣

载,有"玉亦仙药,但难得耳"和"服玉者,寿如玉"的说法。明代李时珍在《本草纲目》中则概括了前人对玉的医药价值的论述,指出:玉有"除中热,解烦懑、润心肺、功声喉、滋毛发、养五脏、安魂魄、疏血脉、明耳目……"的功效;还记载:玉"久服耐寒暑,不饿渴,不老神仙"。正是在这种观念的影响下,历代都有不少王公贵胄,上层人士用玉作为滋补剂。传说当年为延年益寿,乾隆曾手不离玉,身不缺玉。清宫医史还记载:当年慈禧太后就曾每天吃玉粉和珍珠粉一小汤匙,数十年未间断,闲时还用玉棍在额上和脸部来回滚磨(有人认为,这兴许是她虽年近古稀,却依然容颜未见明显衰老的一个因素)。诸如此类表明,玉在人们的心目中还是一剂治病抗老的神药。

和西方不同的是,在近代的地质矿物学和宝石学引入我国之前,玉在我国一直是一个泛称,没有具体的属种的划分(虽然也有人试图对不同的玉给予区分,但却未能得到普遍的认同),因此不像西方那样认为不同的宝石会具有不尽相同的护佑价值,而是笼统地相信所有的玉都具有相似的保佑价值,其差别则主要反映在玉器的形制上。所以随着社会的发展,人们对玉的期望值的不断扩展,就使玉器的制作不仅工艺越来越精巧,类型也越来越丰富多彩,涵盖了祭祀、礼仪、护身、装饰、用具、玩赏、医药等各个领域。

4. 玉的投资与收藏价值

玉是一种不可再生,又不易多得的自然资源,它不仅具有美观、稀罕和耐久的属性,而且还是一种我国源远流长的文化载体,具有深厚的文化内涵。因此其投资收藏价值,其实是毋庸多言的。所以我们这里仅作一些简要的概述。

首先,我们要指出,在当今,已知的为人们所熟悉的多种多样的投资收藏品种中,珠宝,尤其是玉是一种相对更佳的投资选择。大家知道储蓄、股票、基金、国债是人们最常采用和熟悉的投资方式,此外字画、古玩、房地产、外币……也是许多人喜欢采用的投资对象。但与玉的投资与收藏相比,这些项目不是收益相对较低,就是风险较大,显示出一定的劣势。例如,储蓄虽然没有风险,但却是一种回报率十分低的投资方式。倘若处在通货膨胀的年代里,储蓄还可能带来负效益,虽然钱的数目上有所增长,但实际购买力却在下降。股票、基金是一种快速简便的投资方式,不仅易于操作,有时候还能给投资者带来巨大的收益。但股票、基金的风险也是人所皆知的。房地产投资虽然也常可带来可观的收益,但投资额通常十分巨大,致使大多数投资者难以问津;而且它还是一种不动产,不便迁移,又有交易手续相对繁琐的缺陷。字画、古玩投资,从其特点来说与珠宝和玉的投资十分相似,都是具有良好的增值潜力的投资品种,而且它们还都具有陶冶性情、提高投资收藏者的文化品位、点缀生活环境的优点,它们也还都有体积较小、便于携带、便于收藏的优点,但是字画相对易于损坏,

翡翠摆件

难以保存,它常会受到虫蛀、水渍、火烧等的损害;如果是陶瓷一类的古玩,则也很容易受到损坏。在这方面,玉和其他珠宝最具优势。耐久,本就是它们的基本属性之一,所以,人们不难看到许多珠宝尽管几经战乱,几经人手,但仍辗转流传了几百年,上千年。

其次,还要指出的是,珠宝,尤其是高档的玉,都具有十分强劲的增值潜力。众所周知,珠宝是不可再生的自然资源,它必定随着人们的日复一日的采掘,而使资源量趋于减少,甚至枯竭。在这方面,翡翠和白玉,作为玉石中的两个顶尖品种,表现尤为明显。已知,在偌大的一个地球上,优质的翡翠只来自缅甸一个产地;同样优质的白玉也几乎都只产于我国的新疆和田地区。因此完全可以想像的到,经过几百、甚至几千年的采掘,其资源量焉能维持多久?与此恰恰相反的是,伴随资源供应量的日见紧张,人们的需求量却在不断增长。这需求量首先来自那些本与珠宝无缘,处于温饱线上挣扎的广大群众,现在由于社会经济的发展使他们终于摆脱了贫困,也有了可以用来购买珠宝的闲钱。于是他们必定在美丽珠宝的诱惑下,也加入到购买珠宝的行列中来。鉴于这一群体的潜在数量,势必使本已日见紧张的珠宝资源更加捉襟见肘。另一方面,那些较早就拥有珠宝的人们,也会随着口袋中闲钱的增多,而不满足于仅仅有那么一两件珠宝,他们也必定渴望拥有更多的珠宝。正是在这两方面的共同压迫下,珠宝的供需矛盾便愈演愈烈。尤其是前面我们谈到的资源量本已十分有限的翡翠和白玉,其未来的供需缺口必然更加显著。在这种情况下,其价值又怎能不持续地向上攀升。事实上,据人们的统计分析,自20世纪50年代以来,许多珠宝都有成倍或几十倍的涨幅,其中名贵珠宝,尤其是翡翠和白玉的涨幅更是令人咋舌。如有人曾对1970～1993年23年来五大宝石的价格进行过调查,发现在这23年中,钻石的价格涨了不到4倍;祖母绿和蓝宝石均分别涨了4倍;红宝石则涨了约10倍;翡翠更是惊人,达到20倍。可惜,这一统计未把白玉包含在内,但实际上白玉的涨幅并不亚于翡翠。而且应该指出,这一统计还只反映了十几年前的情况,而没有预见到今天的涨势。事实上,近些年来,翡翠的价格几乎年年都有成倍的涨势。尤其是那些被一些人热炒的品种，其涨幅更是惊人。如以2001年到2010年这10年来玻璃种翡翠价格的走势来看：2001年：每千克1～2万元，2003年就涨到每千克4～5万元，几乎翻了2翻；到2005年又涨到每千克6万元；2008年其价格再次翻了好几番，高达每千克40万元；2010年又再次翻了2番，达到每千克150万元。也就是说从2001年到2010年的10年中，翡翠价格涨了75到150倍。怪不得人们要说它是"疯狂的石头"了。同样，当年价格每千克1 500～2 000元的白玉仔料，现在也已达到每千克30万元，是当年的150～200倍，其涨势之迅速，真使人难以置信。

第三，还要指出，相对于其他珠宝而言，玉通常都被制作成各种雕件和器件，因此就蕴涵有更深的文化和艺术内涵。所以，它的价值通常不限于玉质本身的优劣，还在很大程度上取决于加工工艺的水准，取决于造型款式的文化含义和艺术价值。比如玛瑙，由于客观上产量较丰，所以其制品价格普遍不高，但我

香港苏富比春季拍卖会上的翡翠项链

具五彩沁色的汉代镂雕螭龙纹饰玉佩

们也可以看到,有些经人们精心制作的玛瑙雕件,也常拥有几万、几十万的高价。另外,在玉器的选择上,加工技师的流派与知名度也很重要。人们不难看到,同一件玉雕作品,由于加工技师的知名度的提高,或不幸作古,而使其价格意外升高,突然倍增。其情景与许多名画和艺术品的际遇极其相似。因此,从这一角度讲,许多时候玉器已不仅仅是一件普通的珠宝,而是一件珍贵的艺术品。这也正是为什么许多古玉器会具有令人难以置信的高价的一个重要原因。所以玉的投资与收藏,与其他珠宝相比,更近似于艺术品的投资与收藏。

5. 玉的投资收藏要点

在选择玉作为投资收藏对象时,首先要注意的是,挑选恰当的品种。毫无疑问,人们在进行玉的投资与收藏时,除了把它作为一种艺术上的享受,和文化素养的提高之外,也都会希望未来能获得较大的收益。而一般说来,未来具有较大升值潜力的是那些比较著名的高档的玉石,尤其是它们中的优质品。换句话说,在通常情况下,今天的价格愈高,未来的升值潜力也愈大。这是因为这些名贵品种本来在自然界里就是产量稀少,价格才高高在上。随着岁月的推移,人类的不断采掘,它的产量只会越来越少;反之,随着世界经济的不断发展,富裕起来的人越来越多,他们对珠宝的追求也随之不断提高,从而更加剧了这些名贵品种的供需矛盾,促使价格不断上扬。而那些比较低档的廉价珠宝,虽然也同样存在这种情况,但毕竟由于它们产量相对较多,供需之间的矛盾不会那么突出,所以升值潜力也相对减弱。譬如同是翡翠,一些高档的翡翠,十多年来其价格已翻了几十倍、上百倍。据报道,1996年在香港的拍卖会上,一个指甲盖大小(15.5毫米×13毫米×6.3毫米)的翡翠戒面,竟拍出387万港元的高价,平均每克拉37.18万港元。而许多低档(被人们戏称为"砖头料")的翡翠,在同样的十多年中,价格一般也只升值了较有限的几倍。

其次,收藏投资玉器最应该小心警惕的是,切勿购入假冒伪劣的玉石制品。要知道,在当今的珠宝市场上,那些琳琅满目,令人眼花缭乱的各种玉石中,不仅存在有众多的不同玉石品种,而且还存在经人工不同程度介入处理的玉石。也就是说,按介入程度的不同,我们一般可以把它们分为以下六种类型。

（1）真正的天然玉石。此类玉石，人们除了把其精工细琢制成不同的款式的制品之外，未再作任何的人工处理。所以它们的质地、颜色、光泽等等都保持原来的天然本色。如当今市场上所谓的"A货翡翠"就属于这一类。

（2）经人工美化处理的天然玉石。此类玉石在天然状态下，或是色泽不够美丽，或是不那么水灵，再或牢固度不足等原因，致使其欣赏价值降低，不为人们所喜爱。因此人们便采用各种不同的手段给它们"涂脂抹粉"，进行美化处理，以提高它们的欣赏价值。根据美化手段的不同，此类玉石又可再分为两个亚类：人工优化的天然玉石和人工处理的天然玉石，即"优化"和"处理"两亚类。

所谓"优化"，是指人们在对玉石进行美化处理时，采用的是传统的已被人们广泛接受的方法，而且是一种纯物理学的方法，在这过程中一般没有外来物质的加入（如果有也只是极少量的如蜡一类的增光剂），如单纯的加热处理等。对于这种经"优化"的玉石，业界和我国已颁布的《珠宝玉石标准》均已明确可以把它们等同地视为是"真正的天然玉石"，在市场上销售时可不加说明，也不视为欺诈；此类玉石的鉴定证书，也可直接用该类玉石的天然名称书写，如直接写"翡翠"，而不必另加说明。

"处理"，则是指人们在对玉石进行美化处理时，采用的是非传统的、不被人们所接受的方法，而且大多是一种化学或物理学加化学的方法，在这过程中大多都有外来物质的加入，如最常见的染色处理和填充处理等。对于此类玉石，我国国家标准规定，在市场上销售时必须做出声明，否则将被视为欺诈。其鉴定证书在书写该玉石的名称之后应加上括弧处理两字，如"翡翠（处理）"，然后在备注中还应指出是采用了什么样的处理方法。

（3）合成玉石。这是人们在实验室或生产车间里，采用物理化学的人工合成技术，制造出来的一种玉石；它与天然的同类玉石具有基本完全相同的化学组成，相同的内部结构，和相同的物理化学性质，如合成翡翠。应该指出，迄今在各种各样的玉石中，除翡翠外，尚有人工合成的合成欧泊和合成青金石等

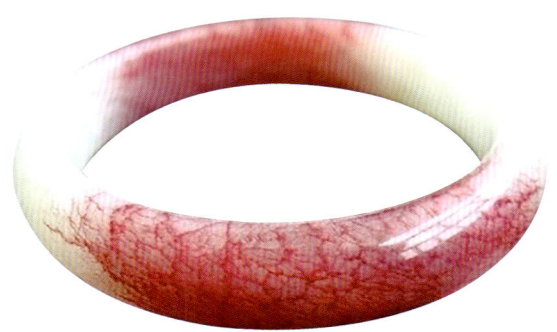
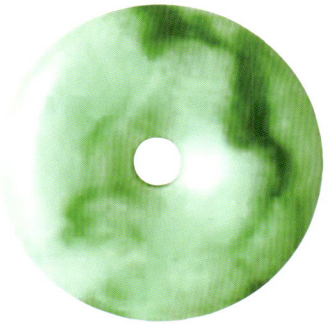

左：所谓的血丝玉，实系人工染色的产物；右：染色翡翠

左：黏合翡翠（从折断面可以看到该手镯表面黏结有玻璃质薄层）；
右：欧泊二层石（中上一颗显示底部有黑色黏结层）

品种。

（4）黏合玉石，也称"组合玉石"。这是一类利用真真假假的玉石薄片或小块，黏合拼接而成的玉石。如有一种被人们称为"三层型的黏合翡翠"，其制作是把无色的低档翡翠做成一个薄壳型的蛋弧面，然后在其内凹面里涂上一层绿色的胶层，接着再制作一个较小的凸弧面填塞在它的底部，从而拼接成一个完整的戒面。除翡翠外，欧泊也常见有黏合拼接的。

（5）再造玉石。此类玉石实际上也是一种黏合玉石，只不过它是把某种玉石的边角料磨成粉末以后，再采用物理的（高温高压）或化学黏合剂等方法，使其重新胶结而成。如所谓的再造翡翠，再造绿松石等。

（6）仿制玉石。这是采用廉价的玻璃、陶瓷、塑料等人工材料仿制而成的貌似玉石的制品。如最常见的用玻璃制成的所谓"料翠"，用于冒充翡翠。再如用玻璃制成的"仿白玉"等。

顺便还要提到的是，在单晶质的宝石中有一种被人们称为"人造宝石"的制品。这是一种和合成宝石一样，是人们采用人工合成技术合成的宝石，但不同于合成宝石的是，它在自然界没有与其完全相同成分、相同结构的宝石，如商品名称为YAG的钇铝榴石等。但在已知的玉石中却未见有此类制品。

这个用玻璃仿制的"翡翠"手镯，其真实价格不会超过50元

在了解了玉石的这些真真假假的类型之后，那么，你应该知道，其中真正具有收藏投资价值的主要是第一类，即那些"真正的天然玉石"。其次，在那些经人工美化处理的天然玉石中，被认为是属于"优化"处理的，也仍具有收藏投资的价值，而属于"处理"的就没有什么投资价值了。至于其他四类，

虽然不能完全排斥它们作为不同品类的典型而具有收藏意义，但它们却很少或完全不具有升值的潜力，所以如果你期望通过投资收藏玉石来获得收益，那么它们就不应成为选择的对象。因此，仔细辨别你将购入的珠宝究竟属于哪种类型，正确判断它的真伪，是保证你投资能否成功的关键。

为了保证你不致错认，对于大多数的投资收藏者来说，由于缺乏必要的鉴定手段和鉴定技术，所以最好要求出让方提供有关该玉石的详细鉴定报告。如果出售方不能提供这样的证书，一个办法是你要求对方和你一起携物去进行鉴定，在经过鉴定机构的确认以后，你才付款。假如这还办不到，那么你也可以在付款的同时，要求对方出具一张清楚写明所购玉石种类名称的发票或相关保证书。这样你就可以在买下该玉石以后再拿到鉴定机构去鉴定，若发现有问题，就可以凭借发票或相关保证书去要求对方退赔。要注意的是，对方在发票或保证书上所写的玉石种类名称一定不能含糊其辞，如有的仅笼统地写"玉石"或"玉镯"、"玉器"之类。若是这样，当你请鉴定部门鉴定发现问题时，便很难获得必要的退赔。因为伪劣玉石也仍属于"玉石"这一大范畴里，出售方就可以振振有词地辩称他并没有欺骗你。

一些特别贵重的玉石，若仅有一张对方提供的鉴定证书，仍不能完全相信。因为它可能有这样三种情况，难于保证它的正确性。一是由于鉴定上的疏忽或差错，产生误判。特别是那些难度很大非常酷似真正天然玉石的经人工美化处理的玉石，就会由于鉴定人员的经验不足或缺乏有效的测试手段，而难免出现差错。二是在当今的市场经济条件下，有些鉴定机构或鉴定者个人难免受到经济利益的诱惑，而出具有失公正的鉴定书。三也曾发现有个别销售商为了赚取非法利润，私自对证书进行涂改，或张冠李戴，用优等品的证书来冒充次品的证书，以欺蒙购买者。鉴于此，对于特别贵重的玉石，你最好能请第二家，甚至第三家检测机构分别予以鉴定，确保没有失误。

一张玉石鉴定证书通常会包含以下一些内容。

(1) 编号（它具有不可重复性，鉴定单位可凭借它查找存底）。

(2) 形状、颜色、透明度、重量、尺寸等（它既告诉你该鉴定件的基本情况，又具有标定鉴定件的意义。如果有人企图张冠李戴，冒用证书，即可通过这些数据与其进行核对）。

(3) 折射率、相对密度、光性、光泽、荧光性等（它们是确定被鉴定物究竟是什么的主要依据，其有关数据应来自仪器的实际测定结果，而不是臆测或理论值）。

(4) 鉴定结果。根据国家珠宝检测规范的要求，只有被确认为天然玉石，才允许在鉴定结果上直接书写玉石名称；若发现被鉴定物虽是天然玉石，但经过人工处理，则应在玉石名称后加上括弧"处理"两字，并在备注中写明处理的方法。如翡翠（处理）、备注：染色处理；再如翡翠（处理）、备注：三层型黏合处理等。

需要指出，我们注意到目前市场上出现一种非常简略的鉴定"证书"。这种证书既未对所鉴定的样品作出明确的技术标定。如从此类证书上看能用于标定鉴定样品的项目，只有总质量与照片两项，但这显然是不够的。事实上，众所周知，照片虽可以较准确地反映样品的外形，但由于种种技术上的原因，通常很难十分准确地反映样品的色泽，这就使人们不难找到一个外观相似的另一样品来替代（如形状一样的玉镯）。而人们早已发现，有些珠宝商会拿品质好的样品（比如拿一个A货翡翠手镯）去开证书，出售时则张冠李戴用该证书来冒充次品（B货翡翠手镯）的证书。因此若证书对所鉴定的样品标定不明确，就给这些不法珠宝商提供了更方便的条件。

其次，更重要的是该证书，竟然没有一项可以用来证明鉴定结果的硬性技术指标，这使人们不禁怀疑，鉴定结果是如何获得的？是客观测定的结果？还是仅凭主观的判定？据笔者所知，现在有些鉴定机构为了追求经济效益，一个人一天常常要出上百张（甚至更多）的鉴定证书。这样一来，他（或她）显然来不及对每个样品进行仔细的技术测定，于是便只好凭经验、凭肉眼对样品作出粗率的鉴定判断，而这正是有些珠宝鉴定证书缺少具体的实测数据的原因。当然这样的证书，其可靠性是值得怀疑的。笔者就曾亲自遇到这样一件事：某消费者拿来一块已有某机构开具的鉴定证书的玉牌要求复检。从已有的证书看，这个玉牌的材质被鉴定为"翡翠"，但从实际样品看，样品呈很暗的近于黑色的墨绿色，强光下也不透明，表面雕琢有许多凹凸不平的花纹，以至无

玉石鉴定证书示例

法测出它的折射率；相对密度测定结果为 3.42，比正常翡翠还稍大一些（看来，某机构之所以把它鉴定成翡翠，就是依据这一结果）。然而仅仅就凭这一数据就给出鉴定结果显然是不可靠的，也是对消费者不负责任的敷衍行为。因此我们在征得消费者同意后，在样品中刮取了少许粉末，进行偏光显微镜下的粉末油浸鉴定。结果显示粉末主要由角闪石类矿物构成；显然这不是翡翠，而是碧玉。但碧玉相对密度一般较低，只有 3.0 左右，为什么它会高达 3.42 呢？经镜下仔细观测又发现它还同时含有较多的微晶粒状的铁质矿物，看来正是这些铁质矿物的存在，使它的相对密度明显加大，也因为它的存在使样品不透明。这一例子

被错鉴定为翡翠的碧玉挂件

告诉我们，即使实测，仅凭简单的一二项数据是很可能给出错误的鉴定结论的；更何况不作实际测定，仅凭经验，其鉴定的可靠性就不免更使人怀疑了。

也许有些人会争辩说，我们不是没有进行科学的实际测定，只是没把结果写在鉴定证书上而已；因为写上去也没有用，老百姓也不懂。然而，这样的观点也是十分错误的。一则，写没写上去，可使老百姓知道你究竟做了哪些鉴定工作，你的结论来自哪些依据。现在社会上人们普遍主张要让消费者消费得明明白白，难道我们的珠宝鉴定就不应该让消费者明白吗？二则，在消费者的群体中也有相当一部分科技工作者，他们自己虽然未必懂得珠宝鉴定，但对读懂证书上的相关数据却不会有较大的困难；即使消费者真的看不懂，作为珠宝科技工作者的我们，难道就不可以给他们多做一些解释，为普及珠宝知识而尽一份力吗？三则，这些具体的实测数据，还能给人对该珠宝品质的优劣作出一定启示。如大家知道翡翠的相对密度可以波动于 3.25～3.40，之所以会有这样的波动，是由于杂质矿物的存在，低相对密度就意味着含有较多的轻矿物，这当然对翡翠的整体品质有一定的影响。所以有经验的消费者就可以从证书所提供的相关数据上，对要购买的珠宝作出适当的选择；而没有了这些数据，消费者也就缺少了可供选择的参考。

综上所述，我们可以看到，这种证书显然不是一个负责任的珠宝鉴定机构应该出具的证书。因为这样粗率的鉴定结果，很可能给出的是一个错误的结论；另外，这样一种简略的证书又很可能给不法珠宝商冒用证书提供了方便。所以对于这样的证书，作为消费者应该有权拒绝接受，不予置信。

还要注意的是，大多数珠宝鉴定证书，除钻石鉴定证书外，都是只确认该珠宝的类型和种属，如确认该块玉石是天然的还是人工合成的，是否经过优化处理，是 A 货翡翠还是 B 货翡翠；是白玉还是京白玉等。这些对于人们作出正

确的投资收藏选择显然是十分重要的，但应该说还不够。我们知道玉石的价格不仅决定于上述因素，还涉及该玉石本身的品质优劣。如同是一颗真正的天然翡翠，但由于颜色、透明度、瑕疵等方面的品质差别，却可以有着悬殊的价格差别。因此，你在购入某玉石时，应该对它的品质也要有所了解，方能作出正确的选择。如果你自己吃不准，则最好请珠宝行家对该珠宝作一番认真的评估。尤其是那些价格高昂的贵重珠宝，有效的评估会大大减少投资的风险。

俗话说"黄金有价玉无价"。这充分说明了玉石评估的复杂性。这是因为影响玉石价格的主要因素——玉石的品质，是由多种要素共同构成的，以致很难找到（甚至可以说是不能找到）两块在各方面品质要素上都完全相同的同种玉石。另一方面，玉石的价格还不完全决定于它的品质优劣，它还受制于社会的经济、文化、流通等因素的影响，而这些社会因素是动态的，会不断变化的，这又使玉石的价格具有一定的时效性，会随社会因素的变化而变化。所以，玉石价格评估的结果，通常只能是一个大致的范围，一个参考值。它与实际价格之间，如果差额在 1 个数量级之内（比如一个估价为 3 万，另一个估价为 5 万，都在万元的数量级内），就可以说是非常符合的了。

（二）玉的鉴别防伪概述

大家知道，对于任何一个投资收藏者来说，在他决定进行投资，收藏某件

玛瑙在今天由于产量较丰，故是一种价值相对较低的玉石，但经过人们的精雕细琢，其价值就会显著上升，售价几千元或几万元的玛瑙雕件在市场上不乏可见

物品时，最最令他担心的莫过于这件物品到底是真是假，是好是坏，是不是物有所值，值不值得投资？自然对于玉石的投资收藏者来说也是如此。然而玉石的真伪优劣鉴定却是一件十分困难的任务，人们通常需要依赖专业的鉴定机构和相关的技术人员。尽管如此，作为玉的投资收藏者本人，是否具有基本的玉石鉴定知识仍然是十分重要的。因为对于许多投资收藏者来说，要想获得意外的惊喜或好的收益，个人的眼光和判断力是十分重要的，它将使你在偶然的机会面前，不致错失良机。比如在拍卖会上，或是在旅游途中遇到一块好的玉石，这时机会显然不可能等待你去找专业人员来鉴定，而需要你用自己的眼光去作出最初的判断。而有没有基本的鉴别防伪知识，将是你能否作出正确判断的关键。

为此，我们特就如何鉴别玉石的真假伪劣，作一些概要的介绍。

1. 玉的结晶学特征

前面我们已经谈到，玉石是为数众多的岩石中具有美观、稀少、耐久三属性的一大类别。所以作为岩石中的成员，它和其他岩石一样，基本上都是由众多的矿物小晶体聚集形成的矿物集合体。

晶体，如前所述，是一种内部质点会作有规律几何排列的物质；当它们形成时，如周围有允许它们自由生长的空间，就会形成具有规则几何多面体外形的物体，即所谓的晶体。晶体尽管可以有多种多样的几何外形，但我们可以把它们简单地归纳为三种基本类型：

（1）粒状。此类晶体，只要发育基本完全，将具有长、宽、高三个方向基本等长的特点。如常见的磁铁矿、黄铁矿、石榴石等的晶体。

（2）片状或板状。此类晶体，只要发育基本完全，将主要沿平面的长、宽两个方向发展，高则将显著较小。当晶体很薄时，称片状，如云母、蛇纹石等矿物的晶体；若晶体具有一定厚度，称板状，如一些长石类矿物的晶体。在一些岩石中，板状晶体看上去会近似于短柱状晶体。

（3）柱状。此类晶体，只要发育基本完全，将主要沿高的方向发展，长、宽则要小得多。当高与长、宽相比不是很大时，称短柱状，如石英和许多辉石类矿物的晶体。短柱状晶体若发育不完全（尤其在某些岩石中则常表现出似粒状的晶形）。当高显著大于长、宽时，称长柱状，如许多角闪石类矿物的晶体。长柱状晶体若发育成很细长，又被称为针状或纤维状。

同种矿物的晶体，不论它的形态如何，它的各个部分质点的分布是相同的。如果你把它们打碎，每个碎块的物质组成、内部的质点排列，甚至物理化学性质都是相同的。但是由于晶体内部各质点在长、宽、高方向上的排列方式并不完全相同（譬如距离不同、元素离子的类型不同等），就使晶体常常表现出"异

三种不同形态的矿物晶体

左：粒状；中：片状；右：柱状

向性"，即在晶体的不同方向上具有不完全相同的性质。如硬度、颜色、折射率等的方向差异。晶体还有对称性，即有的可依假想的中间平面呈镜像对称（就像镜子中的人和镜外的人呈对称一样）；有的依假想的中心轴作旋转对称（每旋转一定角度便出现相同的物像）……

根据晶体对称程度的不同和对称程度的高低，可以把所有的晶体分为七个晶系，三大晶族。对称程度最高的，称高级晶族，它只有一个晶系——等轴晶系。属于这个晶系的晶体的几何外形有立方体、八面体、菱形十二面体等形态，其特点是长、宽、厚的长度相等，故曰"等轴"。对称程度较低一些的是中级晶族，它包括三个晶系——六方晶系、四方晶系和三方晶系，其晶体的几何外形分别具六边、四边、三边的特征。对称程度最低的是低级晶族，它也包括三个晶系——斜方晶系、单斜晶系和三斜晶系，其晶体的几何外形因对称程度低而缺少可重复看到的晶面（此类晶体最多只有镜像对称，没有三次以上的旋转对称）。

同一种矿物，其内部质点的排列方式是相同的，因此其晶系也是相同的。也就是说，一种矿物只属一个晶系。晶系不同，即使物质组成相同也属于不同的矿物。如金刚石和石墨就是典型的例子。它们虽然都由碳元素组成，但前者属于等轴晶系，后者属六方晶系，所以是两种不同的矿物，具有完全不同的性质。

矿物的晶系归属不同，就使其在物理化学性质上也会有很大的差异。譬如对于有色矿物来说，如果它是等轴晶系的，它的颜色就会在各方向上都是一样的；反之，它若是属于中级晶族，就会出现纵向和横向上的颜色差异（通常肉眼很难发现，但用一种被称为"二色镜"的仪器则能清晰地观察到），即具有所谓的"二色性"。若宝石属于低级晶族，它更会具有三个方向上的颜色差异，即所谓的"三色性"（三色性和二色性合称"多色性"）。因此，确定矿物的晶系归属，对于我们鉴别矿物的品种和真假是具有十分重要意义的。不过，需要指出的是，矿物的多色性只表现在一个独立的矿物晶体上，而玉石由于是由矿物的众多晶体集合组成的，所以尽管每个晶体本身存在多色性，但当我们不是仔细研究每个矿物，而是观察玉石的总体特征时，则我们将看到的是它们的平均的结果，是看不出多色性的。

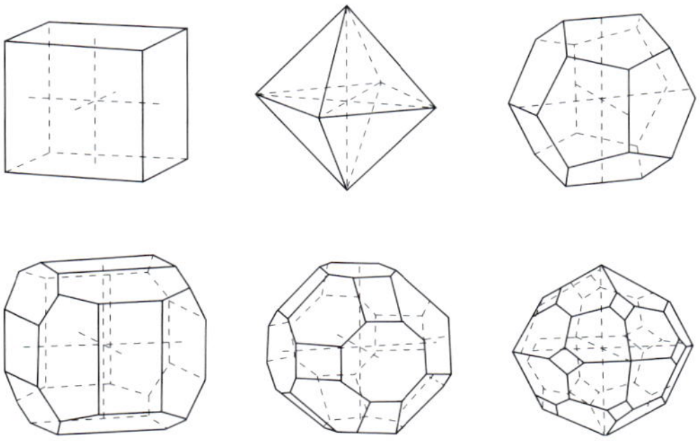

等轴晶系(Cubic System)常见的晶体

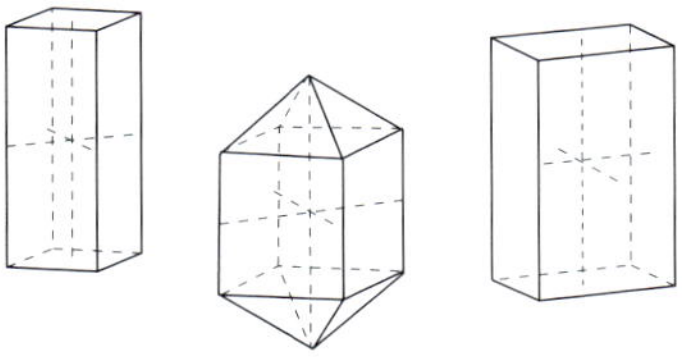

正方晶系(Tetragonal System)常见的晶体

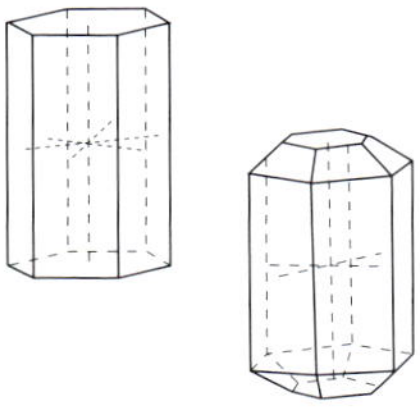

六方晶系(Hexagonal System)常见的晶体

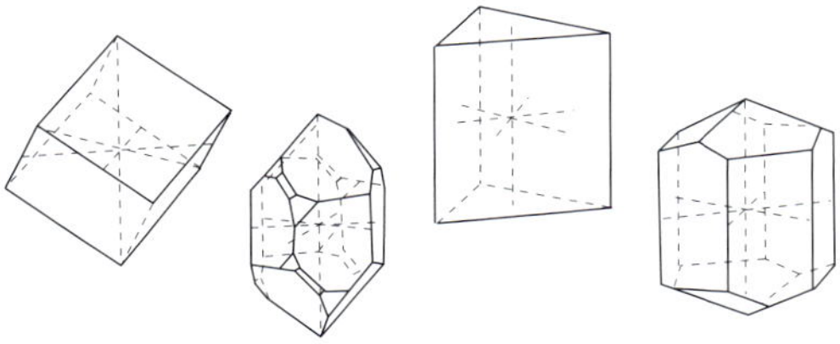

三方晶系(Trigonal System)常见的晶体

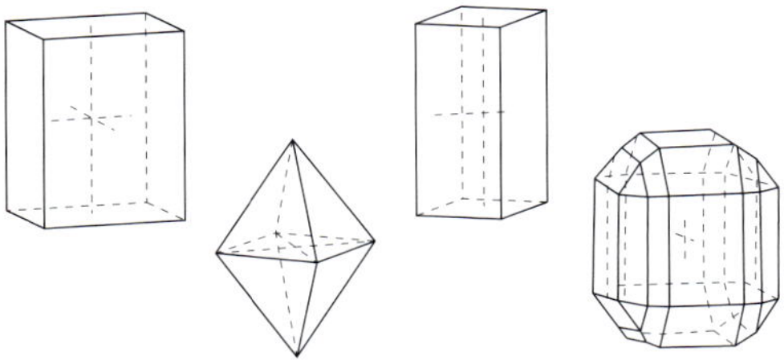

斜方晶系(Orthorhombic System)常见的晶体

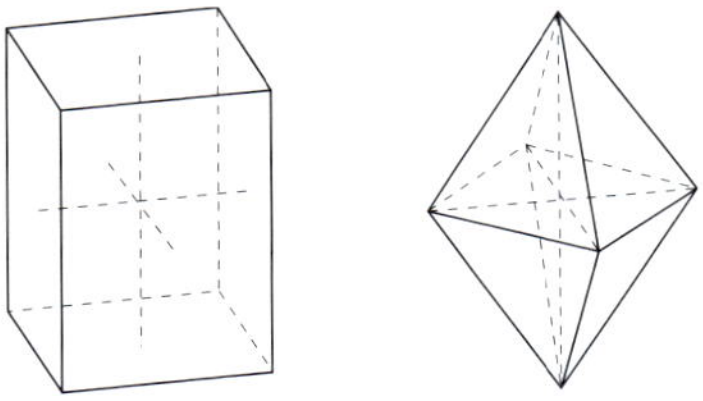

单斜晶系(Monoclinic System)常见的晶体

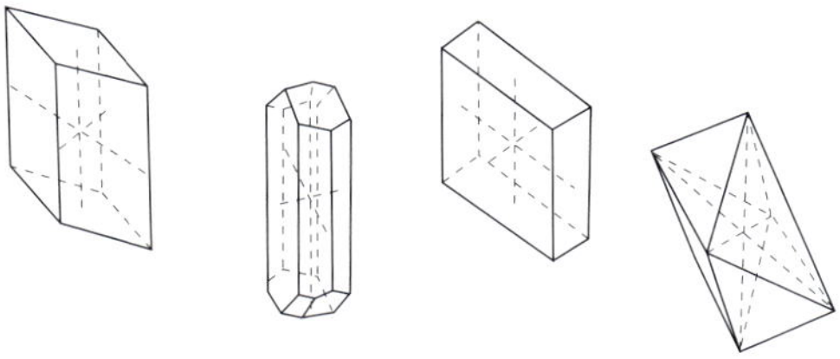

三斜晶系(Triclinic System)常见的晶体

 七大晶系的常见晶体形态

一 总论

玉石中常见矿物的晶系归属

晶族	晶系	常见矿物
高级晶族	等轴晶系	石榴石、青金石、方钠石、萤石、黄铁矿、磁铁矿、钛铁矿
中级晶族	六方晶系	磷灰石
	四方晶系	符山石
	三方晶系	石英、方解石、白云石、菱锰矿、赤铁矿
低级晶族	斜方晶系	黝帘石、葡萄石
	单斜晶系	钠铝辉石、绿辉石、透闪石、阳起石、绿帘石、蛇纹石、云母、孔雀石
	三斜晶系	绿松石、斜长石、天河石、蔷薇辉石

2. 认识玉石的"结构"

既然岩石是一种矿物的集合体，这就产生了这些数量众多的矿物颗粒是以什么样的状态互相结合在一起的"结构"问题。不同的岩石（包括玉石）由于组成矿物的不同，和形成环境的差异，就使其具有不同的结构特征；即使是同一种岩石，也会因形成环境的不同，和形成后所遭遇的后期作用的某些差异，而具有不尽相同的结构。

熟悉各种玉石的结构特征，对鉴别不同品种的玉石将具有十分重要的意义，有时候甚至是决定性的意义。比如在市场上常可看到的，也是常让许多翡翠爱好者上当受骗的所谓"马来西亚玉"，如果你会看结构，就不难把它们从翡翠丛中剔除出去。因为它所具有的粒状结构特征与翡翠的结构明显不同。玉石的结构，不仅可用于鉴别不同的玉石品种，而且与玉石的品质优劣也息息相关。所以熟悉和懂得如何观察玉石的结构，对于每个玉石爱好者来说都是十分必要的。

玉石的结构特征，通常表现得非常细小，仅凭我们肉眼很难看清楚，因此我们常常需要依赖放大镜或显微镜。尤其对于我们普通的玉石爱好者和投资收藏者来说，显微镜较难置备，但配备一个便于携带的好的放大镜还是十分必要的。俗话说得好，"工欲善其事，必先利其器"。有了放大镜，我们不仅可以用来观测结构，也可以用来检查玉石中的各种细小的缺陷，看清许多我们肉眼不能看到的现象。

珠宝用的放大镜。多为10倍放大镜，因为在许多情况下，评定珠宝的优劣等级都是以10倍放大镜下看到的现象为准绳。

一个好的放大镜应能满足以下四点要求。

（1）视域较大，能看到较大的范围。一般放大镜镜片直径在18毫米左右。

（2）放大倍率准确。

不同型号的珠宝用放大镜

（3）不会产生像差。可用方格纸进行检查在放大镜下视域范围的所有线条应互相平行、宽窄一致。

（4）不会产生色差。视域下的线条应清晰"干净"，不能带有色边。

你还最好配备一个笔灯。这也是珠宝工作者常用的工具。它实际上就是一支小型的手电筒。不同的是，它的灯头部分设计成如笔一般的圆珠尖头形，以便需要时可伸入戒托下来透射宝石。为了提高亮度，它的灯头还有聚光能力。有了笔灯，我们就可以在透射光的帮助下，看清宝石内部的结构，和可能隐藏的绺裂、瑕点、包体，以及颜色分布是否均匀，有无生长带等现象。

有可能的话，还可以准备一把镊子或宝石爪子。因为有些玉石戒面尺寸很小，若用手指直接拿捏，会因手指过于粗大阻碍了观察的视线，使用镊子或爪子则可克服手指的缺陷，更便于对玉石进行全面的观察。使用镊子，用力要恰当，不要太紧张；当心没夹好，把玉石夹飞，那时找起来就会很麻烦。宝石爪子有4～6只爪，可保证宝石不致掉落，但缺点是爪多也有可能遮盖了珠宝的瑕疵。不管是用镊子还是爪子，你都应该转换数次宝石的夹位，防止遗

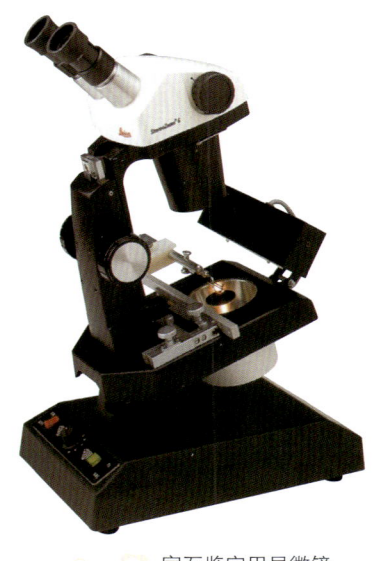

宝石鉴定用显微镜

漏某些部位没有观测到。

好了,有了放大镜和笔灯提供的透射光,我们就可以对玉石的结构进行观测了。

3. 玉石结构的四要点

岩石(包括玉石)的结构特征,可从四个方面来考察。

(1)首先,按照岩石中组成矿物的结晶程度的不同,我们可以把它们分为以下三大类。

全晶质 这是一类全部由结晶态的矿物晶体集合组成的岩石。大多数玉石包括翡翠、软玉、岫玉等都属于此类。

非晶质 这是一类由玻璃、胶体等非结晶态的物质组成的岩石。但在玉石中属于此类的比较少见,已知主要有欧泊和黑曜岩等天然玻璃属之;此外就是一些人工仿制的玉石,如所谓的料翠、依莫利石等。

半晶质 此类岩石的物质组成中,既有呈结晶态的矿物,也有非晶质的玻璃。许多火山岩属于此类,在玉石中已知我国河南产的梅花玉属之。

(2)其次,要考察的是玉石中各组成矿物颗粒的大小。按照组成矿物颗粒的大小,人们一般把它们分为以下等级。

隐晶质 组成矿物的颗粒十分微小,以至在普通的光学显微镜下都很难分辨其颗粒,只有在放大倍率更大的电子显微镜下才能看到它们的颗粒。如玛瑙、玉髓等就常常具有这样的结构。

微晶质 组成矿物的颗粒仍然十分微小,在10倍放大镜下难于分辨其颗粒,但在普通的显微镜下则不难看到其颗粒。如软玉、岫玉等就常具有这样的结构。

显晶质 组成矿物的颗粒较大,用10倍放大镜,甚至用肉眼都能清晰地看到它的颗粒。具此类结构的岩石,按矿物颗粒的大小可再细分为:细粒:粒径在1毫米以下;中粒,粒径介于1~2毫米;粗粒,粒径大于2毫米;更大的超过10毫米的晶粒,称伟晶。大多数翡翠属于显晶质,只不过它们通常处于细粒状态;一些豆种的翡翠,则可以具有中粒,甚至粗粒结构。

在一些岩石中还见有所谓的"斑状结构"和"似斑状结构"。这是一类同时存在两种截然不同粒度等级

似斑状结构 可见在众多小晶体之中夹杂着有两个大晶体(橘色和绿色的。这种颜色不是矿物的真实颜色。)

矿物的结构，其中占主体地位，粒度小的称为"基质"；数量少，颗粒大的（一般肉眼可见）称为"斑晶"。斑状结构的基质为隐晶质或微晶质；似斑状结构的基质为显晶质。已知在有些翡翠中可见有似斑状结构，但斑状结构在一些主要玉石中均未见到。另外，若岩石中同种矿物的粒度大小基本相同，无基质和斑晶之分，则称等粒结构。大多数玉石都具有等粒结构。

（3）第三，要考察组成矿物的晶体形态。前面我们已经谈到，晶体由于其内部质点会作有规律的排列，这就决定了在条件适宜时它会形成规则的几何多面体。不同矿物的晶体，因其内部质点排列方式的不同，所以会具有不同的晶体形态。在岩石（包括玉石）中，晶体的生长过程会受到周围其他矿物的限制，而使它失去自由发育成为完整晶体的客观环境。根据受限制程度的不同，和矿物自身结晶能力的不同，岩石中组成矿物的形态可分为三种。

自形 该矿物在岩石中的产出形态，基本上拥有其在正常情况下能够形成的晶体形态的相似面貌。如组成翡翠的钠铝辉石，本是一种短柱状的矿物，现在在翡翠中它也以柱状的形态出现，便称其具有自形结构。

他形 该矿物在岩石中的产出形态，与其在正常情况下产出的形态完全不同，而且通常是呈不规则的任意形态出现。如本应呈柱状的辉石类矿物，现在以不规则粒状出现，即称他形结构。

半自形 该矿物在岩石中的产出状态介于自形与他形之间。

（4）第四，要考察各个矿物颗粒之间是以什么样的方式排列结合在一起。已知，从这个角度考察，岩石的结构类型是多种多样的，但在各种主要玉石中最常见的有以下几种。

粒状结构 主要组成矿物的晶粒以三向基本等长的颗粒状聚集在一起，如京白玉、马来西亚玉等均具此类结构。

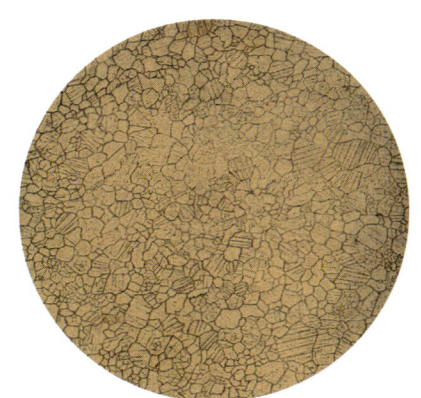

粒状结构

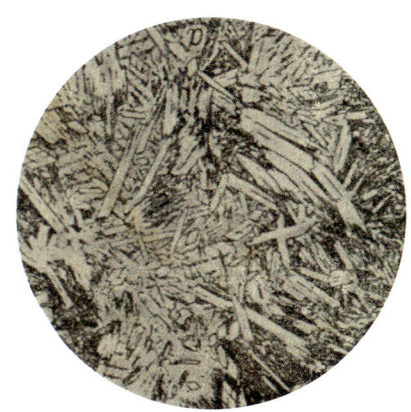

纤维交织结构

柱粒状结构

鳞片状结构

纤维交织结构 主要组成矿物以自形或半自形的长柱形的纤维状互相交织在一起，如软玉和翡翠均常见有此类结构。其中有些颗粒特别细小，呈微晶或隐晶质的，也被人们称为"毛毡状结构"。

柱粒状结构 主要组成矿物以短柱状或部分粒状错综结合在一起，如翡翠常见有此类结构。

鳞片状结构 也称叶片状结构，主要组成矿物以细小的鳞片或叶片互相结合在一起。这些鳞片或叶片有的可略具一定的方向性，如岫玉就具有此类结构。

除上述四种结构外，在一些玉石中还可以观察到其他一些类型的结构，但它们通常不占有主要地位。考虑到本书的读者是一些普通的玉石爱好者，并不需要对玉石进行深入的岩石学研究，所以我们从略。另外，还要指出，由于许多玉石具有变质成因，所以按照岩石学的严格定义，如果它们具有粒状结构，则其全称应为"粒状变晶结构"；同样，还有"纤维交织变晶结构"、"柱粒状变晶结构"、"鳞片状变晶结构"等。

4. 玉石的"构造"类型

作为岩石中的成员，玉石也和其他岩石一样，还有一个反映其组成矿物组合方式的"构造"问题。所谓"构造"是指岩石中某些矿物集团与另一些矿物集团之间的排列结合关系。因此它比结构，是站在更高一个层次（即不是从矿物个体之间而是从集团之间）来考察其组成分之间的排列结合关系。作为考察对象的矿物集团可以是分别为不同种类的矿物集团，譬如在我国河南产的独山玉中就存在两种或三种成分不同的组成矿物，因此就存在这不同成分的矿物集团之间是以什么样的方式结合在一起，或各自是怎样分布的问题。此外，被考察的矿物集团也可以是由同一种矿物的，具有不同结构特征的集团构成，如同是组成翡翠的钠铝辉石,它们有的是无色的,有的是绿色的;有的颗粒大,有的颗粒小;有的形成早,有的形成晚等,于是便有了这部分和那部分是怎样组合在一起,或它们是怎样分布的问题。

和结构一样,玉石的构造也具有一定的鉴定意义。譬如白玉通常具有"块状构造",很少可以看到有"层状构造",而市场上常见有一种用于仿冒白玉的所谓"阿富汗白玉"则通常可以看到明显的层状构造,因此若你发现手中的白玉有层状构造,就应该引起高度的怀疑。又譬如玛瑙和玉髓,从组成分来说都是一样的,由隐晶质的石英构成,但它们的最重要区别就在于玉髓多为具块状构造,而玛瑙则具有纹带状构造。

构造不仅具有鉴定意义,也同样会影响玉石的品质优劣。如在品评翡翠的优劣时,人们常常要区分它是什么"种",而翡翠的构造状况就是判定它属于什么"种"的若干因素之一。再譬如,玛瑙、孔雀石、菱锰矿等具有纹带状构造的玉石,其纹带的粗细、布局的好坏、颜色的搭配,也常常成为人们评价其优劣的重要依据。

在各种玉石中较常见的构造,简介如下。

(1)块状构造。当岩石中的组成矿物(可以是同一种矿物,也可以是不同矿物)均匀分布,无方向性的差异,也无某种次序关系,因此无论从哪个方向看去,它的组成状况都是相同的,称块状构造。如白玉、玉髓就常具此类构造;优质的翡翠也常具此类构造。具此类构造的岩石,若组成矿物的颗粒十分细小,为隐晶或微晶质时,又常被称为"致密块状构造"。

(2)条带状构造。当岩石中不同结构或成分的物质(它们可以是不同的矿物,也可以是颜色或粒度不同的同种矿物),呈大致相互平行的条纹状分布时,便称之为条带状构造。例如玛瑙、孔雀石等就大多具有此类构造。其中,玛瑙的条带还常表现为封闭的环状,所以也称"环带构造";另外,岩石中的条纹比较细密也被人们称为"缟纹状构造"。

条带状构造

(3)层状构造。也称"层理构造",此类构造与条带状构造有些类似,但不同的是它表现出来的一条条,不是条带而是层面的反映,是岩石形成过程中组成物质依次阶段性堆积的结果。层理构造是沉积岩类岩石的基本特征,玉石很少直接来自沉积岩,而多来自它们的变质产物。因此,一些变质程度较浅的玉石,就有可能保留有原始岩石的层理构造。如所谓的"阿富汗白玉",实际上是白色的大理岩,是由沉积形成的石灰岩变质而成,所以它们通常可以观察到具有层

具斑杂状构造的翡翠三桃洗（故宫博物院藏，国家一级文物）

理构造。

（4）脉状构造。指岩石中物质组成不同或结构、色泽不同的同种矿物，呈不规则的条脉状或树枝状分布所呈现出来的构造。构成这些条脉或树枝的物质——习称"脉体"或"脉"，是比周围的物质形成时间相对较晚的矿物。所以具有此类构造的岩石，都曾经历不止一次的形成作用。翡翠就常具有此类构造，在翡翠料石表面被业界人士描述为"蟒带"的，就是脉体的表现。

（5）斑杂状构造。岩石中不同成分，或结构、色泽不同的同种矿物聚集成大小不一的不规则的斑块，并随意地杂乱分布，便形成斑杂状构造。许多玉石，如翡翠、独山玉、岫玉等等具有此类构造。

（6）浸染状构造。当岩石中某种组成矿物，相对均匀地散布于其他矿物之间时，便形成浸染状构造。如青金石中的黄铁矿，便常常表现为此类构造。

（7）放射状构造。指岩石中的某种柱状矿物的晶体，呈现出从某个中心向四周放射状排列的形态；若仅向局部方向做放射排列，则称"帚状构造"。菊花

具脉状构造的翡翠

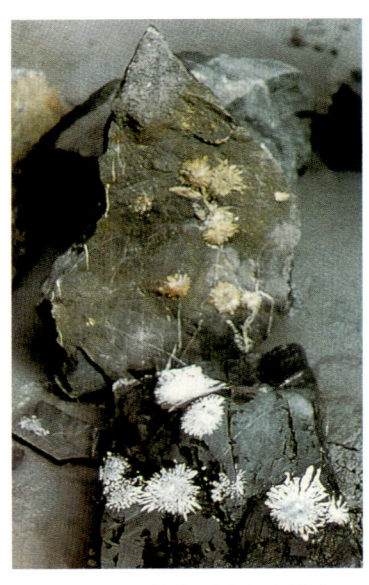

具放射状构造的永丰菊花石

具纤维状构造的软玉及用其磨制而成的软玉猫眼

石就具有典型的放射状构造。

（8）纤维状构造。岩石中的柱状矿物，特别是长柱形的纤维状矿物若沿一个方向平行排列，便构成纤维状构造。具有此类构造的岩石，在琢磨成弧形面时，只要取向正确，就可以表现出猫眼效应。软玉猫眼和木变石就具有典型的纤维状构造。

（9）气孔构造。指岩石中分布有稀疏不等的气泡。气泡大多呈圆形，但也可以有扁圆形，后者是岩石受到后期挤压的结果。一些用于仿制翡翠、白玉的玻璃料器，和天然玻璃——黑曜岩和玻陨石，就常具有气孔构造。当气孔中的空洞被后来的物质所充填时，便形成"杏仁状构造"。我国河南产的梅花玉中的所谓"梅花"，实际上就是杏仁状构造的表现。

玉石中还可见有另外一些其他类型的构造，只是它们大多相对少见，限于篇幅，我们就不再赘述。

浸染状构造（图中的黑色矿物呈浸染状分布）

5. 玉的颜色与鉴定

玉石之所以令人喜爱，固然有着诸多方面的因素，但其中它所具有的美丽的颜色，往往也起了十分重要的作用。许多时候，两块同样大小的相同种类的玉石，就因为颜色上的差异，而导致有着悬殊的价格差。比如，同是翡翠，色彩"浓正阳匀"的就比色彩一般的价格要高出千百倍。同样，同是软玉，色彩灰暗的很可能一文不值，而若色彩洁白如脂的便立刻身价百倍。

玉石的颜色，不仅影响着玉石价格的高低，还常常可以有效地帮助我们识别不同的玉石品种，特别是对辨别有无做假起到重要的鉴定意义。

我们已经知道，玉石是岩石大家庭中的成员，它是由众多矿物聚合组成的。所以玉石的颜色，首先主要来自于其组成矿物的颜色。

矿物的颜色，若按其形成原因的不同，可分为自色，他色和假色三种。自色的产生源于该矿物的组成元素和晶体结构方面的内在原因。如常常成为玉石中瑕点的黑色斑点，大多是一种铁质矿物——磁铁矿（Fe_3O_4）、铬铁矿（$FeCr_2O_4$），而这些矿物之所以呈黑色，就来自于它们组成成分中的铁。再比如组成翡翠的主要矿物是钠铝辉石（$NaAlSi_2O_6$），虽然它的四个组成元素都不会产生颜色，在正常情况下它是无色或白色，但是当其成分中混入微量的铬以后，便产生了绿色。要说明的是，钠铝辉石的绿色在许多书上将其解释为他色，但我们把他色用于指玉石中因夹杂有其他杂质矿物而产生的颜色。比如东陵石，本应是无色的石英岩，但由于夹杂有许多绿色的铬云母，就使它具有了绿色的面貌。人工染色玉石的颜色，也应该属于他色。假色的产生，则与矿物的组成分没有直接的关系，而是来自纯粹的物理光学效应。譬如雨后的马路上，时而可以看到闪着彩虹般色彩的油花，而这种虹彩就是来自物理光学效应；还譬如，钻石本是无色的，

色彩缤纷的钻石和欧泊，其颜色是来自光学现象，会随光的改变而改变，所以是一种假色

但琢型钻石常可闪现缤纷的色彩,也是物理光学效应引起。不过在玉石中,除了欧泊之外,很少可看到这种假色。

当玉石主要由某一种带色(不管它是自色还是他色)的矿物组成时,它呈现的颜色便是该矿物的颜色。若玉石的组成矿物不止一种,则玉石的颜色就会因这些组成矿物的组合状态不同而不同。如不同的有色矿物呈斑杂状分布,则其就具有斑杂的颜色。俗称的"五花玉"就是具有这种斑杂颜色的玉石。倘若不同矿物是互相均匀掺杂在一起的,尤其是当它们的组成颗粒都很细小时,我们将看到的是它们的混合色;再若一种是有色矿物,另一种是无色的透明矿物,则我们看到的仍是该有色矿物的颜色,但这时常会由于有色矿物分布的不均匀性,而表现出有颜色深浅浓淡的不均匀变化。

玉石的颜色还可分出原生色和次生色。原生色是组成该玉石的矿物形成之初就有的颜色,如翡翠的组成矿物是含微量铬的钠铝辉石,它形成时就是绿色的,所以这个绿色就是翡翠的原生色。原生色是矿物颗粒本身的颜色,因此只要我们有可能直接观察到矿物的颗粒(譬如在放大镜或显微镜的帮助下),那么我们就会看到玉石中的颜色是由一粒一粒的矿物构成的。玉石形成后,由于外界环境的变化,致使玉石中的某些组成矿物也发生变化,形成一些新的物质。如果这些新物质是有色的,那么它带给玉石的颜色便是次生色。譬如,在日常生活中,我们大家都熟悉的现象——铁器生锈,它使铁器蒙上一层锈蚀的黄褐色。这个黄褐色就属于次生色。玉石中也常见相类似的变化。如翡翠中的钠铝辉石有时候会受到后期的作用而部分地转化为另一种矿物——蓝闪石。蓝闪石是一种蓝黑色的矿物,因此这一变化便给翡翠带来黑的次生色。翡翠业界俗称的"黑靠绿生",就非常贴切地反映了黑色的产生原因。

次生色产生的另一种原因,是来自外界物质的渗入。各种玉石都无一例外地形成于地质历史时期里。它们形成至今都经历过,少则几十万年,多则几百、几千、甚至几十亿年的漫长岁月。在这漫长的岁月里,其周围环境中的地下水难免会渗入它们的缝隙和孔隙中,并给它们带入一些外界的物质。特别是当它们因自然或人为的原因而暴露在近地表环境中时,大气中的氧气和水,极易与之发生一系列的作用,尤其是岩石中的铁更易受到氧化,形成红褐色的氧化铁(Fe_2O_3)或含水的棕黄色氧化铁。这些氧化铁常会随地下水渗入到岩石中,从而给岩石带来红褐-棕黄的次生色。翡翠中具有红-黄色的翡的颜色便是这样产生的。同样,白玉中的所谓"糖色"也是含水氧化铁渗染带来的次生色。在许多产于近地表环境的岩石中还常可看到,因有机物的污染而带来的黑-灰色。这一类次生色,因为是来自后期物质的渗染,所以在放大观察时可以看到,这种次生色是沿矿物颗粒的间隙和岩石中的其他大大小小的缝隙分布的;从而表现出脉状或网格状分布的特征。

次生色的分布特征——绿色的次生色沿晶粒边沿分布

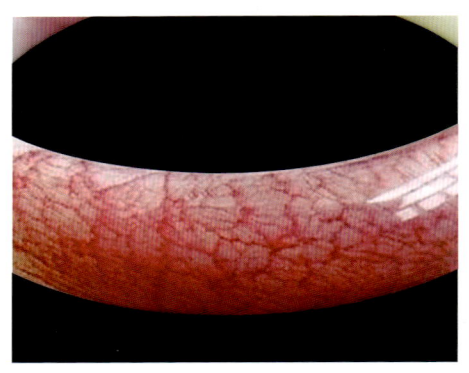

这种呈网格状分布的颜色是典型的次生色

值得注意的是，人工染色的颜色，因为也是玉石形成后，后期添加进去的，所以也是一种次生色。在玉石中这种颜色也同样表现为呈脉状或网格状分布，不同的是天然的次生色是在漫长的地质岁月中形成的，这使它有可能逐渐地渗及所有可能到达部位的各个缝隙，包括一些非常非常微小的缝隙，而人工染色是在短暂的时间里完成的，尽管人们通常会采取一些高温高压的手段来促进染色剂的渗入，但毕竟时间有限，这使它将主要地只渗进那些较大的缝隙里。因此当我们看到玉石有不正常的次生色——如与氧化作用和自然污染作用无关的绿色或紫色的次生色，或者看到这些次生色仅分布于一些较大的缝隙中时，你就应该想到这块玉石很可能是做过人工染色处理的。

6. 玉的折射率与光性

在日常生活中，许多人都有这样的经验：当把筷子插入有水的杯子中时，就会看到筷子在水中折了一个角度。这是光的折射现象的表现。原来光在相对密度较低的介质中行进的速度，要比在相对密度较大的介质中快。这种速度差异就使光的行进方向发生偏折，从而产生折射现象。两介质之间的相对密度差愈大，偏折的角度也愈大。矿物的相对密度比水大得多，所以光在矿物中的偏折角度就比水大。折射率便是对光偏折程度的数学度量。矿物不仅会具有较大的折射率，而且许多矿物还会具有所谓的"双折射"。

在解释双折射这一名词前我们不妨先做一个有趣的实验：拿一张纸，在纸上画上一条线或写下一排字；然后取一块透明方解石（也称冰洲石）置于线上或字上。这时你便会看到方解石下面的线或字，已变成双影。这便是双折射的结果。

双折射的产生，与晶体的非均质性，也即异向性有关。我们已经知道，组成晶体的物质质点，会作有规律的重复排列。如果质点的排列呈立方体状态，即每个质点各占一个立方体的角顶，则此时相邻质点之间的距离是相等的，也即具有相同的相对密度。这样，当光从空气中射入晶体时，无论哪个方向所产生的折射都是一样的，即具有相同的折射率。我们称这种具有单一折射率的光学性质为"均质性"。如果晶体中质点排列成长方体状，则相邻质点之间的距离就会有差异，长方向的间距大，宽方向的间距小，也即质点的排列相对密度有了方向差异。这时光进入晶体后沿不同方向行进就会产生不同的折射，也即有了双折射。这种光性被称为"非均质性"。

已知在各种晶体中，属于等轴晶系的晶体具有均质性；即具有单一的折射

在冰洲石之下，英文 Double Refraction 中的"Refrac"部分出现了双影，这就是双折射引起的

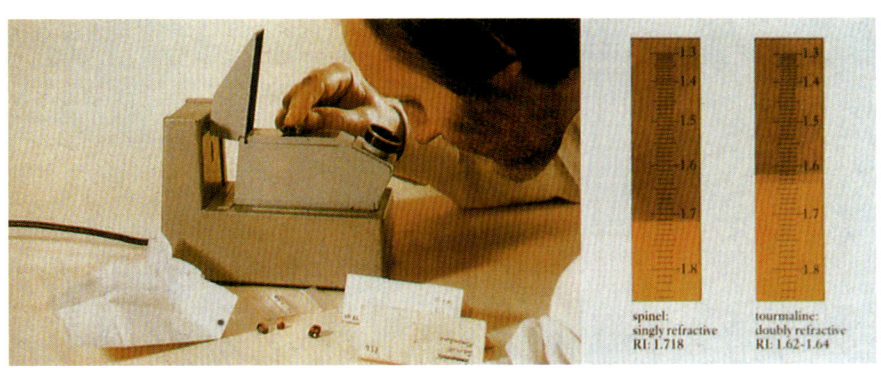

宝石折射率的测定。图中显示两个叠加在一起的小型仪器。其中上面一个是测定折射率用的折射仪，下面一个是用于提供光源的灯。右面所附的立柱是从折射仪中看到的折射率读数（位于明暗交界处）

率。此外，其他六个晶系的晶体都具有非均质性，也即它们都会产生双折射。在会产生双折射的晶体中，其最大折射率与最小折射率之差，称为"重折率"。

不同的矿物，由于内部物质相对密度状况不同，所以不论其为均质性还是非均质性，其折射率或重折率也各不相同。这就使我们有可能通过测量矿物的折射率，来确认矿物的种属。事实上，这种方法已成为许多珠宝鉴定检测单位，鉴定珠宝时最常使用的手段之一。

不过在玉石鉴定中，若不是着眼于每种组成矿物的鉴定和研究（如后面我们要讲到的"油浸法鉴定"），而是着眼于整块玉石的鉴定，那么这时候，我们通常观测到的是其组成矿物的平均折射率，它将不会表现出双折射现象。

另外，在一种专门用于检测矿物是均质性还是非均质性的仪器——偏光镜上，我们将会看到，均质性矿物在正交偏光下，会显示为全黑；非均质性矿物在正交偏光下，旋转一圈时则会显示出四明四暗的变化。但对于玉石来说，如果它的组成矿物都是均质性矿物，那么，在正交偏光下，它仍然会显示为全黑；但若它是由非均质性矿物组成的，则在正交偏光下它将显示为全亮，不会有四明四暗的变化。这是因为玉石的个别晶体虽有可能处于暗的变化中，但周围的其他晶体由于所处的方位不同，仍显示为亮，所以就把那个别变暗的晶体淹没在总体亮的背景中了。

偏光仪这种现象在玉石鉴定中可以给我们提供很大的帮助。比如像翡翠、软玉、岫玉一类由非均质矿物构成的玉石，在偏光镜中就会表现为全亮，而那些用玻璃来仿制的假货，则会表现为全黑，据此我们就可以立刻予以排除。

7. 光泽及其鉴定意义

光泽，是物体表面对可见光的反射能力。它的强弱取决于物体的折射率、

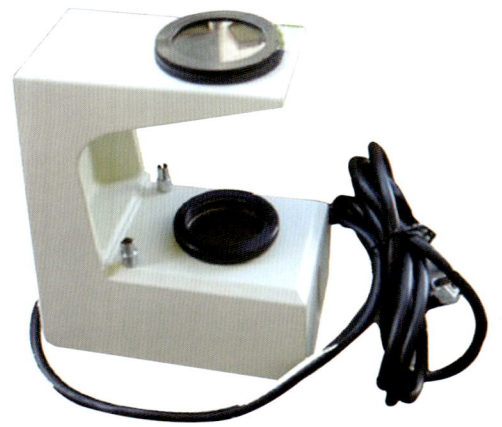
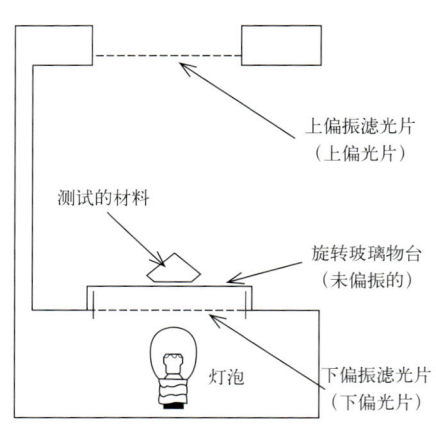

偏光镜及其结构示意图

吸收系数和反射率的大小。

矿物的光泽可区分为金属光泽和非金属光泽两大类。自然金、黄铁矿、磁铁矿等所谓的"金属矿物"具有金属光泽；而绝大多数珠宝，包括各种玉石则具有非金属光泽。

非金属光泽的客观表现也不完全相同，所以人们又对它进行了更详细的划分，并分别以常见物体的光泽予以命名。

（1）金刚光泽。是非金属光泽中光泽强度最高的一级，并以拥有此类光泽的金刚石（即钻石）予以命名。玉石中未见有此类光泽。

（2）玻璃光泽。是非金属光泽中光泽强度相对较高的一级，因它如同玻璃表面所反射的光泽，故名。这是各类珠宝，包括玉石最常见的光泽，如翡翠、欧泊、玛瑙、岫玉、独山玉等均具此类光泽。

（3）油脂光泽。也称脂肪光泽，以具有如同脂肪般的光泽而名。具此类光泽最典型的玉石是软玉，部分翡翠也具此类光泽。

（4）丝绢光泽。以具有丝绢般的光泽而名，主要见于一些具有纤维状结构构造的玉石上。如木变石、硅化木等就具有这种光泽。

（5）珍珠光泽。以具有珍珠般的光泽而名，除珍珠外，也见于贝壳制品及一些用塑料等仿制的"玉石"上。

（6）蜡状光泽。以具有蜡状的光泽而名。此类光泽可见于某些岫玉、绿松石、青金石等玉石，特别是一些经填蜡处理的玉石常会显示此类光泽。

（7）树脂光泽。或称松脂光泽。以具有树脂般光泽而名。如有些欧泊，和一些所谓的 B 货翡翠及镀膜处理的玉石会具此类光泽，另外也常见于某些塑料仿制品上。

学会正确判别玉石的光泽，对我们识别玉石是十分有用的。如白玉是一种价值较高的玉石，尤其是所谓"羊脂白玉"，更是动辄上千上万元。但市场上常见有用"京白玉"和玻璃制成的白玉仿制品，不会辨识的爱好者常常因此而上当受骗。其实如果他能学会辨识珠宝的光泽，就可以大大减少受骗的概率。因为真正的羊脂白玉是具有油脂光泽的，而京白玉和玻璃仿制品则具有玻璃光泽。再譬如，翡翠一般都具有玻璃光泽，但若你发现手中的翡翠显示出树脂光泽，那你就应该想到，它可能是经过人工处理的。

8．硬度与玉的鉴别

不同的矿物，具有不同的物质组成和晶体结构，这就决定了它们的硬度也不尽相同。所以，我们可以利用测量矿物的硬度来鉴别不同的玉石。

测量矿物的硬度有许多不同的方法。在一些研究室内，人们可使用精密的仪器测出矿物硬度的具体数值，称为"绝对硬度"。但在大多数场合中，人们使

摩氏硬度等级的十种矿物（从左到右，由低到高：1.滑石，2.石膏，3.方解石，4.萤石，5.磷灰石，6.正长石，7.石英，8.托帕石，9.刚玉，10.金刚石）

用的是用已知矿物来进行相互比较的"相对硬度"。其中应用最广的是19世纪初由德国矿物学教授摩氏创立的"摩氏硬度"。

摩氏硬度把所有的矿物分为十个等级，并以十种常见矿物作为各级硬度的代表。使用时，可把未知矿物与已知硬度等级的矿物互相刻画。凡是能刻动低硬度矿物，而不能刻动高一级硬度矿物的未知矿物，其硬度即介于该两级硬度之间。

在实际使用时，由于人们常不能方便地找到这些代表性矿物，因此又采用一些常见的物品来代替。如我们的指甲，摩氏硬度为2.5；铜币是3；小刀是5.5；玻璃是6；钢锉刀是6.5。硬度试验是一种破坏性的试验。它常会在被试物体表

常见玉石的硬度

硬度	玉　　石
7	玛瑙、玉髓、京白玉、东陵石、密玉、碧石等石英质玉
6.5~7	翡翠
6~7	独山玉、加州玉（符山石玉）、乌兰翠、梅花玉
6~6.5	软玉（包括白玉、青玉、墨玉、碧玉等）、葡萄石玉、天河石
6	水沫子（钠长石玉）、黑曜岩等天然玻璃、玻璃仿制品
5.5~6.5	京粉翠（蔷薇辉石）
5~6	青金石、方钠石、绿松石、欧泊、查罗石
4~6	岫玉
4	萤石
3.5~4.5	印加玫瑰石（菱锰矿）
3.5~4	孔雀石
3~4	蓝田玉、丁香紫、蜜蜡黄玉
3	阿富汗白玉、大理岩

面留下刻痕,因此,最好只用于鉴别那些未经琢磨的玉石原石。如果一定要测试已琢磨好的玉石的硬度,则可以选择背部或腰部那些不易引起注意的地方,免得给玉石制品带来明显的损害。

需要指出,由于玉石是一种矿物集合体,因此在玉石上测得的硬度,通常是组成该玉石的各种矿物的硬度平均值。又由于玉石中其组成矿物的比例会有一定程度的起伏变化,这也导致玉石的硬度也不像矿物那样固定不变,而是也可以有一定程度的变化幅度。

还要指出,在一些珠宝爱好者的圈子里流传着一种十分错误的观念:他们认为只要能划动玻璃的便是真玉石,否则便是假货。事实上,若真的以此作为准则,必定使你大上其当。从上表中你应该已经看到,虽然翡翠、软玉这些优质的玉石硬度都比玻璃大,但同样也有另一些中低档的玉石具有比玻璃大的硬度,其中,经常被用于冒充白玉的京白玉,在硬度上甚至还大于真白玉。另外,事实上我们也可看到,有些天然玉石,如欧泊、绿松石、青金石等却具有比玻璃低的硬度。它们当然无法划动玻璃,但这并不能否定它们是天然的玉石。所以硬度的大小虽然可以帮助我们鉴别不同的玉石,却不能简单地用作判断真伪的依据。

9. 相对密度的鉴别意义

"密度"是指物体的质量与其体积的比值,也即单位体积的质量,故通常用每立方厘米的克值(g/cm^3)来表示。不同的矿物,由于组成分的差异,和内部质点排列的紧密程度不同,就使其具有不同的密度。因此这就使我们有可能通过密度的测定来辨别矿物的种属。事实上,这也是当今各珠宝检测机构,鉴别各种珠宝的最主要手段之一。

密度的直接测定,涉及对物体体积的测量,在技术上有一定的难度,因此人们一般采用相对密度测定来代替密度的测定。所谓"相对密度",即物体的密度与水的密度之比。由于水的密度在4℃时为$1g/cm^3$,所以这时候物体的密度与它的相对密度在数值上是完全一样的。这就使我们有可能用相对密度测定来替代密度测定。鉴于相对密度是物体的密度与水的密度之比。因为它是比值,所以是没有单位的。

目前,在实验室里,相对密度的测定是在相对密度天平的帮助下完成的。方法是先测得物体在空气中的重量 W_1,然后再测得物体浸没在水中时的重量 W_2,计算公式

测定相对密度用的电子天平

$W_1/(W_1-W_2)$ 即可获得该物体的相对密度。若是我们需要的是精确的相对密度，那么我们还应该考虑到在平时的室温条件下，水的相对密度值不是 $1\mathrm{g/cm^3}$，而是要稍稍小一些，因此就必须对获得的相对密度值进行一个系数的校正。但由于这个校正值通常非常微小，所以在珠宝检测中，尤其是玉石相对密度的测定，一般可以忽略不予考虑。

遗憾的是，这一相对密度测定法，需要使用精密的天平，这对我们普通消费者来说，显然无法做到。不过不要紧，我们还有一种易于采用的较简单的方法，虽然它只能告诉我们一个大致的范围，但对于有些玉石的鉴别还是十分管用的。这就是所谓的"相对密度液比较法"。

其实，这一方法早被珠宝业者所使用。为了避免购入假货，他们常随身携带一瓶液体，当他们想要辨别手中珠宝的真伪时，只要把它投入液体中就能根据珠宝在液体中的沉浮状况，作出必要的判断。这就是相对密度液比较法的应用。原来瓶中的液体就是人们所述的"相对密度液"。它们实际上是一些具有较大相对密度的液体，如在玉石鉴定中用的最多的"二碘甲烷"，是一种相对密度为3.32的液体。投入二碘甲烷中的珠宝，若是相对密度比它小，就会浮于液体的表面；若是相对密度大于液体，则将沉入瓶底；若相对密度与之相当，则将悬浮于液体之中。翡翠的相对密度一般在3.33左右，因此若把翡翠投入二碘甲烷中，它大多会沉底或处于悬浮状态，但许多用于冒充翡翠的仿冒品——如所谓的"料翠"、"马来西亚玉"等都具有比3.32低得多的相对密度，所以它们都将浮于二碘甲烷的表面。这就使人们能有效地把它们从翡翠中剔除出去。同样，另一种叫做"三溴甲烷"的液体，因具有2.89的相对密度值，所以它可以用做软玉（相对密度一般为2.95）的鉴别。

相对密度液比较法虽然比较简单易行，但仍然不完全适合于普通的玉石爱好者。更简便易行的方法是直接用手来掂重。只要你有心经常尝试，你就会感觉到相对密度大的玉石较沉；相对密度小的则感到相对轻飘。因此有经验的人也会根据这种手感，发现手中玉石的真伪，避免上当。

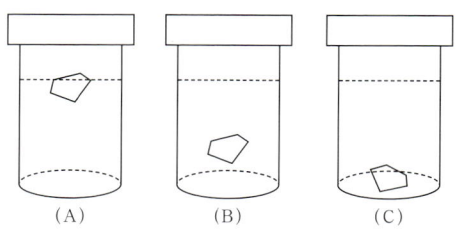

相对密度液比较法示意
A. 玉石相对密度低于重液；
B. 玉石相对密度与重液近似；
C. 玉石相对密度大于重液

常用相对密度液

相对液	相对密度
饱和盐水	1.13
一溴甲烷	1.47
二溴乙烯	2.18
三溴甲烷	2.89
二碘甲烷	3.32

10. 其他常用的检测手段

除了上述检测方法之外,在玉石鉴定中人们使用的常规方法还有以下几种。

(1) 滤色镜法。滤色镜是一种十分简易,便于携带的小型仪器。它的主体是一个可滤色的镜片。目前在珠宝界人们惯常使用的是"查尔斯滤色镜"(简称"查氏镜")。它由英国宝石测试实验室的安得森和佩恩所研制,后因最先在查尔斯工业学校使用,故名。该滤色镜只让红光和部分黄绿光透过,其他色光将受到它的阻挡而无法透过。所以当你透过该滤色镜观察有色宝石时,宝石只会呈现红色或黄绿色。该滤色镜最初设计时,是用来鉴定祖母绿宝石,但后来人们发现它也可以用来鉴定其他宝石和玉石。特别是 20 世纪 80 年代以前,人们曾广泛用于鉴定染色翡翠。天然绿色翡翠,用查氏镜进行观察,它将基本保持原色;而染色翡翠则会呈现为红色。这就使人们能够十分快速和简便地识别染色翡翠。但从 20 世纪 80 年代以后,人们改进了染色时所用的染色剂,致使染色翡翠在查氏镜下的表现,与天然翡翠相似。因此查氏镜在翡翠鉴定中不再发挥识别染色翡翠的作用。但它还可以用于其他方面,如鉴别常用于冒充翡翠,有所谓"特兰斯瓦翡翠"之称的水绿榴石。这种冒牌货在查氏镜下也会变红。另外查氏镜也被用于青金石、独山玉等的鉴定。

(2) 紫外照射法。许多物体都具有发射冷光的本领。所谓"冷光",即物体不是因为温度升高而发光,而是由于受到外来射线的照射,而激发出来的可见光。冷光还可再分为荧光和磷光两种。当外来射线的照射停止时,发光也跟着停止或虽有余晖,但余晖存在的时间小于 10^{-8} 秒者,称"荧光";若余晖的存在时间大于 10^{-8} 秒者,称"磷光"(它的余晖在黑暗中可以看到,故俗称"夜光")。不同的矿物由于物质组成和晶体结构上的差异,使其发射荧光和磷光的本领也各不相同。这就给我们提供了利用这种发光本领来鉴别矿物的可能。珠宝鉴定中常用的是利用紫外长波(波长 365 纳米)和紫外短波(波长 254 纳米)的紫外线来照射宝玉石,并观察它们在紫外照射下的反应——是否能发荧光或磷光,和发出的荧光或磷光的颜色等特征。比如正常的天然翡翠,在长波紫外下一般

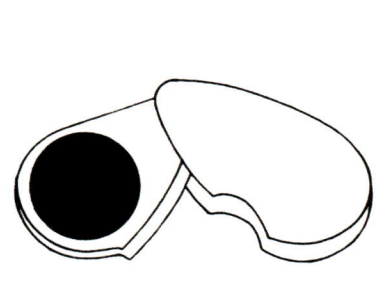
查氏镜

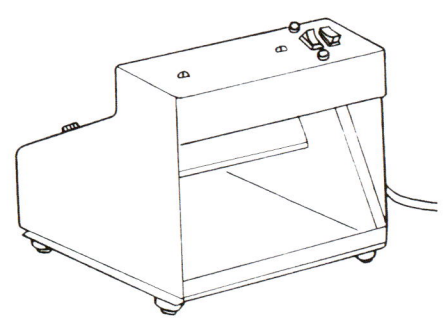
紫外荧光灯外形图

不会发光,呈惰性,但那种经过人工美化处理的所谓B货翡翠,在同样的长波紫外线照射下就大多会发出浅蓝紫色的荧光。又如天然欧泊,在长波紫外下一般都会发出中到强的白色、或浅蓝色、浅绿色的荧光,而人工用玻璃仿造的仿欧泊则不会有荧光。诸如此类,使紫外照射法成为宝玉石鉴定中一个十分有用,又相对简便的方法。当你希望也采用这种方法来检测玉石时,当然最好使用宝石鉴定专用的荧光灯。如果没有这种仪器,也可以使用验钞机的紫外灯来代替,不过这时你最好在无其他光源的暗室中进行。因为大多数玉石所发出的荧光都比较弱,若有其他光源的干扰,就可能分辨不出来。

(3)光谱分析法。大家知道,可见光是一种电磁波,其波长在390～770纳米。波长不同的光,在我们的眼中会反映为不同的颜色。如波长在700纳米左右为赤色光,波长在620纳米左右是橙色光等。普通的日光是一种复色光,即它是由全部的从770纳米到390纳米的赤橙黄绿青蓝紫七色光共同组成的。当我们让这种复色光通过分光镜以后,七色光便会按波长次序排列成连续的图谱,称"光谱"。我们所看到的物体的颜色,是该物体在吸收了其他色光以后,反射或透射出来的剩余色光所共同组成的光。仔细观测剩余色光的光谱,就会发现那本来是连续的图谱,现在出现了几条黑线或黑带。这些黑线或黑带就是被该物体吸收掉的色光,所以称为"吸收线"和"吸收带"。不同的矿物由于物质组成和晶体结构的差异,就会呈现出不同的光谱特征。比如翡翠就常常可以看到在蓝色光的区域里有一条437纳米的吸收线,另外在赤色光区也有分别位于630、660、和690纳米处的吸收线。而常被用来冒充翡翠,有所谓"马来西亚玉"之称的染色石英岩,则仅在赤色光区的650纳米处有一条稍宽的吸收带。所以凭借这一方法,我们就足以把两者区分开来。

顺便提一下,吸收光谱的精确测量,需要使用专门的大型的分光装置。不过,在宝石业界为了携带方便,人们通常使用的是一种只有10厘米左右长的简便型

光谱分析法示意。左:透射光法,分光镜从上观测来自底部光源的玉石光谱;中:内反射光法,分光镜从侧方观测来自玉石内部反射光的光谱;右:表面反射光法,分光镜从侧方观测来自玉石表面反射光的光谱

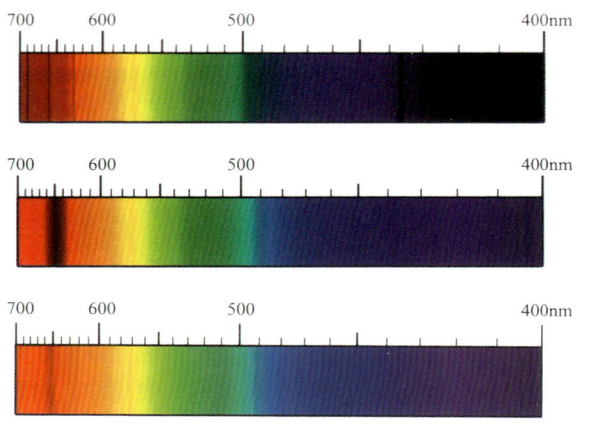

上：含铬绿色翡翠的吸收光谱；中：染色翡翠的吸收光谱；下：染色石英岩（马玉）的吸收光谱

的筒式分光镜。它虽然比较粗糙，不那么精密，但对于熟悉这一测试方法的人来说仍不失为一种检测珠宝的有效工具。

11. 几种精密检测法简介

前面我们介绍的主要是一些相对易行的常规的检测玉石的方法。

不过，你应该知道，玉石鉴定是一项困难的任务。这首先是由于它不像钻石、红蓝宝石那样具有相对单一的物质组成，而是一种矿物的集合体，在其组成成分中总是含有一些含量可多可少的杂质矿物，从而使其物化性质也不像宝石那样相对固定，而是可以有一定幅度的变化，致使人们往往难以把握。譬如，正常翡翠的相对密度是 3.33 左右，但有些含有其他杂质矿物的翡翠，相对密度也会降到 3.25，甚至更低；可是还有一种经过人工处理的所谓"B 货翡翠"，其相对密度也常波动于 3.25～3.30。因此，这时候仅凭相对密度的测定是无法区分两者的。另外，近代技术科学的发展又使人们掌握了越来越多的"做假"的手段，这就使玉石的鉴定变得更加困难。当常规

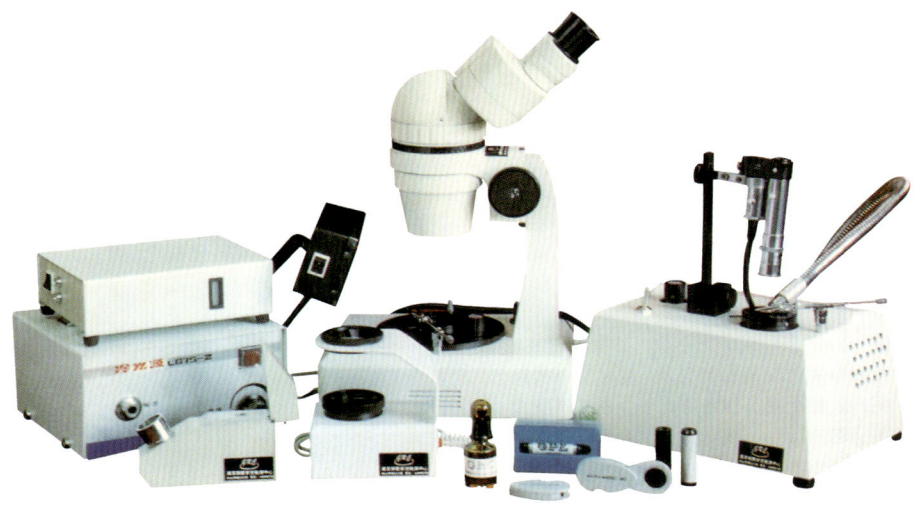

珠宝鉴定常用仪器综览

的检测手段不能给予我们准确的结论时，人们就不得不动用更精密的测试手段。当然这些精密的测试方法，由于需要使用精密昂贵的大型仪器，不是普通玉石爱好者能够做到。因此我们这里仅作一些简略的介绍，以便必要时你可以知道，需要不需要做哪项检测。

（1）粉末油浸法鉴定。一些无法进行常规测试的大型玉雕摆件，或是一些矿物组成分不明的玉石，大多可采用此法。方法是从待测试的玉石样品中刮取少许粉末（为了不破坏玉器的美观，取样的部位应尽量选择在玉器的底部或背部的隐蔽处），然后将其置于玻璃薄片上，加上适当的浸油，再置于偏光显微镜下，进行矿物学的测试研究。通过此法的测试，一般可以确定所测玉石的矿物组成，然后再根据矿物组成推断样品的玉石类型。其缺点是由于取样处未必能代表样品的整体（特别是当样品的矿物组成很不均匀时），致使得出以点代面的错误结论。

（2）X荧光光谱法。这是一种利用X射线对样品进行测试的方法。它利用样品在X光照射下所激发出来的荧光光谱，来判断样品的元素组成及其含量的状况，然后我们就可以根据样品的元素组成和相互之间的含量比例，确认其矿物类型。此法的优点是快速、无损、可多元素同时进行测定，从而可迅速地了解所测玉石是由哪些矿物组成的。还比如市场上有一种所谓的熔合再造翡翠，它由于使用铅玻璃做黏合剂，会含有铅，而天然翡翠则不含铅，因此采用X荧光光谱法，我们就可以迅速作出真假的判断。不过本法的缺点是它不能测出原子序数小于钠的轻元素，如氧、氮、氢等，从而难免由于这些元素的缺失，而得出错误的结论；另外它要求待测样品应有一个光洁的表面。

（3）红外光谱测试。由于不同的物质能吸收不同波长的红外光，所以把待测试样品直接置于红外光谱仪中进行测试，就可获得该样品的红外吸收光谱。然后根据其吸收谱线的位置和形态，就可以判断玉石的品种，或者是否作过人工处理；特别是对样品中有无含水，有无外来添加的有机物质等能作出较明确的判断。但该法的缺点是仪器测试腔的空间有限，较大（大于拳头）的样品就无法直接进行这种测试。此时，需要从样品中刮取一小块，将其磨成小于2微米的粉末，再用溴化钾以1：100～1：200的比例与样品混合，并压制成薄片后方能进行测试。

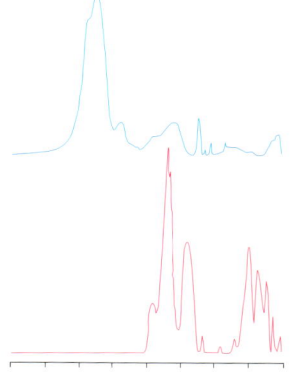

仿翡翠大理岩（上）与天然翡翠（下）的红外光谱曲线（锯张蓓莉）

（4）激光拉曼光谱测试。这是一种利用激光对样品进行测试的方法。由于激光是一种可聚焦成很细的点光源，所以这种测试可以针对样品的极微小的部位来进行，因此它对研究玉石中有无沿微小裂隙分布的人工填充物，研究玉石中存在的微小的杂质矿物的成分等，都能取得良好的效果。但此法的缺点也是待测样品不能很大，而且还必须有一个光洁的平面，以便能置于仪器附属的显微镜下进行观测。

（5）电子探针法。也叫"X射线显微分析法"。此法所用的仪器配备有一种电子枪，它能发射出高能的电子射束。当电子束轰击待测样品的表面时，就能激发样品产生特征的X射线和阴极荧光等的谱线，据此可以定性地甚至定量地分析出样品的组成元素的成分。该法的优点是能对样品的极微小的区域（在1微米的范围内），进行分析研究，因此在作玉石的详细研究时，可发挥重要作用，但测试样品不能大，同样也需要有一个光洁的平面，所以也大大限制了它在普通玉器上的直接利用。

（6）阴极发光法。此法所用的仪器配备有一种阴极射线管，它也能发射高能的电子束（即所谓的"阴极射线"）。但与电子探针法不同的是，它的电子束没有聚焦成一个点，所以它能同时照射到一个面积相对大一些的样品上，让其在这种电子束的照射下，因物体受激而发出可见光。不同矿物由于物质组成不同，或晶体结构的细微差异，将会在电子束的照射下发出不同特征的可见光。据此就可以鉴别玉石的矿物组成和它们的分布状态。目前此法常被用于鉴别天然翡翠和经过人工处理的翡翠。

除上述五种方法外，现代被人们应用于珠宝检测的精密测试方法还有其他一些，如紫外——可见分光光度法，热呈像测试法等，但在玉石鉴定中相对较少使用，所以从略。

红外光谱仪

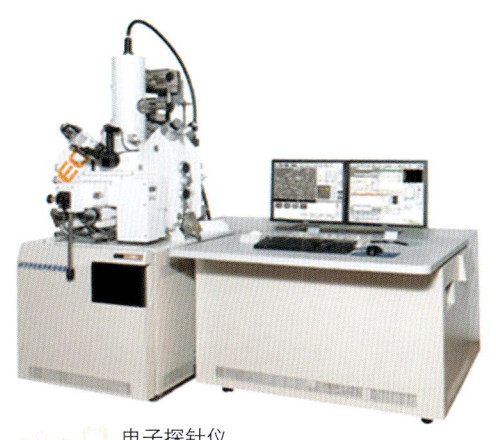
电子探针仪

各论 二

（一）玉石之皇——翡翠

在各种玉石中，翡翠是最令人心醉，也最受人们喜爱的。它那青翠的绿色，使人自有一番高贵脱俗与优雅的感觉。据说，当年慈禧太后在世，有人给她进贡一枚大钻石做的头饰，她却没有看上眼，反而喜欢小而精美的翡翠。事实上，

乾隆御题诗翡翠插屏（长44.4厘米，宽38.1厘米）

不仅是慈禧，在我国和受我中华文化影响的东亚和东南亚地区，翡翠在人们的心目中一直拥有至高无上的地位，以致有人将其誉为"玉石之皇，宝石之冠"，并认为它象征祥和、兴旺、青春永驻、事业有成，佩带它能防身避祸，逢凶化吉，祛病延年。

1. 翡翠是什么

翡翠之名，究竟源于何时，又是因何而名，人们一直议论纷纷，迄今尚无定论。

有人认为它是借用了鸟名。人们早就知道，我国南方许多地方的山峦多树的溪流旁，常栖息有一种长有绿色和红色羽毛的小鸟，称为翡翠鸟（在动物学的分类里，属于鸟纲，翠鸟科，翡翠属）。如东汉许慎（约58～约147）的《说文解字》中就有"翡，赤羽雀也。翠，青羽雀也"的注释。又唐代陈子昂（661～702）也有诗云"翡翠巢南海，雌雄珠树林"，说的都是鸟。在古代，人们也常用其漂亮的羽毛来做头饰。作为一种玉石，翡翠也因具有艳丽的红色和绿色，与翡翠鸟的漂亮羽毛相似，因此当人们刚发现它时，无以为名，便借用了翡翠鸟之名，称其为翡翠。

不过，也有人认为，翡翠一名可能起源于"非翠"一名的谐音。此说的倡导者认为，翡翠在我国的应用晚于软玉等玉石。在翡翠使用之前，人们所用的软玉中原本就有一种被人们称为"翠玉"的绿色软玉（今人称之为"碧玉"）。当翡翠引入之后，人们在使用中渐渐发现它们在性质上与早先所使用的翠玉不同，为了与翠玉区别，便称之为"非翠"，即不是翠玉之意。非翠，非翠的名称叫多了，便被它的谐音——翡翠所替代了。

翡翠，也常被人称为硬玉。其名源自1863年的一个法国的矿物学家德莫尔（Damour）。他当时对我们中国人所喜爱的玉作了一番详细的矿物学研究，结果发现有两个主要品种：一种主要由透闪石和阳起石组成，他称之为Nephrite；另一种由当时还不清楚的辉石类矿物组成，他把它命名为Jadeite。后来日本人在翻译这两个词时，根据两者在硬度上的差别，把硬度较低的前者译为"软玉"，硬度稍大的后者，则译为"硬玉"。我国早期的地质矿物学者又从日本把这两个词引入国内。所以翡翠又有了硬玉之名。值得注意的是，硬玉

美丽的翡翠玉镯，令人爱不释手

香港佳士得拍卖会上的翡翠珠链

一词在使用上已有些混乱。人们除了把硬玉作为翡翠的同义词之外,也有另一些人(包括许多教科书和我国已颁布的国标)沿袭德莫尔的叫法,把硬玉一词用来称呼组成翡翠的主要矿物(本书称其为"钠铝辉石")。但正像你已经知道的,玉应该是一种矿物集合体的称呼,显然不宜用作某种矿物的专称。鉴于这种混乱,我们建议尽量不用"硬玉"一词。

那么,翡翠究竟是什么呢?

今天我们认为,翡翠是一种主要由钠铝辉石或绿辉石的细小晶体集合组成的,并具有艳丽、耐久、稀少的宝石学三属性的岩石。虽然它也常含有少量的这样那样的杂质矿物,但钠铝辉石或绿辉石的含量通常都在90%以上,所以它基本上属于"单矿物岩"。值得注意的是,由于近代翡翠资源的日趋减少,有些人已把含有较多量的甚至含50%的杂质矿物的钠铝辉石岩也定名为翡翠。这显然是不恰当的。因为这些杂质矿物的存在和结集,必定会构成为有损玉质的瑕疵和恶绺,致使玉石的整体外观和质量显著下降。在国标《翡翠分级》中则把翡翠定义为:"主要由硬玉(即本书所说的钠铝辉石)或由硬玉及其他钠质、钠钙质辉石(钠铬辉石、绿辉石)组成的,具有工艺价值的矿物集合体,可含少量角闪石、长石、铬铁矿等矿物"。应该指出,国标的这一定义并不完全准确。事实上,在翡翠的诸多品种中,大量的是主要由钠铝辉石(即国标所述的硬玉)组成的,也有少数,如油青种是主要由绿辉石组成,而其他钠质、钠钙质辉石,包括钠铬辉石在翡翠的物质组成中从来不占主导地位,因此不应把它们与钠铝辉石和绿辉石并列,造成不必要的误解。

2. 翡翠的基本性质

前一节我们已经谈到翡翠主要由钠铝辉石或绿辉石构成。

钠铝辉石($NaAlSi_2O_6$)和绿辉石[$(Ca, Na)(Mg, Fe^{++}, Fe^{+++}, Al)Si_2O_6$]都是一种硅酸盐类矿物,在矿物学的分类中都属于辉石族矿物。

辉石族矿物是构成地壳的几种重要的造岩矿物之一。它们的阳离子组成虽

三个优质的翡翠玉镯

然不同,但却具有相同的偏硅酸根(Si_2O_6),也具有相似的晶体内部结构。其晶体大多(包括钠铝辉石和绿辉石)属于单斜晶系,少数为斜方晶系。晶体大多呈短柱状,也有纤维状;晶体的横断面近似于八边形或菱形。在横断面上大多可以看到有两组近于互相垂直的解理。这两组解理表现在晶体的纵向柱面上,则呈现为平行柱棱方向的纹。

所谓"解理",是许多矿物晶体的一种固有的属性。它指的是矿物受到外力的打击或挤压,就沿着晶体的某些特定方向破裂为平面的一种性质。不同的矿物,由于物质成分不同,和晶体内部质点的排列方式不同,会有不尽相同的解理特征,如解理的方向不同,组数多少不同等;而同种矿物则具有相同的解理特征。所以对解理特征的分析也常常成为人们鉴别矿物种属的依据之一。由于解理面与晶体的晶面常具有不同的方向,因此解理表现在晶面上就成为直线型的裂纹。互相平行的解理纹称为一组。玉石因是矿物的集合体,所以尽管其组成矿物的每个晶粒可能因受外力的作用而产生解理,但由于这些晶粒在玉石中的排列方向各不相同,故玉石作为一个整体是没有解理的。不过,存在于这些晶粒上的解理

清代的翡翠螭龙璧佩

 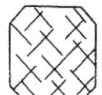   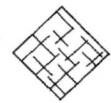

辉石类矿物常见的晶体横截面，及在该截面上解理纹的分布特征

显微镜下的翡翠可以看到钠铝辉石晶体所呈现出来的解理纹

纹还是会表现为玉石里的细小裂纹，尤其当组成矿物的晶粒较大时，这种裂纹就会表现得更明显一些。从而对玉石的品质也产生一定的不利影响。

翡翠在物质组成上，除了主要矿物钠铝辉石和绿辉石（大部分翡翠以钠铝辉石为主，少数一些翡翠以绿辉石为主）之外，也常含有少量的其他辉石类矿物，如钠铬辉石（$NaCrSi_2O_6$）、透辉石（$CaMgSi_2O_6$）、钙铁辉石（$CaFeSi_2O_6$）、霓辉石（$NaFeSi_2O_6$）等；另外也会含有少量的角闪石类矿物，如阳起石[$Ca_2(Mg, Fe)_5Si_8O_{11}$]、蓝闪石[$Na_2Mg_3ASi_4O_{11}$]、普通角闪石[$NaCa_2(Mg, Fe, Al)_5(Si, Al)_4O_{11}$]等；此外，也时而含有少量的钠长石（$NaAlSi_3O_8$），以及磁铁矿（$Fe_3O_4$）、铬铁矿（$FeCr_2O_4$）、赤铁矿（$Fe_2O_3$）、褐铁矿（$Fe_2O_3 \cdot nH_2O$）等。这些杂质矿物的存在，无疑会对翡翠的性质产生一定的影响。当然，杂质矿物的种类不同、数量不同，对翡翠品质的影响也将不尽相同。

钠铝辉石本是一种无色矿物，但是当其组成分中混入有微量的铬或其他元素时，就会使其产生绿、黄绿、微紫等的颜色。绿辉石本身含铁，所以可以有黄绿－暗绿的自色。

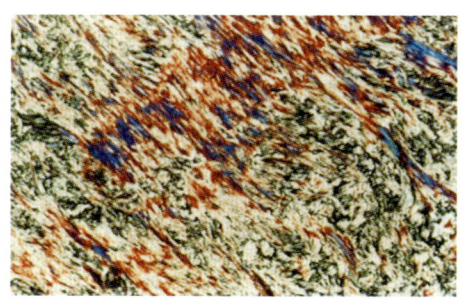 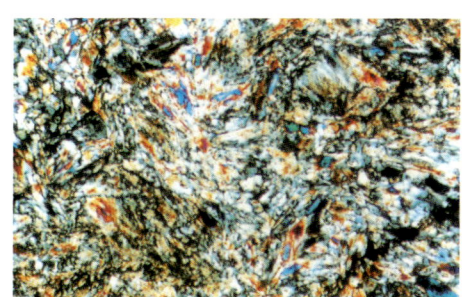

翡翠的结构　　左：纤维交织变晶结构；右：柱粒状变晶结构

具斑杂状构造的翡翠

在结构上，翡翠为全晶质；组成晶粒多为自形－半自形的细－中粒，少数为微晶，未见隐晶；其中颗粒较大的多呈柱粒状变晶结构，颗粒较小的则呈纤维交织变晶结构。正是这种结构特征导致了翡翠具有致密、细腻和坚韧的品质。

翡翠很少见有组成物质均匀分布的块状构造。这种构造一般只能在块度较小的翡翠中看到。大多数翡翠则具有斑杂状构造和脉状构造，不过造成这种不均匀性的原因，通常不是来自不同的矿物，而是同种矿物中因铬或其他杂质元素的含量差异引起的；当然也有少部分是来自其他杂质矿物，后者多呈现为瑕斑或瑕点。另外，有些翡翠还可以具有条带状构造和角砾状构造。

翡翠通常具有半透明－微透明的质感，玻璃－油脂光泽，常呈乳白、浅绿到翠绿色，也有淡黄、淡褐、棕红及淡紫色。其中绿色者称为"翠"，具黄红色调者称为"翡"，具淡紫色者称为"春"，白色或极浅的绿色称为"地"，统称翡翠。其平均折射率一般为 1.66，但因所含杂质矿物的影响，也可波动于 1.65～1.68。在长短波紫外射线照射下，一般表现为惰性，无荧光反应。它的相对密度正常时多为 3.33，同样因杂质矿物的存在，有的可高到 3.40，也有的可低至 3.25。摩氏硬度 6.5～7，韧性极好，不易破裂。据说 1953 年，发生在美国南加利福尼亚州的地震中，桑塔巴巴拉有一个小的工艺品商店，货架上的商品大多被震落，一片狼藉。一些用水晶、玛瑙、珊瑚、绿松石等制成的工艺品大多损坏，唯独玉制品（包括翡翠与软玉制品）却大多完好无损，可见翡翠之坚韧。翡翠若破裂，则断口呈粗糙的不平坦状。翡翠还能耐受高温，一般情况下，1 000℃以下的温度不会损其毫发。不过，翡翠却相对不能耐受酸碱的侵蚀，尤其是强酸强碱，会对它造成一定的损害。也正是这一性质，给人们对翡翠进行所谓的 B 货处理，提供了客观可能。

3. 翡翠的产出状态

翡翠是一种自然形成的岩石。根据地质学的研究，人们大多认为，它是由一种来自地下深处——地幔的超基性岩石（一种较富钙、镁、铁的岩石），因受地壳运动的推挤，被迫上升到地壳浅部，并在后期的相对低温的高压环境下，经历一系列的复杂的变质作用而形成的。研究还表明，组成翡翠的主要矿物——钠铝辉石和绿辉石都不是一次性形成的，而是有着不同的形成期次。一些有铬元素混入的绿色的钠铝辉石大多形成较晚，所以在翡翠中不乏可以看到晚期形成的绿色钠铝辉石以脉状或不规则条纹状的形式，穿插于基本无色的钠铝辉石之中。

正由于翡翠形成作用的特殊性，使翡翠已知在全球仅有几个产地。其中最重要的是缅甸，它是迄今所有优质翡翠的唯一供应地。此外，南美的危地马拉，俄罗斯西伯利亚近中蒙边境的西萨彦岭和哈萨克也有翡翠的产出，但品质大多粗劣或中档（据说哈萨克有极少数可与缅甸媲美）。还有美国与日本也产有少量翡翠，但它们仅具地质学的研究意义，而无真正的宝石学价值。

在自然界，翡翠的产出状态有三种。一是原生的，直接产在山岩中，称为"山料"。山料因未经自然界反复筛选，常含有较多的杂质，故品质一般相对较差。另一种为次生的，即它是山中的原生岩石（山料）因受到风化侵蚀作用而被剥离下来，并被流水冲带、搬运到山下较低洼的河谷、阶地中才沉积下来。由于它

缅甸帕敢矿区翡翠水料的埋藏状态

们大多经过反复冲带、搬运，一些质地较软的杂质多被磨蚀，留下了品质较好的玉石料，之后又经水的长期浸润。所以，这种被称为"水料"的玉石原料大多品质优于山料；并且它们都成独立的一块（通常有不同程度的磨圆，而成砾卵石状），且表面有因受到风化和外界的污染而形成的皮。再一种是山料剥落下来后，没有滚动得很远，而停积在山坡上的，称"半山半水料"，其品质则大多介于山料和水料之间。山料因是直接从山石中采得，表面是新鲜的破裂面，所以在早先时候，也常被人们称为"新料"或"新坑料"；水料则相反，表面都有历经岁月的风化而形成的皮，故被称为"老料"，或"老坑料"；半山半水料则有"新老料"或"新老坑料"之称。

一块翡翠料石，大致可按其物质组成的差异分为4个部分：①是最外层的皮壳，此层仅见于水料。山料一般无皮，半山半水料则可以有薄的皮。皮壳可有黑、褐、黄、灰等色。它是翡翠原石受风化作用影响及外界物质污染的共同结果。皮壳的厚度与颜色也因风化作用的程度及料石本身的质地情况而异。皮壳大多没有宝石利用价值。②翡，是紧邻皮壳的次外层，也只见于水料和部分半山半水料；山料也通常无翡。翡也是翡翠原石受风化作用影响的结果；是含铁矿物氧化后形成的氧化铁渗染翡翠的产物。由于铁的氧化程度不同，翡的颜色也可以有黄、棕、赭、红的变化，其厚度既受制于氧化程度，也受制于原石的颗粒粗细和裂隙发育程度。从宝石学角度看，翡的价值仅次于翠。③地，是翡翠原石的主体。它一般呈乳白到微绿色，有时候还会夹杂有浅紫色的春。④翠，是翡翠料石的精华所在。它一般呈条带状、脉状、斑杂状、团块状出现，有时还会夹杂有暗绿或黑色的斑点。翠的含量多少，是评价翡翠料石价值高低的主要依据。人们并据此将翡翠料石分为三档。

第一档，色料。指这块料石中翠的含量在50%以上，甚至几乎整块均由翠构成。这样的料石在销售时一般都是按块论价，每块几万、几十万、甚至几亿的都有。

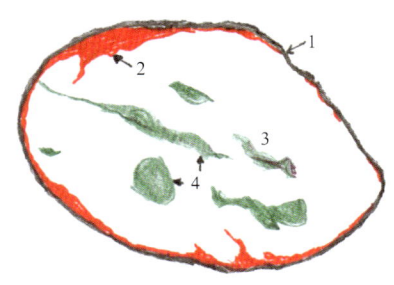

翡翠料石的构成示意

1—皮；2—翡；3—地；4—翠

翡翠料石构成实例

1—灰白皮；2—褐色翡；3+4—油青地

开门子的翡翠料石

左：色料；右：花牌料

第二档，花牌料。指这块料石含有一定量的翠，但翠的含量一般在10%～40%。这样的料石在销售时大多按重量计价，一般每千克上万到几万元；有时候也采用按块计价。

第三档，砖头料。这是一类不含有翠，或仅含有极少量翠的料石。在销售时均采用按重量计价，一般每千克上千到几千元。

翡翠料石由于大多有皮，即使没有皮，也因块度大，其内部含翠量究竟多少，翠的品质究竟如何，一般很难作出准确的判断，而且在市场上还出现有大量的用各种手法作假的料石，以致人们有"神仙难断寸玉"之说。因此，购买这种料石具有很大的风险。所以翡翠料石常被人称为"赌石"。隐喻它具有赌一把的性质。事实上，也确有许多人因购买这种赌石而损失惨重，甚至倾家荡产；当然也有少数一些人幸运地赌到好料，而获利百倍、千倍。

4．翡翠料石的选购

对于许多翡翠的投资收藏者来说，翡翠料石的投资是一项十分诱人的项目。业界就流传有许多，让人津津乐道的令人羡慕的成功例子，如20世纪80年代，有人在缅甸以1 000万元购的一块翡翠料石。回国后，剖开一看，果然是一块非常好的色料，顿时便有人愿以8 000万元的高价向他收购。转眼间，财富便增加了八倍，焉能不使人眼红心热，真比买彩票，中头奖还令人眼馋。然而相反的失败的例子更是俯拾皆是。一些人以至血本无归，倾家荡产。

面对这些活生生的例子，人们一直在思考：有什么办法能让我们作出正确的选择，避免失败？然而，这却是一项十分困难的任务。原因首先在于许多料石，尤其是水料和半山半水料都有一层厚薄不一的玉璞——皮壳，它把玉石的内部情况掩盖得严严实实，让你难睹玉石的真貌。再者，决定翡翠价值的翠，在玉石内部究竟有多少，又是如何分布？由于翡翠大多是一种内部质地很不均匀的玉石，因此即使这块料石是一块没有皮的明料,你也很难根据外表的情况,作出准确的判断。更何况评价一块料石的好坏还涉及如绺裂、瑕疵等方面的因素,这更不是仅仅依靠表面的一些现象就能了解的。所以业界才有"神仙难断寸玉"之说。

不过,尽管这样,积前人长期以来的经验教训,特别是近年来地质矿物学理论的引入,还是使人们对如何选购料石,有了一些可资借鉴的意见,现简介如下:

料石选购的最首要的前提,就是它必须是一块真正的翡翠石料。然而,在当今的翡翠市场上,并不是每块貌似翡翠的料石都是真的翡翠。如前不久,笔者本人就曾经看到,有人辛辛苦苦花了大价钱,从缅甸运来几块貌似翡翠山料的料石。但鉴定后却发现,这是一种主要由"水绿榴石"组成的岩石,其价格当然远远低于翡翠。还要注意的是,即使这块料石真的是翡翠,那也要看它是否经过人工做假处理。事实上今天翡翠料石的做假手法,真可说是五花八门,令人匪夷所思(关于这个问题,我们将在下一节向你介绍)。

料石可分为没有皮的明料和有皮包裹的赌料。明料的选择相对易行,关键在于如何鉴别赌料,也即赌石。赌石都有厚薄不一的皮,而皮我们已经说过它是该块翡翠受外界物质的污染和表面长期风化的结果。因此皮的特征在一定程度上反映了翡翠内部的情况。如组成皮的颗粒较粗,反映该料石内部的结晶颗粒也较粗;反之,则可能较细腻致密。

另外有的皮上可见有绿斑,称为"松花"。这是翡翠内部蕴藏有翠的表现,所以松花越多越好。

还有的表皮有黑斑、黑花,称为"癣"。这是翡翠受到后期气水溶液作用的结果,发生了所谓的"蓝闪石化"。即一些绿色的钠铝辉石被后期的蓝闪石所替换。其情形就如同我们日常生活中常可看到的铁生锈,使铁被铁锈所替换一样。由于蓝闪石化的存在,所以翡翠业界有所谓"癣吃绿"和"黑随绿走,黑靠绿生"之说。当然,癣的存在对料石是否含翠是一个不利的信号;但也不尽然,有癣,反过来也说明该料石曾经含翠。因此在选择时就应注意癣吃绿的程度如何?程度轻,癣少,保留有较多的绿,这

被误认为是翡翠的独山玉料石

翡翠赌石表面的松花

翡翠赌石表面的蟒带

样的石料还是可以有所期盼的；反之，价值就较低。

再有的皮，可见有一条或几条绿色或黑色的条带，俗称"蟒带"。绿色或暗绿色的蟒带，是稍晚形成的绿色钠铝辉石成脉状侵入的结果。它的存在通常表明该块料石内部还会有翠的延续，是值得一搏的。业界流传有"宁买一线，不买一片"之说，就是认为这种表面呈线状的蟒带，为内部蕴藏有翠提供了线索；反之若是绿色成片状分布，则预示着绿色的翠大多仅是表面这一层，内部则很可能无翠（其实这表面的一片，也是翠脉的表现，只不过该块料石正好沿脉破裂，所以露出了一片绿翠）。蟒带若呈黑色，则也应该是翠脉发生了蓝闪石化，其价值当然显著降低。另外，还要注意，蟒带是微微凸起于表面，还是稍稍凹下？蟒带凸起，说明翠的结晶颗粒细小致密，未来制成的饰品，价值会较高；反之若凹下，说明颗粒较粗，不那么致密，翠的质量较差。此外，蟒带的宽度、形态等也是选购时应该仔细审视的因素。

除了，这些可用于评价赌石好坏的表皮特征之外，皮的颜色本身也是一个可供判别的依据，分述如下。

白皮 较少见，通常它反映该料石由较纯的钠铝辉石组成，内部可以有翠，但翠的数量一般不会很多，颜色不会很浓。

黄皮 是一种最常见的皮色，黄色是来自铁质的污染。而污染该料石的铁既可能来自外界环境，也可能来自料石本身，一般说来以外界为主。这种黄皮料石的内部质地会和白皮相近似。

红皮 红色也是铁质污染的结果，不过它反映铁的氧化环境相对贫水。在大多数产坑，具红皮的料石通常产于黄皮料石的之下，较深的层位里。这说明黄皮和红皮的形成主要决定于环境，与其内部质地的关系较少，所以它们对料石内部质地的预测意义都相对较低。但此类料石可能会有较厚的翡。

褐皮 褐色是铁质污染与有机污染的共同结果。它还反映污染料石的氧化

白皮料石（从已剥开的表皮，显示出它具有十分细腻的质地和主要由浅紫色的春及乳白微绿的地构成）

黑皮赌石

铁数量比黄皮多，所以色较深。这又进一步表明这些污染料石的铁质不仅有来自外界环境，还有相当一部分来自料石本身，是料石中的含铁矿物氧化作用的产物。所以此类料石，大多会含有较多的绿辉石。而绿辉石的存在，就使料石内部质地偏灰偏暗，即使有翠，翠的质量也不高。

黑皮 俗称"乌砂皮"，通常是料石含铬，内含高翠的显示。黑色的形成尚有待进一步研究，有人认为是料石所含的铬，因氧化形成铬酸根，并吸附了环境中植物腐败后产生的大量的游离碳的结果。所以黑皮的存在表明料石含铬，而铬正是翠得以产生的物质基础。因此此类料石很值得一搏。不过，也有人指出，若黑皮色太深，皮太厚也未必是块好料。因为已知含铬过高的钠铝辉石颜色会趋向偏暗偏黑。

从矿物岩石学角度分析，料石皮壳的主要矿物是钠铝辉石，与内部一致，但在化学成分上钠、硅的含量有所降低，钙、镁、铁的含量有所增加，这可能与翡翠中含有的钠长石较易风化有关。皮壳的次要矿物则因皮色而不尽相同。黄色皮壳含高岭石、三水铝石、软锰矿和赤铁矿等；白色皮壳含高岭石和水钙铝榴石；黑色皮壳则含高岭石和绿泥石等。

新的研究还注意到，皮壳中若含赤铁矿、褐铁矿较多，可能指示内部有绿色、翡色或紫色。皮壳中含高岭石多，则内部可能富钠长石，透明度会较好。皮壳中若出现蒙脱石，内部可能含有绿辉石、透辉石、钠铬辉石，而呈黑色、深绿色或鲜绿色。皮壳若出现绿泥石，其内部可能呈蓝绿色，透明度也常较好。皮壳中若含钠长石和蓝闪石，则内部品质大多较差。

最后需要指出，上述的可用于判断料石优劣的种种迹象，只是给要选购料石的投资收藏者一个可供参考的依据，它绝不能保证你每赌必赢。这是因为客观的事物是十分复杂的，上述的那些预测，虽然大多是人们积多年来的经验和教训，并结合了地质矿物学的理论分析而获得的一些规律性的总结。但显然还不能包揽各种复杂的情况，这也正是迄今人们在选购赌石时仍然会承担着巨大风险的原因。

5. 赌石的做假与鉴别

购买赌石的风险，不仅来自客观情况的复杂性，还来自市场上普遍存在的赌石做假。

在市场上，许多赌石在出售时，卖方会为了证明自己的料石货真价实，而在赌石上切开一个口，便以买方看到料石内部的质地情况。这个切口，大的叫开"门子"，小的叫开"窗口"。然而，也正是这一做法，为一些人的做假创造了条件。常见的做假方法主要有以下几种：

（1）做皮。此类料石本是明料，但品质较差，人们一眼就能看出，卖不出好价。因此为了掩人耳目，卖方会故意给它做一层人工的假皮，甚至给它做成一层暗示内部蕴有高翠的黑皮。由于天然赌石常见黄皮，所以也有许多假皮做成黄色。有些时候，这块明料本有几个翠点，在做皮时，卖方会故意把它保留下来，并把它做成似乎是随意开出来的窗口，让买方看到这块料开出来的窗口都是翠，而其他部位则因有厚厚的假皮阻挡，看不出它的好坏，便误以为这是一块主要由翠组成的色料。对若干假皮的观察和分析，使我们知道，用于做假皮的原料，多为其他翡翠料石皮壳的碎末；也见有用石英、闪石类矿物和大理岩等的碎末，拌和黏胶后涂抹上去的。为了让假皮看上去更逼真，有的还会用黑钨矿或其他黑色矿物的粉末做成假癣。所以要辨别假皮，一种办法是从皮上刮取少许样品进行矿物鉴定，如发现有较多的不属于翡翠的外来矿物，就应该引起怀疑。此外，更好的办法是用火烧。因为假皮都含有黏胶，使它不易脱落，但胶遇火则会发出一种异样的气味而露出破绽；火试的时间稍长，胶被烧尽，又会使被胶结上去的矿物晶粒脱落下来，而真皮则不会。

钻孔注色（这个孔曾被假皮掩盖，但还是被仔细的买家所发现）

贴面子的赌石（由于贴面下有一定空隙，在敲打检查时竟然被敲破一个洞）

（2）贴面子。此类料石既可能本是一块品质很差的明料，也可能是一块赌石，但切开口后发现质量很差。这时，作假者会从别处切得一片品质较优有一定厚度的翡翠薄片，做成和切开的门子一样大小，贴在门子上，然后或给整体做上假皮，或是仅给贴片做一个与真皮相仿的假皮，让买方以为它是这块料石的真实门子。笔者就曾看到有一块赌石被拦腰从中间剖成两半，从剖开两边的门子看，该料石虽非色料，却也是一块不错的花牌料，而且两边的翠花互相对应，显示出它们本是一体的样子。这样一块被从中间剖开的赌石，在许多没有经验的买家看来，似乎假的可能性很小，会信以为真。其实，卖家是同时在两边都贴了从同一块翡翠中取来的面子。鉴别这种贴面子的料石，是首先仔细检查近面子处的外皮，它与其他部分的皮有无可以觉察的差异。因为贴面的皮是人工做上去的，而其他部分很可能是真皮。人工皮做的再像也很难与真皮一模一样，更何况我们同样也可以用火试的办法来检验皮的真伪。再一种办法，是把该块料石浸入水中，通常拼贴缝再严密也难免留有肉眼难以观察到的些许缝隙，但水却有可能沿缝隙渗入，并把缝隙中的空气赶出来，使我们看到有气泡冒出。即使看不到有气泡冒出，当你把该料石从水中取出以后，会发现贴缝处会显现一圈相对不易干的湿缝。也可以通过敲打听声来辨别，贴面与料石之间通常都不会十分严密，难免会有一些空隙，敲打时声音就会发哑，不那么清脆。

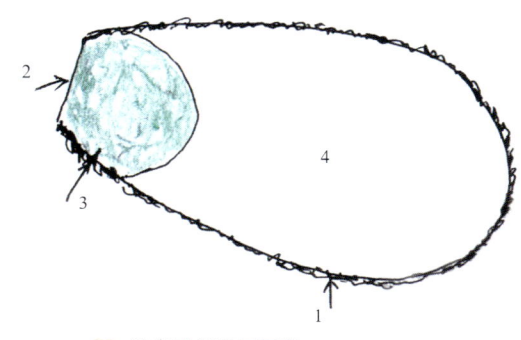

做身子的料石示意

1—假皮；2—门子；3—真翡翠；4—水泥身子

（3）做身子。一些卖家为了追求额外的高利润，常常会把一小块真翡翠，切开一个门子，然后用它做头，在它的身后用水泥等仿做一个大身子，再做一层假皮，让人看上去像是一块大的料石。若干年前，上海就有一个买家花了几十万从滇缅边境买回一块重达百斤的大料石。回沪后，剖开一看，竟然只有头部拳头般大的一块真料，其余全为水泥。鉴别这种料石，应该还是

挖坑补翠的料石

从皮入手。既然它做了假皮,用火试就不难发现它的真假。另外若有可能也可以通过相对密度的测试来鉴别之。即先用大称测得它的全重 W_1,然后拿一个能从容地放入该料石的大桶,灌上水,再称得料石浸没于水中(不能与桶壁有任何接触)时的重量 W_2,根据公式 $W_1/(W_1-W_2)$,即可获得它的相对密度。真料石的相对密度应在 3.3 左右,而这种做身子的料石,由于以水泥为主,相对密度将降至 2.7~2.9。另外,也可以用盐酸进行试验,水泥遇盐酸会强烈起泡。

(4)钻孔注色。一些堵石开门子以后,显露出内部质地平平,缺乏有价值的翠。对于这种赌石,早先有人采用门子染色的方法来做假。但这种做法翠色浮于表面,易于识别。因此后来便发展出钻孔注色的做假方法。方法是在紧挨门子的后方钻一个洞,然后向洞里灌注绿色染料,使人看上去好像翠色是来自内部。更有的直接把门子挖成凹形,然后在凹处贴一张锡箔(以增加反射能力,看起来透明度会高一些),再灌注绿色染料,甚至绿色塑胶(笔者曾经看到有人竟然给它塞了一个绿色牙刷把),接着再做一个贴面来掩盖。鉴别这种做假,首先也应该从门子附近的皮壳开始,因为无论是钻孔还是挖空贴面,都要给钻空处或贴面处做个假皮来掩护。另外,也可以通过敲击门子来听声。这时将会听到因下面有空腔而发出的低哑的声音。再者,还可以用浸水的办法来检查,看有没有气泡冒出,或显露湿缝、湿孔。

(5)挖坑补翠。一些赌石基本无翠,为了能卖出好价,作假者会任意地在皮壳上挖几个小坑,然后从真翡翠上取来一些绿色碎末拌和黏胶以后,填补在这些小坑上,做成窗口模样。由于这种料的皮壳是真的,不论是火试还是表面矿物鉴定都找不出它的破绽,而窗口检查,又会看到一粒一粒的绿色钠铝辉石,因此很容易令人信以为真。但若检查得再仔细一些,就会发现窗口内的绿色钠铝辉石是呈颗粒状结合在一起,与正常翡翠的交织结构明显不同;另外,还会发现窗口与周围的结构不相协调,有的与周围界线分明。

(6)B 加 C 处理。一些小块的(笔者所见的没有超过拳头大)无翠的明料,有采用 B 加 C 处理来充当全绿色料的(何谓 B+C,请参阅《警惕 B 货翡翠》一节)。由于许多人往往会认为 B 加 C 处理只用于小件的成品,而忽略了对这种假色料的详细检查,致使其蒙混过关。此类料石的鉴别与成品相同,我们将在成品的防伪中再作介绍,这里从略。

除了上述这些做假的方法之外,一种更直接的假冒方法就是用其他的貌似翡翠的料石来充当。其中最常见的有蛇纹石大理岩料、水沫子料、莫子石料、水绿榴石料、黄玉髓料(冒充翡料)等。如 20 世纪 80 年代北京的一家公司就曾在泰国卖了一批翡翠料石,后来经鉴定竟然是一种有所谓"特兰斯瓦翡翠"之称的水绿榴石料。自然是损失惨重。

6. 翡翠的颜色及其成因

在珠宝店中,你只要稍加注意就会发现,同样是一颗翡翠戒面,有的仅几百或几千元,有的却高达几万,甚至几十万元。1996年秋在香港佳士得拍卖会上,一枚被称为"玉胆"的长15.5毫米、宽13毫米、厚6.3毫米、重约10.4克拉(5克拉=1克)的翡翠戒指,以387万港元成交,平均每克拉为37.18万港元。相比之下,同期拍卖会上,另一枚重22.01克拉的橄榄尖型钻戒,虽也拍出684万港元的最高纪录,但每克拉的平均价仅为31.07万港元,比上述翡翠低了6万多港元。而这还只是十多年前的价格,若按现在翡翠的涨势来推测,这枚"玉胆"的价格至少在五百万元以上。

翡翠价格差异之所以如此悬殊,归根结蒂在于其品质的差异。一般认为决定翡翠价格的品质因素有七个方面。其中最重要的便是颜色。不过,在介绍如何评价翡翠的颜色之前,我们先来简要地了解一下翡翠颜色的成因。

已知翡翠有着丰富多彩的颜色,但大致可归纳为五个色彩系列。

(1) 绿色。是翡翠最重要的颜色。大量的研究使人们相信,翡翠的绿色主要来自微量铬的混入。分析表明,不含铬的翡翠是无色或近于无色的;而最佳的绿色,铬的含量均不超过1%,含量超过1%,绿色就会带有黑色调,超过3%就呈墨绿色,含量再高,颜色就更黑。除铬外,铁也会给翡翠带来绿色,但这种绿色偏暗偏黄;同样铁含量愈高,绿色就会愈偏暗。另外,近年来对翡翠合成的研究,还使人们发现,稀土元素镨也会给翡翠带来艳丽的绿色。但自然界的翡翠是否有镨的混入尚待证实。翡翠的绿色还会受其他矿物颜色的影响,致使其绿色会有丰富纷杂的变化。如被人们描述的绿色里就有所谓帝王翠、阳俏绿、

价值上百万的翡翠戒面

左:2011年秋北京易拍拍卖会上,该镶钻蛋面戒指(翡翠10.48克拉、钻1.02克拉),以207万元成交;

右:2011年秋北京艺融拍卖会上,这只翡翠蛋面(重7.62克拉)戒指,拍卖估价为150万~200万元

黄阳绿、鹦哥绿、秧苗绿、菠菜绿、瓜皮绿、蛙绿、油青、暗绿、墨绿……的变化。

（2）红－黄色。是翡的颜色。研究证明这种颜色在翡翠中属于次生色，是翡翠受到近地面环境中的氧气和水的作用，致使部分铁析出并受到氧化的结果。如果铁的氧化环境相对贫水，生成赤铁矿（Fe_2O_3），就产生红色；若氧化时也有水的参与，则生成褐铁矿（$Fe_2O_3 \cdot nH_2O$）产生黄褐色。实际上每每同时既有赤铁矿也有褐铁矿的形成，于是翡的颜色便介于两者之间，并按两者的比例或偏红或偏黄。另外由于常常还有灰黑色的有机污染物的加入，就使其在红－黄色的基调上有着不同的变化，如红、橙红、暗红、红褐、黄褐、棕褐、土黄、咖啡色等。

（3）紫色。也被称为春色。翡翠紫色的成因至今尚有争议。大多数人认为是微量锰混入的结果；但也有人认为可能与铁、钛离子之间的电荷转移有关；再有人认为可能是钾离子引起，因为它们分析了若干紫色翡翠的化学成分，发现这些样品普遍含钾较高，有的甚至比无色翡翠高近百倍。紫色一般也有偏蓝和偏粉的变化，如有浅紫、蓝紫、茄紫、紫罗兰、粉紫等。人们还注意到偏蓝者一般结晶颗粒较粗，而偏粉者则相对细腻，其原因也有待研究。另外还发现紫色可以和浅绿色共存，但不知为什么它却从来不和高翠并存。

（4）白色。由较纯净的钠铝辉石组成的翡翠通常为无色或呈白色。它们组成了翡翠的"地"，也即"底质"。不过在翡翠中很少见有纯净的如白色软玉那

不同颜色的翡翠

样的洁白色。翡翠的白色多为带有些微的绿色调或灰色调，以乳白、灰白、瓷白、浅灰绿－微绿（所谓的"地子绿"）等示人。

（5）黑色。在翡翠中原本被视为脏色和瑕疵。但近年来，一些通体黑色的翡翠因更显厚实庄重，也很受人们的喜爱。翡翠的黑色有三种不同的成因。一种是原生的黑色，它主要由含铁或含铬高的矿物组成。

一个粉紫色伴有少量绿色（所谓的"春带彩"）的翡翠瓶　　翡翠中的黑色角闪石

如磁铁矿和铬铁矿，它们常常形成翡翠中的黑色瑕点。也有的黑色来自钠铬辉石或含铁的透辉石。后两种产生的黑色常可聚集成较大的面积。故目前人们利用的黑翡翠多为这种成因。翡翠的黑色还来自蓝闪石化的产物（它是前面我们提到的"癣吃绿"和"黑靠绿生"的原因），但这种黑色一般多表现为不均匀分布的瑕斑。再一种黑色是典型的次生色，它来自外界的有机污染物。这种黑色除了构成翡翠料石的黑皮壳之外，在翡翠内部通常成丝网状或薄膜状分布于晶粒间隙和绺裂之中，成为脏色。在翡翠作B货处理时是有可能被洗掉的。

7. 翡翠评价的颜色因素

评价翡翠品质的优劣，颜色常常是人们首要考虑的因素。

在翡翠的各种颜色中，绿色通常是人们的首选。对于绿色，人们常以"浓、正、阳、匀"四个字来评价它的优劣。

"浓"指色要浓烈，通常愈浓愈好。应该指出，"浓"与"深"不是同一概念。"深"有色偏暗、偏黑的趋向，而"浓"则是指在色调不变的情况下，色的彩度（有的书称之为"明度"）要高。如在A、B两杯水中各滴一滴蓝墨水，搅匀后它们杯中的水将具有相同的色调和彩度；但若在A杯中再滴入一滴蓝墨水，那么这

时候 A 杯水的蓝色就要比 B 杯的水浓,也即它的明度提高了一倍。若继续在 A 杯中滴入蓝墨水,势必使其颜色会愈来愈浓,但达到一定程度以后,就会显示出因太浓而变深、变暗。所以在评价翡翠颜色的浓度时,也要掌握适当的分寸。

要注意的是,翡翠制品的厚度也会对浓度产生影响。同一种颜色,厚的看上去色浓,反之色浅。

再则,虽然人们大多认为,好的翡翠应具有浓烈的颜色,但由于习俗和观念上的差异,就使不同地区或不同年龄段的人,对翡翠"浓"的要求也有所差异。年轻人大多喜欢偏浅一些的,老年人则喜欢偏浓一些的。还有纬度低一些地方的人,如新加坡人也喜欢浅一些的,而纬度高的北方人则喜欢浓一些的。

"正"指色要正,是纯的绿色,没有其他色调的混入。然而,正像我们上面谈到的,由于翡翠组成物质的一些轻微变异,会导致其颜色也产生某种程度的变化,从而产生不同的偏色,如有的偏黄(所谓黄杨绿),有的偏蓝(菠菜绿),有的偏黑(瓜皮绿),有的偏灰(灰绿),有的同时偏蓝偏灰(油青)等。显然,偏色的程度愈明显,价值也愈低。还要指出,观测翡翠的颜色,尤其是高档翡翠的颜色,光源条件很重要。有人说"无阳不看绿",意即绿色的观察应在阳光下进行,否则很容易走色,把本来纯正的绿色看成具有某种程度的偏色。不过,阳光太强对色的观察也不利。人们也曾指出,常常在缅甸看,颜色较好的翡翠,到北方就感到颜色偏暗一些。原因就在于缅甸纬度低,阳光太强的缘故。另外,观察翡翠的颜色更不要在强灯光下看,否则,在灯光黄色调的影响下,原本偏黑、偏暗的颜色也会看成十分翠绿。

"阳"指色要明快、艳丽,也即所谓的阳俏。不要偏暗、偏浅。也即色的饱和度较高。

"匀"指色要均匀。翡翠是一种多晶质的矿物集合体,所以其颜色常常达不到十分均匀。根据颜色分布的均匀程度,我们一般可将其分为 5 个等级:即均匀、较均匀、尚均匀、不均匀和花斑状。当然色愈均匀愈好。但应指出的是,对于一个小的戒面来说,要求其色尽量均匀是可能的,而对于一个较大的雕件来说,通常是无法满足色均匀的要求。这时主要看翠色分布面积的大小,

这个颜色浓正阳匀的镶钻 翡翠"福豆"吊坠(高 40 毫米、宽 12 毫米),2011 年中国嘉德秋季拍卖会上估价 130 万~ 180 万元

这个颜色并不是很好的翡翠手镯,由于同时具有三色,被称为"福禄寿",曾标价3万元

在雕刻构思时能否巧妙地利用色调分布的差异,使其取得画龙点睛的效果。另外,通常人们还把一个雕件(或玉镯)中同时存在翡、翠、地(或春),称为"福禄寿"。这时颜色分布虽然不均匀,但由于被视为是一种吉祥的颜色,所以仍被视为是色好的品种。尤其是当三色各自所占的比例大致相当时,更是难得,价值自然也要看高一成。如果同时具有红、绿、紫、白或红、黄、绿、白四色,则称"福禄寿喜",其价值自会更高一等;倘若同时具有红、黄、绿、紫、白五色,称"五福临门";由于这种情况极其罕见,其价值当然又要高出许多。

二 各论

其实"浓、正、阳、匀"四字诀并不仅仅适合于对绿色的评价,同样也可用于对其他色系的评价。当然色系不同,也会有一些不尽相同的侧重。譬如紫色,是翡翠中除绿色外,较受人们喜爱的颜色。尤其在台湾,这种紫色的翡翠常具有很高的身价。紫翠(春)大多色很浅,价值高的当然也应是其色浓的品种。同样人们也要求它色阳——明快、艳丽和均匀。但在"正"的要求方面,则有所不同。这是因为紫翠有偏红的粉紫和偏蓝的茄紫之分,而人们大多更偏爱粉紫,所以在评价时粉紫就比蓝紫具有更高的价格。

翡,从颜色而言,其价值不仅低于绿翠,而且也低于色浓的紫翠。翡也有各种不同的色调,一般人们还将其再分为红翡和黄翡两种。红翡比黄翡要罕见得多,自然其身价也比黄翡高许多。红翡可以有深浅不同的红色,有的因带褐色调而呈褐红或棕红色,其中具有相对艳丽的红色者,售价有时也不低于色较浅的翠绿色品种。黄翡一般呈黄褐或棕褐色,其价值一般较低。但即使这种价值偏低的翡,通常仍要比以白地为主的玉件更受人们的欢迎。

白地,在翡翠中通常没有独立的价值。它总是以陪衬的地位出现,而且在一些小件翡翠饰物中,白地的存在只会压低饰物的价格,即使在大的翡翠雕件上,白地所占的比例愈多,雕件的价值(雕工的优劣暂不考虑)也愈低。尤其当白地的颜色偏灰,偏暗,就会大大影响该玉件的价值。不过,也有少数的白地具有较好的纯白色或近于无色的。其中近于无色的,会具有较好的透明度,被人称为"冰种";透明度更好的是"玻璃种"。它们是当今市场上深受欢迎的品种,

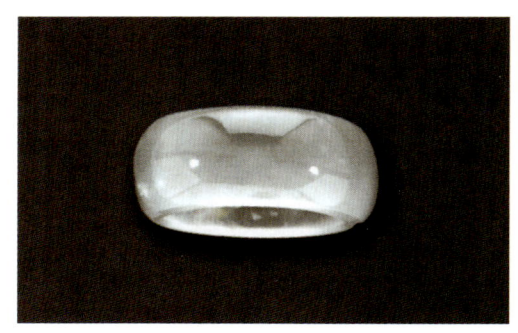

高透明度的无色玻璃种翡翠环戒

身价自然不低。若透明度不佳，则以色越白越好，如能像白色软玉那样的纯白色，自也有较好的身价。

黑色，在翡翠中大多被作为一种瑕疵；而一些黑色的皮壳也大多被弃之不用。但近来，市场上却出现黑色翡翠逐渐走俏的现象。不久前，曾有一串黑色翡翠项链，在香港竟拍出了 130 万港元的高价。这种所谓的黑色翡翠，主要呈黑－黑灰色，有的还夹杂有一些浅色的石花，强光下仍具有一定的透明度。当然，在黑色翡翠中应以纯黑、均匀、显得庄重者为好。

综上所述，我们可以看到，不论在那种颜色的评价上，"浓、正、阳、匀"四字诀，其实都具有一定的适用性。只要这个玉件的色正、浓郁、艳丽、均匀，都会受到人们的积极评价并具有较高的价格。

8. 透明度和质地的评价意义

除颜色外，决定翡翠价值的另外六个因素中，透明度也是一个十分重要的因素。

透明度，俗称"水"。好的透明度，会让人觉得翡翠格外水灵晶莹，玲珑可爱，以致有人甚至认为透明度比颜色更为重要。所以，一些颜色虽然很绿但不透明的所谓"有色无种"的翡翠，常被人视为是翡翠中的中下品。

评价翡翠透明度的优劣，旧时人们习惯使用"一分水"、"二分水"的评语。所谓一分水，是指厚约 0.1 寸（3 毫米）的翡翠仍可透光，二分水则指厚约 0.2 寸的翡翠仍可透光，以下类推。一般达到二分水以上的翡翠就是很好的所谓"冰

翡翠的不同透明度　自左至右，不透明、微透明、半透明、亚透明、透明（据欧阳秋美）

地"或"玻璃地"翡翠了。近年来矿物学研究方法的引入,使人们倾向于废除"水"这一不规范的用词,并把翡翠的透明度划分为 5 个等级,即透明、亚透明、半透明、微透明和不透明。需要补充指出的是,虽然对于大多数翡翠来说,透明度是越高越好,但事实上一些具有浓绿颜色的高档翡翠,由于受到"浓"的颜色影响,其透明度很难达到较高的程度,一般顶多半透明－亚透明。

质地,俗称地子(底子)、地张。优质的翡翠应是结构十分致密,粒度应为细晶－微晶。这种结构致密的翡翠常具有较好的透明度,且抛光效果也较好,光泽较强,更能显示出其璀璨水灵的品质。还要附带指出的是,有些人曾把所谓的"翠性"作为鉴别翡翠真伪的依据,其实所谓"翠性"是指翡翠内部小晶粒的晶面或解理面造成的反光。它虽然可用来区别某些与翡翠具有完全不同矿物组成的仿冒品,但也不是全部,比如一种叫做"水沫子"的仿冒品也会具有相似的翠性;而且,对于那些结构十分致密、组成矿物粒径非常细小的翡翠来说,因为颗粒细小就会很难看到翠性,所以切勿因此而产生误断。

翡翠质地的优劣还表现在一种深受人们推崇的所谓"起荧"的现象上。一些质地和透明度很好,晶莹剔透的翡翠,在其内部会显示出一种漂浮的、会随其摆动而改变位置的亮光,即为起荧。据研究,会产生起荧现象的翡翠一般颜色不能太深(太深会掩盖起荧);更关键的是翡翠的结构,以组成矿物粒度在 0.05～0.15 毫米,具有较好透明度为首要条件;此外还需要有弧面琢型(如蛋面、手镯、福豆、笑佛的佛肚等)的配合。这样,当光透过翡翠时会因折射在上弧面发生聚敛,又因为下弧面的反射,产生二次聚敛,致使聚敛后的光强大于原始入射的光强;而矿物颗粒间所产生的散射和漫反射,则最终导致起荧现象的出现。

总之,人们在评价翡翠质地优劣时,常不仅考虑其结构的细密程度,也综合了其透明度的情况(它与质地优劣密切相关),甚至颜色的影响,并据此给予不同的名称,如所谓玻璃地、冰地、粉地、豆地等。这里我们将其归纳为六类。

(1)玻璃地。翡翠质地较佳的一种,结构致密细腻,微晶质,晶粒粒径一般小于 0.1 毫米,透明－半透明,看不到所谓的"翠性",在 10 倍放大镜下很难分辨其晶粒,也未见有棉绺、石花等不纯物。前人所说的水地、冰地也可包括在内。它们大多会具有起荧现象,若其色够好,即可构成为最高档的翡翠。

(2)玉地。也是翡翠质地较优的一种,结构致密细腻不亚于玻璃地,但透明度相对较差,半透明为主,也难见有"翠性",10 倍放大镜下仍难分辨其晶粒,其中透明度相对较好的也可具有起荧现象。由于其直观表象近似软玉的外观,故称玉地,它还包括前人所说的蛋清地、芙蓉地等。此类质地也常构成为优质的翡翠。

老坑玻璃种翡翠手镯

这对芙蓉种手镯虽然翠的面积不大，但底质很好，具亚透明度

（3）粉地。指结构仍较致密，但组成矿物晶粒稍大，一般为细晶质，粒径在0.1～1毫米，常可见有翠性，放大镜下晶粒易于分辨，透明度为半透明－微透明，并时有少许棉绺、石花的一种质地。它可包括前人所说的浑水地、藕粉地等，是构成中档翡翠的主要质地。

（4）豆地。是一种具有中粒－较粗粒结构的翡翠质地，粒径可达1～2毫米，甚至更大，以致肉眼即可分辨其晶粒，"翠性"和棉绺易见，透明度为半透明－近于不透明。有时因晶粒的色泽稍有不同，看上去如豆粒聚集在一起，故称豆地。它还包括前人所说的豆青地、粗豆地、沙地等。它主要构成中低档翡翠。

（5）瓷地。是一种结构虽然比较细密，但透明度较差，系近于不透明到不透明的质地，因外观近似瓷器表面，故称。它包括前人所说的细白地、干白地等，它主要构成偏低档的翡翠。所谓"有色无种"的翡翠底质应属此。

（6）石地。系指结构粗疏，透明度近于不透明或不透明，常见有石花、棉绺，且常杂色、脏色相间的一种质地。它包括前人所说的狗屎地、糙白地、石灰地、死地等。由其构成的翡翠均属低档品。

应该指出，上述6种质地的划分是比较粗糙的，客观的实际情况常要复杂得多。譬如有的翡翠可能具有较好的透明度，近于玉地，但

具豆地的翡翠鼻烟壶

晶粒却较粗,相当豆地。这时你在评价其底质优劣时,就应根据实际情况斟酌处理。

9. 形形色色的翡翠品种

翡翠还常分成若干不同的品种。而质地的差别,以及颜色的不同和其他相关特征便是划分这些品种的依据。现择其重要者简介如下。

(1)老坑玻璃种。指具有玻璃地,且颜色达到"浓、正、阳、匀"要求的最高档翡翠。若虽具有玻璃地,但色不够浓艳,则称为"玻璃种"。

(2)冰种。指主要具有玻璃地或玉地,但基本不含或仅含极少量翠花的翡翠。这种翡翠虽然没有美丽的颜色,一般仅有相对均匀的极浅的微绿色(地子绿),或浅灰绿色,但因透明度高,看起来十分水灵,而且通常会具有起荧现象,因此深受人们的喜爱,属于中档偏上的翡翠品种,是当今翡翠市场被热炒的对象,近些年来其市场价格有着十分显著的增长。

(3)芙蓉种。指具有玉地,部分为粉地,具有较纯正的绿色,虽不浓郁,却较清雅,颜色分布也不很均匀,但因透明度较好,使绿色有融化开来的感觉,是属于中档或中档偏上的翡翠。

(4)金丝种。指具有粉地,部分为玉地,颜色一般呈较好的绿色,且翠绿色部分常呈细小的纤丝状分布,属于中高档翡翠。若翠绿色纤丝的分布具方向性称"顺丝翠",系较好的亚种;若纤丝分布无方向性,杂乱如麻,称"乱丝翠",属于中档;若其中杂有黑色丝纹,称"黑丝翠",系相对偏差的亚种。

(5)油青种。指具有玉地或粉地,一般半透明到微透明,但绿色偏暗,常为灰绿、暗绿、墨绿、蓝绿,但颜色分布相对较均匀的,中档或中档偏低的翡翠。

会起荧的玻璃种翡翠饰件

白底青种(右侧的雕件虽然颜色尚可,但因透明度差,价值也不高)

花青种

近年的研究发现其组成矿物与大多数翡翠稍有差异,以绿辉石为主。

(6)白底青种。底质以粉地为主,部分近于豆地,翠的颜色尚可,但分布不均匀,呈翠点状或翠块状,并因具有较多的透明度相对较差的白色底质,以致看起来绿白较分明,不像芙蓉种那样绿色有融化开来的感觉。属于较常见的中档品种。

(7)花青种。底质以豆地为主。它与白底青的区别,不仅在于结晶颗粒相对较粗,翠的颜色也常带有其他偏色和杂色,故曰花青,属中低档偏低档的品种。

(8)马牙种。指底质主要为瓷地的翡翠。它常整体具较均匀的绿色,但这种绿色多带有不同程度的蓝色调或灰黑色调,而且绿色中还有一丝一丝的白纹;又因其透明度较差,多为近于不透明,故属中档偏低的品种。

油青种

(9)紫罗兰种。即具有"春色"的品种,其底质既有玉地,也有粉地,甚至豆地,其中偏粉者可具玉地或粉地,偏蓝色者多为豆地。因色的浓郁程度不同和底质不同,此类翡翠有的属于中高档,有的则属于中低档。另近年市场上又出现一种紫色翡翠的新种,被叫做"紫云种",它具有粉紫的底色,间夹粗细、疏密不等,大致相互平行的白色条带。化验表明它比传统的紫罗兰种更富锰而贫铁。

(10)豆种。指具有明显豆地的翡翠,其结晶颗粒通常肉眼都能辨别,一颗颗短柱状晶粒如绿豆一般聚集在一起。晶粒的颜色有的较均一,有的则杂色相间,而且大多颜色偏蓝,呈青绿色。豆种翡翠因结构粗,故用其制作的玉器,表面光洁度会较差,故属中底挡偏低的品种。

(11)八三种。1983年发现的品种,组成晶粒较粗,应属豆地,但透明度却较高(尤其是经过漂洗,甚至可呈亚透明),是市场上用于制作B货的主要品种。

据研究，在其物质组成上常含有一定量的其他矿物，如钠长石、阳起石等。也属中低档品种。

（12）天龙生种。也是20世纪末新发现的品种。"天龙生"一词为缅语"满绿"的音译，故也有译为"铁龙生"的。这是一种具有豆地、但几乎全为绿色的品种。在绿色中常杂有黑色的或暗绿色的高铬含量的斑点。由于色

天龙生种

深透明度大多较差，为提高透明度其成品多制作成薄片状；多属中档品种，但也有的具很好的翠色，而成为中偏上的品种。

（13）翡。凡具有红-黄棕色的翡翠均被称为翡，根据颜色的不同，又有"红翡"、"黄翡"之称。翡可以有各种不同的底质，其价值的高低既决定于底质的优劣，但更重要的还在于颜色的好坏。不过最好的翡，如具有玻璃地或玉地，颜色又较艳红的翡，一般最多也只能算翡翠中的中上档，而大多数的翡则属于中档偏低，甚至低档的等级。

（14）墨翠。指具黑-黑灰色的翡翠。市场上所见的墨翠实际上有两个不同亚种。一种是真正的墨翠，它是翡翠受外界有机污染物污染的结果，在显微镜下可观察到其主要组成矿物仍为钠铝辉石，黑色的有机污染物呈丝网状围绕晶粒分布。另一种墨翠，实际上不是真正的黑色，而是墨绿色，所以强光下仍可透出绿色调。它主要由含铁较高的透辉石或绿辉石组成，折射率1.655～1.688，相对密度3.32～3.36，比正常翡翠稍稍偏高。墨翠若色够黑、均匀、光泽明亮，也可跻身中高档的地位，但大多属于中低档。

（15）干青种。一种典型的所谓"有色无种"的品种，多为豆地，甚至瓷地和石地，颜色呈不同深浅的暗绿色。据研究，其物质组成与正常翡翠有异，主要由钠铬辉石组成，故其摩氏硬度也偏低，只有5左右；折射率则较高，可在1.70以上；相对密度也较高，3.50左右。所以严格说来，它已不属于翡翠范畴。

除上述各品种外，翡翠还可以有另一些较少见的品种，如所谓的"飘蓝花种"、"雷劈种"、"干白种"等，这里从略。

另外，应该指出，上述各品种的划分，缺乏一些具体的指标性的标准，这就使得在实际应用时常会出现这样那样的混乱。也就是说，某一块翡翠在甲方口中可能称之为X种，而到另一个乙方口中却会说它是Y种。尤其是一些商家，为了追求高额利润，更会把某些较低档的品种，说成是高档品种。因此我们的读者在选购翡翠时，可不必过分在意你手中的翡翠是属于哪个种，而应该关注的是影响其品质的各个因素。

10，翡翠评价的其他因素

评价翡翠品质的优劣，除了上述的颜色、透明度和质地因素外，还与下述因素有关。

（1）瑕疵。也即净度。这是一些可能影响翡翠观感的弊病，如黑点（多由磁铁矿、铬铁矿或蓝闪石等引起），一些近于不透明的石花、石脑和僵块。石花、石脑和僵块的物组成与其他底质的组成无本质的区别，只是因结构上或次生污染方面的一些原因，而使其透明度降低。若其呈不规则的小花纹状，称石花；若聚集成花团状，称石脑；再若形成斑块，称僵块。此外，瑕疵也还包括氧化铁污染形成的棕色丝或薄膜、有机物污染形成的黑色丝或薄膜等。自然，对于优质的翡翠来说，这些瑕疵应该是越少越好，最好是完全干净，没有任何瑕疵。

（2）绺裂。绺指翡翠内部的微小裂纹，它们多由矿物的解理、晶粒间隙发育演变而来。因此，对于那些组成矿物颗粒较粗的翡翠来说，绺的存在几乎是不可避免的。尤其是当有后期的污染物沿这些绺纹渗入时，就会使绺纹显得格外醒目。裂，指的是那些较大的更易被观察到的破裂纹。它们多为翡翠受到外力的挤压、碰撞、打击的产物。毫无疑问，裂的存在对翡翠品质的损害要比绺大得多。尤其是那些具有贯通性的裂，更会使翡翠的价值大打折扣。

不过在评估裂对翡翠价值影响时，除了考虑裂的形态，是否贯通、横切之外，还应该对其形成的原因作出判断。裂，从形成时间上，可分为原生和次生两种。原生的裂形成于翡翠料石未开采之前，是翡翠矿床受地壳运动的影响而产生的。它们形成时间较早，形成后仍处于周围岩层的紧紧包裹之下，所以裂缝通常都比较紧闭；有的更会有后期物质沿裂缝渗入，并起到胶结裂缝的作用，所以原生裂对翡翠的危害相对较小。次生裂形成于翡翠的开采、搬运、加工等过程中，是新近产生的。这种裂多为开放型的，所以当它若再次受到外力作用时，就极易沿此裂缝发生完全的破裂。显然，翡翠若有这种次生裂，其价值就会大大下降。

由晶粒间隙演化而成的绺

（3）大小。所有的宝玉石都有愈大价值愈高的规律，翡翠自然也不例外。但与其他珠宝不同的是，翡翠价值增长的倍率常不是以其克拉重量为基数，而是更偏重于其面积的大小。原因在于翡翠是一种优质色料分布不均匀的玉石，要取得一块面积较大的浓正阳匀的色料，远比取得一块面积较小的类似色料要困难得多。所以人们在评价翡翠的大小时，更重视的是翠的面积大小。

不同造型的鸡心。好的鸡心，比例正确，厚度足够，看起来丰满、美观，价值也提高

（4）做工。或称"品样"。俗话说：玉不琢不成器。翡翠虽是一种十分优质的玉石，但若不经过人们精心加工和雕琢，就不能充分显示出其优秀的品质。因此，做工的优劣，对翡翠价值的影响常是十分巨大的。有些时候，在翡翠的价值构成中，做工所占的比例竟超过整个价值的一半。我们不难发现，两件其他品质基本相似的翡翠，却因做工优劣的不同，而有着悬殊的价格差异。甚至有人专门收购一些加工制作较粗糙的翡翠制品，然后对其进行再加工，这时重量、大小虽然减小了，但价值却反而成倍地增长。尤其是一些名家的作品，更会随着岁月的流逝，而不断增长，其情形与许多艺术品完全可以媲美。

不过，也要注意的是，有时候一些经粗浅雕花加工的雕件，却未必比所谓的"素面"（即表面未经任何雕花处理的）更值钱。这是因为雕花处理常可掩盖或删除一些较明显的绺裂或瑕疵，而素面的做工却无法掩饰这些绺裂和瑕疵。所以"素面"者通常都是品质较优的翡翠，这时其价格之偏高，并不是由于它的做工，而是缘自翡翠本身的品质。

翡翠的品样，还包括翡翠的配对情况。如一串珠链，若能做到颗颗直径大小相同，颜色、品质均匀一致，此时其价值当然不是简单的粒数的数量倍关系。品样，当然还指成品的轮廓模样。同样是一个戒面，其长、宽、高的比例是否恰当、匀称美观，对其价值的高低自然也有影响。

上述翡翠质量评价的七个方面因素，为便于记忆可将其归纳为4C、2T、1S。4C即颜色（colour）、净度（clarity，本文采用"瑕疵"一词）、绺裂（crack）、做工（cutting），2T是透明度（transparency）和结构（texture，本文采用"质地"一词），1S指面积（square）。

做工精巧的翡翠双环钻石耳坠

11. 国标《翡翠分级》简介

上面我们指出了影响翡翠品质优劣的七个因素，但在具体如何应用这七个因素来给翡翠作出合理的评价，业界还存在一些不尽相同的认识。2009年，为了给翡翠评价提供一个统一的标准，我国国家质量监督检验检疫总局和国家标准化管理委员会共同发布了非强制性执行的《翡翠分级》标准（GB/T 23885—2009）。企图使翡翠的评价走上规范化的道路。

该标准首先把翡翠分为三大类：①无色翡翠，指无色或颜色彩度极低的翡翠；②绿色翡翠，指主体颜色色调为绿色，并具有一定彩度的翡翠；③紫色和红－黄色翡翠，指主体颜色色调为紫色或红－黄色，并具有一定彩度的翡翠。然后分别从"颜色、透明度、质地、净度"四个方面对其进行级别的划分，并对其工艺进行评价。

现以绿色翡翠为例（无色和紫、红、黄色从略）对这一标准作一简介。

（1）颜色的分级。按颜色的色调、彩度和明度进行级别的划分。

色调级别　根据绿色翡翠的色调差异，将其划分为绿、绿（微黄）、绿（微蓝）三类。其具体划分如下表。

色调类别及代号		肉眼观测特征	光谱色主波长参考值 λ /nm
绿	G	样品主体颜色为纯正的绿色，或绿中带有极轻微的稍可觉察的黄、蓝色调	$500 \leqslant \lambda < 530$
绿（微黄）	yG	样品主体颜色为绿色，带有较易觉察的黄色色调	$530 \leqslant \lambda < 550$
绿（微蓝）	bG	样品主体颜色为绿色，带有较易觉察的蓝色色调	$490 \leqslant \lambda < 500$

注：1. 光谱色主波长的测量需采用光谱光度计，并只适于规格不超过50mm×30mm×50mm的样品。
　　2. 建立标样，凡样品的偏黄、偏蓝程度低于标样，可用"绿"表示待分级样品的色调类别；凡样品的偏黄、偏蓝程度等于或高于标样，则用"绿（微黄）"或"绿（微蓝）"表示待分级样品的色调类别。

彩度级别　根据绿色翡翠的彩度差异，将其划分为五个级别，由高到低依序为极浓、浓、较浓、较淡、淡。其具体划分如下表。

彩度级别及代号		肉眼观测特征	色纯度参考值 P_e (%)	色卡彩度参考值 C (%)
极浓	Ch1	反射光下呈深绿色－墨绿色，颜色浓郁 透射光下呈浓绿色	$P_e \geqslant 65$	$\geqslant 85$
浓	Ch2	反射光下呈浓绿色，颜色浓艳饱满 透射光下呈鲜艳绿色	$45 \leqslant P_e < 65$	$65 \leqslant C < 85$

续表

彩度级别及代号		肉眼观测特征	色纯度参考值 P_e (%)	色卡彩度参考值 C (%)
较浓	Ch3	反射光下呈中等浓度绿色,颜色浓淡适中 透射光下呈较明快绿色	$30 \leqslant P_e < 45$	$45 \leqslant C < 65$
较淡	Ch4	反射光及透射光下呈淡绿色,颜色清淡	$20 \leqslant P_e < 30$	$25 \leqslant C < 45$
淡	Ch5	颜色很清淡,肉眼感觉近无色	$10 \leqslant P_e < 20$	$5 \leqslant C < 25$

注:1. 色纯度的测量根据色度学原理把光谱光度计测得结果表示在色品图上,并用参照光源色品坐标到样品色品坐标的距离来进行计算。
2. 待分级样品的彩度与某一标样相同,则该标样的彩度级别即为待分级样品的彩度级别。
3. 待分级样品的彩度介于相邻两件连续的标样之间,则以其中较低级彩度级别表示待分级样品的彩度级别。
4. 待分级样品的彩度:高于标样的最高级别,仍用最高级别表示待分级样品的彩度级别。
5. 待分级样品的彩度:低于标样的最低级别,则定为无色。

明度级别 根据绿色翡翠的明度差异,将其划分为四个级别,由高到低依序为明亮、较明亮、较暗、暗。其具体划分如下表。

明度级别及代号		肉眼观测特征	色卡灰度标尺参考值 G (%)
明亮	V1	样品颜色鲜艳明亮,基本察觉不到灰度	$G < 10$
较明亮	V2	样品颜色较鲜艳明亮,能察觉到轻微的灰度	$10 \leqslant G < 30$
较暗	V3	样品颜色较暗,能察觉到一定的灰度	$30 \leqslant G < 50$
暗	V4	样品颜色暗淡,能察觉到明显的灰度	$G \geqslant 50$

注:1. 色卡:指表示一定颜色的标准样品卡;灰度标尺:指由黑到白,等差明度的一系列无彩色卡。
2. 待分级样品进行明度级别划分前,应先确定其色调类别及彩度级别。
3. 使用确定待分级样品彩度级别的标样,叠加灰度标尺得出待分级样品颜色灰度数值。
4. 根据所得灰度数值范围,确定待分级样品的颜色明度级别。

(2) 透明度级别。根据绿色翡翠透明度的差异,将其划分为四个级别,由高到低依次为透明、亚透明、半透明、微透明－不透明。其具体划分如下表。

透明度级别及代号		肉眼观测特征	单位透过率参考值 t(%)	商贸俗称
透明	T1	反射观察,内部汇聚光较强 透射观察,大多数光线可透过样品,样品内部特征可见	$t \geqslant 75$	玻璃地
亚透明	T2	反射观察,内部汇聚光弱 透射观察,部分光线可透过样品,样品内部特征尚可见	$65 \leqslant t < 75$	冰地

续表

透明度级别及代号	肉眼观测特征	单位透过率参考值t(%)	商贸俗称
半透明 T3	反射观察,内部无汇聚光,仅可见少量光线进入 透射观察,少量光线可透过样品,样品内部特征模糊不可辨	$55 \leqslant t < 65$	糯化地
微透明~ 不透明 T4	反射观察,内部无汇聚光,难见光线透入 透射观察,微量~无光线可透过样品,样品内部特征不可见	$t < 55$	冬瓜地-瓷地

注:1. 单位透过率测量方法借助光谱光度计,并适用于厚度小于50mm的样品;然后根据测得数据运用透明度计算公式来求得。
2. 待分级样品的:透明度与某一标样相同,则该标样的透明度级别即为待分级样品的透明度级别。
3. 待分级样品的透明度介于相邻两件连续的标样之间,则以其中较低透明度级别表示待分级样品的透明度级别。
4. 待分级样品的透明度:高于标样中的最高级别,仍用最高级别表示待分级样品的透明度级别。
5. 待分级样品的彩度:低于标样的最低级别,仍用最低级别表示待分级样品的透明度级别。

(3)质地分级。根据翡翠的质地差异,将其划分为五个级别,由高到低依序为极细、细、较细、较粗、粗。其具体划分如下表。

质地级别及代号	肉眼观测特征	颗粒粒径d(mm)
极细 Te1	质地非常细腻致密,10倍放大镜下难见矿物颗粒	$d < 0.1$
细 Te2	质地细腻致密,10倍放大镜下可见但肉眼难见矿物颗粒,粒径大小均匀	$0.1 \leqslant d < 0.5$
较细 Te3	质地致密,肉眼可见矿物颗粒,粒径大小较均匀	$0.5 \leqslant d < 1.0$
较粗 Te4	质地较致密,肉眼易见矿物颗粒,粒径大小不均匀	$1.0 \leqslant d < 2.0$
粗 Te5	质地略松散,肉眼明显可见矿物颗粒,粒径大小悬殊	$d \geqslant 2.0$

(4)净度分级。根据翡翠的净度差异,将其划分为五个级别,由高到低依序为极纯净、纯净、较纯净、尚纯净、不纯净。其具体划分如下表。

净度级别及代号	肉眼观测特征	典型内、外部特征类型
极纯净 C1	肉眼未见翡翠内、外部特征,或仅在不显眼处有点状物、絮状物,对整体美观几乎无影响	点状物、絮状物
纯净 C2	具细微的内、外部特征,肉眼较难见,对整体美观有轻微影响	点状物、絮状物
较纯净 C3	具较明显的内、外部特征,肉眼可见,对整体美观有一定影响	点状物、絮状物、块状物
尚纯净 C4	具明显的内、外部特征,肉眼易见,对整体美观和(或)耐久性有较明显影响	块状物、解理、纹理、裂纹

续表

净度级别及代号	肉眼观测特征	典型内、外部特征类型
不纯净　C5	具极明显的内、外部特征，肉眼明显可见，对整体美观和（或）耐久性有明显影响	块状物、解理、纹理、裂纹

此外，该标准还提出若待分级翡翠在颜色、透明度、质地中的一个或多个因素不均匀，且不均匀程度不可忽视时，应对不均匀因素存在显著差异的部分分别进行评价。如颜色不均匀且不可忽视时，则应对颜色的特征（颜色形状，比率，分布特征，与基底的对应关系）进行描述和评价。若透明度不均匀且不可忽视时，应对透明度特征进行说明。若质地不均匀且不可忽视时，应对质地特征进行说明。

在工艺评价方面则包括材料设计及加工工艺两方面，材料设计的评价则着眼于：主题鲜明，造型美观、构图完整、比例协调、结构合理、寓意美好。加工工艺的评价则着眼于：轮廓清晰、层次分明、线条流畅、点面精准、细部特征处理得当；抛光到位、平顺、光亮。

一张分级证书应包括以下基本内容：①证书编号，②实物照片，③质量，④颜色分级结论，⑤透明度分级结论，⑥质地分级结论，⑦净度分级结论，⑧工艺评价，⑨签章和日期，⑩其他。

从上述介绍可知，该标准要正式付诸实施是有很大难度的。这首先在于翡翠本身的复杂性，其组成物质和内部结构（包括颜色特征），通常会具有明显的不均匀性（特别是那些稍大一些的翡翠），这时在对它进行分级评定时，究竟应该以哪一部分为准？如附图中的那个翡翠挂件，它不同部分的绿色有着明显深浅浓淡的差异，而且绿色的色调也有不同，有的较纯正，有的还带有轻微的黄色调，有的则具较明显的灰度。这时应该如何对它的色调、明度、彩度进行评定呢？该标准的执行难还在于它需要有获得正式认定的标样作对比（遗憾的是迄今还没有一套获得大家公认的翡翠标样问世），还要借用昂贵的大型仪器光谱光度计来进行一些数据的实测。这不仅我们普通爱好者无法做到，就是一些正规的珠宝检测机构也无法执行，因此尽管该标准公布至今已

翡翠挂件

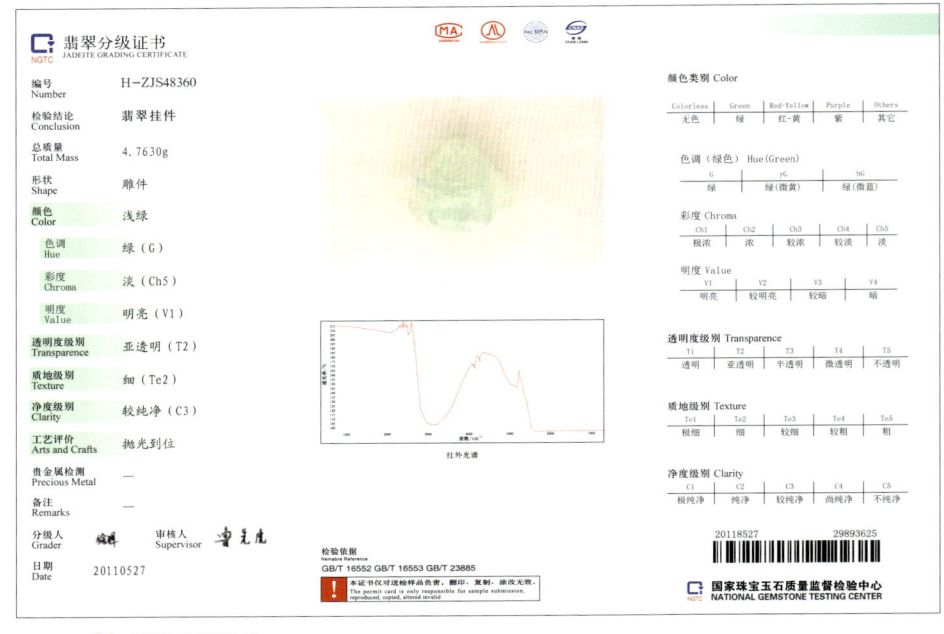

翡翠分级证书

有4年之久，但在市面上却很难觅到一张按照该标准出具的正式的"翡翠分级证书"。目前唯一看到的由国家珠宝玉石质量监督检验中心出具的2张"翡翠分级证书"（编号 H-ZJS48360 和 H-ZJS52396），可以看到证书中对翡翠颜色、透明度等的分级结论，也仅仅是来自肉眼的观察结果，而无实测数据做验证。这就有可能给人提供质疑的前提，譬如证书 H-ZJS48360 所对应的样品——翡翠弥勒佛的透明度问题，该证书的结论是"亚透明"，但从所附的照片看，却有理由认为，它可以属于"透明"的级别。由于没有实测数据作依据，难免就有公说公有理，婆说婆有理，让人难以最终把握的问题。

不过，话也要说回来，该标准在执行上虽然存在很大的难度，但它所反映的分级理念却是具有很好的参考价值。

该分级证书对应的样品

12. 翡翠价格的评估

鉴于国标《翡翠分级》目前还无法正式付诸实施，因此在对翡翠进行价格评估时，仍可从上述的七个因素来进行评价，那么我们应该如何根据这七个因素对翡翠的价格进行评估呢？

应该说，迄今这还是一个十分困难的课题，人们还没有一个能获得普遍支持的成熟方案，不同的行家由于各人认识上的差异，常常会对同一件翡翠作出悬殊的价格评估。曾经有过一个典型的案例。那是20世纪80年代初，有人以9 000元的价格收进一个翡翠"扳指"（古代射箭时戴在拇指上的工具），没有多久就以10万元的价格售给一个港商。这个港商回到香港后，又迅即以30万元的价格售给另一人。不久，这个人又以60万元售出。这个扳指之所以在短短的时间内，有着如此悬殊的价格估计，果然有着当时信息不畅的时代背景，但也反映了人们在如何评估翡翠价格上，有着十分不同的估计。这也就是人们常常喜欢说"黄金有价，玉无价"，和"喜欢就是价"的道理。

尽管翡翠的价格评估难度很大，但为了给我们的投资收藏者在购买翡翠时，

这对紫罗兰色翡翠手镯宽为19毫米，厚9毫米，外径76毫米，用料非常厚实。更难得的是，种份细腻通透，在紫色中颇为少见，整对手镯都没有任何瑕疵，完美性非常高，且配成一对，极为珍贵。2011年亮相北京春季拍卖会，喊价1千万元

这个 18K 白色金镶钻翡翠观音，虽然颜色艳绿，惜颜色不均匀，透明度也嫌不足

能有一个大致的参考，这里我们还是尝试着向读者推荐两个方案：

第一个方案是 2000 年广东中山大学丘志力副教授在其所著的《珠宝市场估价》一书中提出的。他把翡翠的评估分为首饰类（主要为戒面或吊坠），手镯、玉扣类和花件类三种。这里我们介绍首饰类的评估。

应该指出，丘先生的这个方案在用于评价的因素上，仅考虑了 6 个方面，没有把我们前面提到的绺裂作为独立的因素参与评价，而是把绺裂并入净度中一起考虑。另外，在做工的评价方面，因评估的对象是首饰，所以他只考虑了长、宽、高的比例是否合适。在质地的划分方面，他也没有列入"玻璃地"这一高档次的质地。

事实上，仔细考核他的评估方案可以发现，他的方案未能包含最高档翡翠的评估。我们不妨按他的方案，每个评价因素都取最大系数，如颜色取 3.20，质地取 1.80，水头取 2.20，大小取 1.20，比例取 1.30，净度取 1.20，然后乘以基础价 2 000 元，便可以发现这个蛋面形的翡翠戒面应为 2 000 × 3.20 × 1.80 × 2.20 × 1.20 × 1.30 × 1.20 = 47 444 元。显然这与已知有些高档翡翠戒面高达上百万元的价格，有着悬殊的差距。不过，尽管这样，我们觉得他的这个方案，作为一个如何评估翡翠价格的思路还是值得向读者推荐。实际操作时，读者可不必拘泥于他的这些指数，而是以他的评估思路来作出你自己的适当估计。

为了帮你能更好地对翡翠制品作出尽可能合理的评估，下面再向读者介绍上海中宝宝玉石鉴测中心的唐元骏教授在他编著的《珠宝首饰评估师》一书中提到的方案（笔者略有修改，其中一些评分是笔者根据书中所附的相关曲线图估计的）。

与上一方案相比，这一方案更重视对色的评价。他按照颜色评价的"浓、正、阳、匀"四字诀，把颜色的纯"正"度作为第一个评价因素。若假定纯正的绿色为 100 分，则微带黄色的绿色应为 90～95 分，黄色调明显的偏黄的绿色为

丘志力提出的首饰类翡翠参考估价表

指数	颜色a	质地b	水头c	大小d	比例e	净度f
3.20	翠绿					
2.20			很好			
1.80		玉地				
1.45	阳绿					
1.30				完美		
1.20				较大		完美
1.10	斑点绿					
1.00	豆绿	粉地	好	正常	好	好
0.90	瓜青			一般		
0.80	水绿	豆地	一般			一般
0.70	油青	瓷地				
0.60				偏小		
0.50		石地	较差			
0.40				小		差
0.30	灰绿		差			

注：1. 基础价为每粒2 000元。
2. 个品价＝基础价×K_1×K_2。
3. K_1＝a·b·c·d·e·f。
4. K_2＝其他应考虑的因素，好的可在1.1～1.5；差的可选0.7～0.9。
5. 大小d正常指6mm×8mm的蛋面，7mm×9mm为较大，5mm×7mm为偏小，4mm×6mm以下为小。不同形态的戒面：马鞍形为1.5～1.8，其他0.9～1.1。

60～65分，偏蓝的绿色仅为40分，偏灰的绿色则最低，只有20分。"浓"作为第二个评价因素，方案认为以浓度在75%左右为最佳，然后向更浓和浅的方向，评分比例将逐级降低；也就是说，如果最佳的浓度是100分；则浓度在90%时，将是75～80分；浓度在10%时，其评分仅为5分左右。关于"阳"的评价，方案把它分为6个等级，即很鲜、鲜、尚鲜、稍暗、暗、很暗。如果很鲜对价格的影响是100分，鲜将降至55～65分，尚鲜在30～40分，稍暗为20分，暗为10分，很暗仅是1～2分。"匀"的评价也分为6个等级；颜色含量占整个制品的95%～100%为很均匀，颜色占

这个翡翠扳指，虽然是满绿，但颜色偏浅，也不是很均匀，加上透明度不足，2011年冬在网上拍卖，起拍价仅为1 200元

80% ～ 95% 为均匀，60% ～ 80% 为尚均匀，40% ～ 60% 为欠均匀，25% ～ 40% 为不均匀，小于 25% 为甚不均匀。方案认为 "匀" 对翡翠价格的影响，与颜色在整个制品中所占的比例呈 45°斜率的线性正相关。也就是说，很均匀的是 95 ～ 100 分；均匀的是 80 ～ 95 分，以下类推。

该方案也考虑了透明度的影响，并把透明度分为 6 个等级：非常透明、透明、尚透明、半透明、次透明、不透明。它们对价格的影响呈曲线形相关，从尚透明到非常透明，曲线以很大的斜率向上迅速攀升；从尚透明向不透明方向，曲线则依较小的斜率缓步降低。

"质地" 的评价，则按粒度大小分为 4 个等级：粒度小于 0.1 毫米为 "极细粒"，对价格的影响为 1；粒度在 0.1 ～ 1.0 毫米的为 "细粒"，对价格影响乘以 80% ～ 90%；粒度在 1.0 ～ 2.0 毫米的为 "中粒"，对价格的影响乘以 40% ～ 60%；粒度大于 2.0 毫米者为 "粗粒"，对价格的影响乘以 20% ～ 40%。

"净度" 的评价，分为 5 个等级：肉眼无瑕为 "纯净级"，对价格的影响为 1；肉眼可见少量瑕疵，但反差不明显为 "极微瑕级"，对价格的影响乘以 95% ～ 90%；肉眼在饰品的边部可见明显瑕疵，属 "微瑕级"，对价格的影响乘以 90% ～ 80%；肉眼可见明显瑕疵，属 "瑕疵级"，对价格的影响乘以 80% ～ 60%；肉眼可见非常明显的瑕疵，属 "重瑕级"，对价格的影响乘以 40%。

"裂纹" 的评价分为 6 个等级：无裂无纹为 "无裂纹级"，对价格的影响为 1；在饰品的边部有愈合裂隙，属 "微裂纹级"，对价格的影响乘以 90%；有较多愈合裂隙的，属 "难见纹级"，对价格的

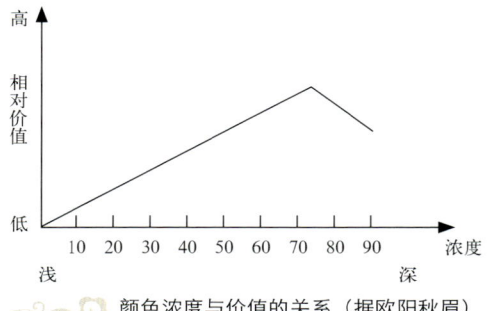
颜色浓度与价值的关系（据欧阳秋眉）

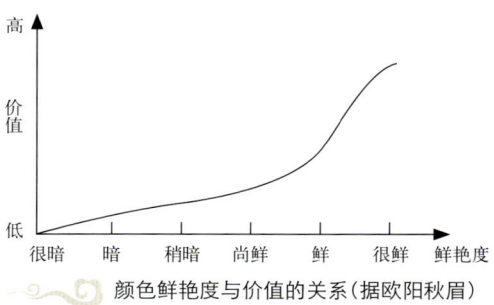
颜色鲜艳度与价值的关系（据欧阳秋眉）

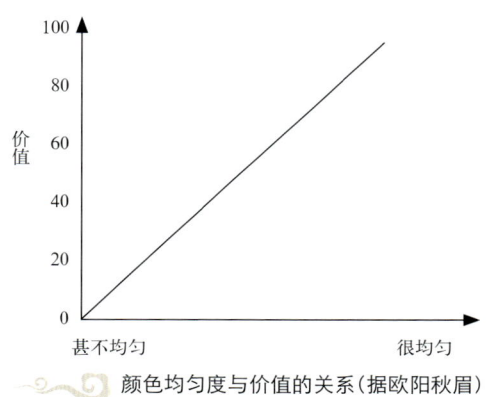
颜色均匀度与价值的关系（据欧阳秋眉）

影响乘以 70%；在饰品的边部有许多裂纹，属"可见纹级"，对价格的影响乘以 50%；用透射光易见若干裂纹，属"易见纹级"，对价格的影响乘以 30%；肉眼可见到裂纹，属"明显纹级"，对价格的影响乘以 20%。

除上述诸评级因素外，该方案认为翡翠饰品的大小对价格的影响有限，如同是戒面或同是手镯，虽可能有大小之分，但当其他因素相同时，其价格会基本相似（关于这点，其实与我们前面谈到的要考虑翠的面积大小并不矛盾，因为这一因素已体现在对色的均匀度评分中）。另外，这一方案也没有考虑做工在价格评估中的影响，而事实上正像我们在前面已经提到的，做工优劣对价格的影响有时会十分巨大。

现在我们假定一个极优级的翡翠戒面，它的基准价是 10 万元。那么如果我们手中有另一个戒面，按上述因素来评分，若色偏黄较明显得分 0.70；浓度得分 0.50；"阳"属于尚鲜，得分 0.40；均匀度为较均匀，得分 0.90；透明度为尚透明，得分 0.35；质地为中粒，得分 0.50；净度为极微瑕级，得分 0.90；裂纹属微裂纹级，得分 0.90。则该戒面的价格应为 10 万 ×0.7×0.5×0.4×0.9×0.35×0.5×0.9×0.9 = 1 786.05 元，即大概在 1 800 元左右。

还是这个戒面，若按丘副教授的方案来评估，则颜色属于阳绿，得分 1.45；质地属于粉地，得分 0.80；水头属于好，得分 1.0；大小为正常，得分 1.0；比例一般，得分 0.9；净度为好，得分 1.0。这样算下来，这个戒面是

$2\,000 \times 1.45 \times 0.8 \times 1 \times 1 \times 0.9 \times 1 = 2\,088$ 元。与上述结果虽有一定差异,但这点差异,对于珠宝评估来说已是非常准确的了,事实上,在珠宝评估中,甲的评估结果与乙的评估结果只要不超过一个数量级,就被认为是非常一致的了。

最后,我们还要指出,上面我们介绍的这两个方案,在实际使用时,未必都能得到满意的结果;尤其是这些评价指数未必都合理,所以我们要强调的是应该掌握的是他们的评价思路,而不是照本宣科,把它作为教条来应用。另外,更要注意到的是,该两个方案都没有考虑到翡翠价格的时代动态因素,没有考虑到价格增长的可能趋势,这就使得他们所设计的基准价不能适应10年后的市场现状。虽然我们可以根据这10年中翡翠涨价的速率,给它乘上一个系数,但这个系数是会因翡翠品质的优劣不同而不同的。也就是说,品质越好,涨势的系数就要愈大,反之,则较小。

13. 警惕B货翡翠

上面我们介绍了如何评价翡翠品质的优劣,和怎样进行它们的价格评估。不过,需要指出的是,这些评价或评估都有一个不容忽略的前提,那就是被我们评价或评估的翡翠必须是真正的天然翡翠。然而,目前的翡翠市场上却有着形形色色的经人工美化处理的翡翠制品和仿冒品。自然,它们是不适合做上述评价的。而且在实际售价上与真正的天然翡翠相比,常有着悬殊的差异,所以必须引起我们的高度警惕。

目前,在市场上最常见的经过人工处理,以提高其品质的翡翠是所谓的"B货翡翠"(其名来自于英文 bleach,漂洗之意)。这是一种经过强酸强碱浸泡漂洗,然后又经人工物质充填处理的翡翠。强酸强碱浸泡漂洗的目的是去除翡翠中的铁质和有机质污染物,可借此提高翡翠的透明度,并使翡翠的绿色因没有这些脏色的干扰而显得更艳丽一些。但漂洗的结果,使翡翠中的有些物质溶解在酸碱中,致使其内部结构变得不那么紧密,因此需要使用环氧树脂等有机或无机物质进行充填,使漂洗的翡翠得到加固。

B货翡翠通常透明度较好,使翡翠显得更加晶莹、水灵,而且颜色也有所改善,使人看上去好像是较高档的翡翠。但是这种翡翠的内部结构受

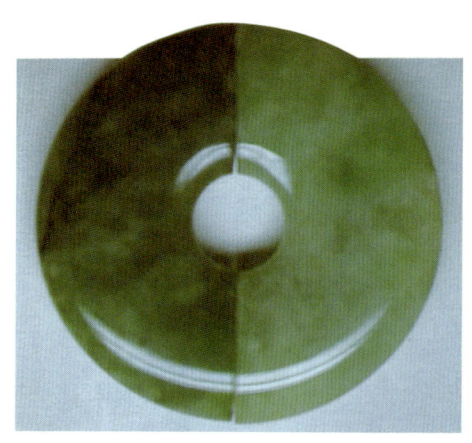

翡翠B货处理的效果对比
(左为未处理前;右为处理后)

到了腐蚀、破坏，其耐久性便有所削弱；另外，所填充的环氧树脂等有机物的硬度较低，容易受到磨损，佩戴时间稍长，就使此类饰品的表面因受到磨损而起毛，变得不那么光滑，光泽变暗；还有，所填充的有机物会随着时间的推移而逐渐老化、变质，

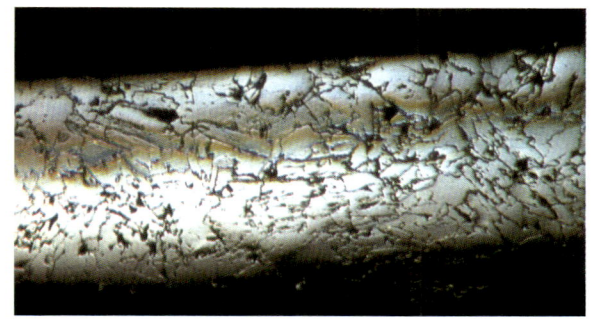

B 货翡翠表面常见的"橘子皮"构造

甚至变黄，从而也使该类翡翠的颜色在潜移默化中发生一定变化。再者，人们还发现它的有机充填物对洗涤剂和热水较敏感，易受到洗涤剂的侵蚀和高温热水的溶蚀，所以，更不宜与洗涤剂与热水经常接触。鉴于这些原因，B 货翡翠虽然不乏具有美化装饰的作用，却不具有长远的收藏投资价值。这就决定了它的价格比起 A 货（即真正天然翡翠）要差上一大截。

与 A 货相比，B 货翡翠常具有以下可资鉴别的特征。

（1）光泽较弱（受充填树脂的影响），但不明显，常不易辨别。

（2）在折射仪上，其折射率读数常较模糊或偏低。

（3）相对密度偏低（因填充物的相对密度低）。

（4）在紫外灯光下，常显示出蓝白色的荧光。

（5）将其轻轻敲击，常可发现其声音不那么清脆，偏哑（因内部多微裂隙）。

（6）表面较粗糙，砂眼众多，而且常见因受酸碱的侵蚀而留下不规则的、呈树枝状的沟槽，或称"橘子皮状构造"。

（7）透射光下放大检查，可见一些晶粒受到溶蚀。

（8）内部通常比较洁净，少见氧化铁或有机物污染而产生的棕色或灰黑色的膜和丝。

（9）红外吸收光谱常是鉴别有无有机充填物的有效手段。用有机物充填的 B 货翡翠大多在波数 2 800～3 200cm^{-1} 处有强的吸收谷，但若充填的是无机物则较难辨别。

（10）火试，有机充填物怕高温，一般 > 100℃，就会变色，> 300℃，会变褐、变黑、碳化。但这是一种破坏性试验，一般不宜用。

应该指出，以上 10 个方面均不是绝对的，在许多情况下，有些 A 货也会出现类似的现象。这是因为翡翠是众多矿物晶体聚集而成的，在它的物质组成中，除了钠铝辉石这个主要矿物外，也还常常含有少量的其他矿物，如它也可能含有少量的钠长石、角闪石等。当这些杂质矿物的含量发生变化时，它的折射率、

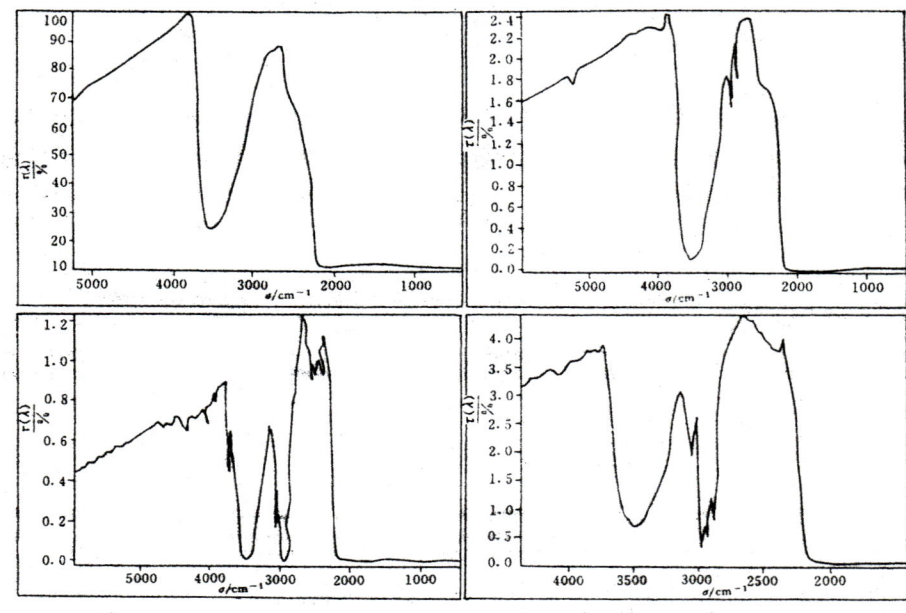

翡翠（A货，B货）的红外光谱曲线（据《系统宝石学》）

左上：天然翡翠；右上：表面打蜡的天然翡翠；下左和下右：均为B货翡翠

相对密度、光泽、荧光特征也均可能发生相应的变化，以致出现类似B货的表现。再有，当A货翡翠内部存在较多绺裂时，敲击起来也会出现声音较哑的现象；反之，B货翡翠若充填良好，敲击起来声音也会十分清脆，叮叮如金属声。所以上述的10点特征（除火试这点外），仅凭其中的任何一点均不应作为确认B货的依据，必须同时有几点可以互相引证时，方可作出较正确的判断。

事实上，B货的鉴别还常因漂洗程度的不同而复杂化。打个比方，B货的漂洗程度有的可能如洗把脸，有的则是冲个澡，还有的是泡澡。显然，这种程度上的差异，也必然反映为上述特征的程度差异。洗把脸的就会更接近A货，而难以发现上述特征；而经过"泡澡"处理（许多B货在强酸强碱中的浸泡时间可达15～30天）的，其B货的特征就会比较明显。

正由于B货鉴定上的这些困难，致使人们有些时候，不得不求助于更精密的测试手段，如拉曼光谱、阴极发光技术等予以佐证。

总之，B货翡翠的鉴定是有一定难度的。一个翡翠爱好者除了通过不断观察、摸索，掌握上述鉴别特征以防受骗外，在必要时还是应该请权威的鉴定部门帮你作出准确的判断，免得造成损失。

14. C货翡翠与其他处理手段

在当今市场上，经人工美化处理的翡翠常见的还有以下一些品种。

（1）染色翡翠。或称C货翡翠（染色一词英文为colouring，故曰C货）。这是一种远比B货出现更早的翡翠处理方法，早在前清时期就已出现。不过，早期使用的染色剂是铬盐，在查氏滤色镜下可以看到原本绿色的翡翠，呈现出红色。20世纪80年代以来，人们改为采用绿色有机染料来染色。这种有机染料在查氏镜下不会泛红，因此查氏镜已不能有效地识别C货，只能依靠在放大镜或显微镜下的仔细观察。如果发现翡翠的绿色不是来自矿物晶体的本身，而是来自沿晶粒间隙、解理和绺裂分布的染色剂，便可予以确认。C货翡翠由于大多是使用原本无色或仅有极少翠色的低档翡翠来制作，而且染色剂又不稳定，经不起岁月的考验（尤其经不起长期的阳光曝晒），会逐渐褪色，因此C货翡翠的真正价格都很低，也没有任何收藏投资的价值。

还要指出，目前市场上所见的染色翡翠，除染上绿色冒充高档翡翠外，也有染上紫色冒充紫春，和染上红色或黄棕色以冒充红翡和黄翡的，甚至也有局部染绿，另一部分染红冒充"福禄寿"的。不管染上什么颜色，它们的共同特征都是颜色呈网纹状存在于绺裂和晶粒间隙间。另外，市场上还可以看到所谓的B＋C翡翠。这是指该翡翠先经过酸碱的漂洗，然后在充填有机物时又同时加入了染色剂。这种B＋C翡翠将同时具有

C货翡翠显微镜下（×90）可见绿色染料沿矿物的解理和裂隙呈网状分布

绿的为染色翡翠，红的为加热处理的红翡，白的手镯有染色素褪色后留下的痕迹（在日光下晒了6个月后的结果）（据林小玲）

这个手镯有一段非常好的红翡,这样好的红色是很少见的,因此要警惕是否是染色的结果

B货翡翠和C货翡翠的双重特征。

(2)"镀膜翡翠"。俗称穿衣服的翡翠。这也是一种利用低档的无色或仅有极少翠色的翡翠原料,在磨制成型后,再在其表面涂覆一层绿色胶膜而获得的制品。此类翡翠的颜色分布与C货不同,它看不到颜色渗入晶粒间隙和绺裂的现象,而是浮于表面。有时易被人误认为是整体的地子绿,尤其是当该翡翠制品中还确实存在有少许真翠点时,更易被人误认为是A货。不过,此类翡翠有的在用放大镜检查时可以发现,薄膜局部脱落而露出外秀内荏的本质;有的因膜层较厚,而硬度又较低,会因受到硬物的擦碰留下擦痕。如果没有这些迹象,则就得利用专门的仪器进行检查。在紫外灯下,它的有机薄膜会显示出蓝白色的荧光;在红外光谱图上,它也会像某些B货那样在波数 $2\,800\sim3\,200$ 厘米$^{-1}$处,出现环氧树脂类有机物的吸收谷。此外,还可以用热针进行试验,其表面的有机膜常会被烫出焦点,不过,这是一种有损试验法,非万不得已最好不用。

镀膜翡翠大多是制成戒面、怀古(玉扣)等小饰品。但我们也曾发现有制作成手镯的。这个镀膜手镯有一个基本无色的翡翠内环,外层则包有厚薄不一的有机胶层,胶层呈不很均匀的淡绿色,其上还飘有若干翠绿的色点或色斑。为

两个染色的玉扣(也称"怀古")

了给人予更多的假象，其表面又作了雕花处理。仔细检查，可以发现在胶层较厚处有气泡存在。在紫外荧光灯下显示出较强的荧光；相对密度明显偏轻；折射率也偏低；用小刀刻画，可以看到有划痕。在该手镯的折断处，可以看到它具有明显的双层构造。外层绿色，具贝壳状断口；内心基本无色，具与外层明显不同的粒状断口。

（3）焗色翡翠。即热处理翡翠。这种处理主要是为获得色泽较好的红翡。一些原本带有黄褐色调（由褐铁矿的污染引起）的低档翡翠，经过加热（即所谓的焗色）处理以后，原本褐铁矿中所含的水分会在热的作用下散失，转变为颜色赭红的赤铁矿，使饰品获得较佳的红色，从而提高了翡翠的价值。焗色翡翠所获得的颜色是永恒不变的，而且它几乎是不可识别的。因为由焗色产生的红翡与天然的红翡，在形成机理上

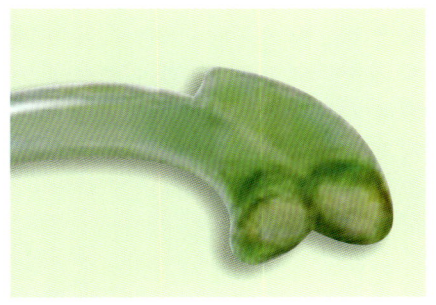

表面覆胶的翡翠手镯
（下为其断面，可见具清晰的双层构造）

是完全一样的，只不过天然者是在自然环境里通过缓慢的转变而产生，焗色者则是在人工环境里快速转化而成。当然，如果一定要鉴别它，还不是完全没有

天然翡翠缺少这样浓郁的紫色（本书第87页我们谈到，在2011年北京春季拍卖会上亮相了一对紫罗兰色翡翠手镯，其颜色还没有这对浓郁，就已喊价1千万元），所以，若遇到这种紫色就要警惕它们有可能是染色的

办法。天然翡翠大多难免会有多多少少的一些微小的绺裂,这些绺裂又总是会吸附少许的水汽,当用红外光谱进行检查时,就会发现在 $1500\sim1700\mathrm{cm}^{-1}$ 和 $3500\sim3700\mathrm{cm}^{-1}$ 左右有反映吸附水存在的吸收谷,而焗色翡翠因在加热过程中水汽被赶跑,就没有这种反映。另外,在其加热过程中,由于骤然的温度变化,常会产生较多的微小裂隙,致使敲击起来它的声音常会哑一些。但天然红翡若内部有裂隙,也会有同样的表现,所以后一现象仅可用于参考。最后,还要指出的是,按我国颁布的"珠宝玉石国家标准",热处理宝石(当然也包括翡翠)属于"优化"可将其视作 A 货来接受。

(4)黏合翡翠。此类翡翠在 20 世纪 80 年代曾出现于香港市场,并令许多人上当受骗。这是一种半真三层型的制品。它用无色低档翡翠为顶,然后从底部将其挖空,成薄壳状;再在薄壳的内壁涂上一层绿色胶层,最后再用低档翡翠做一个底将挖空部分填死,便获得了酷似优质翡翠的这种半真三层型翡翠。这种黏合翡翠由于顶、底都是真翡翠,翠色又是来自内部,而拼合缝又常因镶嵌的关系难以发现,所以具有很大的欺骗性。一般的检测方法也大多难以奏效。不过,若用红外光谱仪则可以测出它也具有类似 B 货那样的有机物引起的吸收谷。用分光镜检查,则无正常绿色翡翠的谱线。显然,这些方法对于普通收藏投资者来说都很难掌握,因此,如果你有怀疑,最好还是请专门检测机构进行鉴定。

(5)再造翡翠。是近年出现在市场上的一种新的翡翠处理品。它把翡翠的边角料磨碎,然后用铅玻璃做胶结剂制成。只要配比合适,可获得与 A 货翡翠相似的折射率与相对密度。但放大检查,可以发现它具有与天然翡翠不同的粒状结构,还有的可见有个别的气泡,再有的可见有非晶质的铅玻璃斑点,足以区别之。当然如果可能进行 X 荧光光谱分析,就会发现它含有天然翡翠所不可能出现的铅元素。

(6)辐照处理翡翠。辐照处理近代已被广泛用于多种宝玉石的改色,但翡翠的辐照处理,迄今还主要停留在实验室的研究阶段。已做的试验是用 γ 射线或中子束来照射翡翠,结果可使翡翠变成棕色和紫色。但颜色分布很不均匀,

合成翡翠(据沈才卿)

左:约 1 700℃、70 千巴合成的翡翠透明料;中:合成翡翠 800℃下加热后的形状;右:加工成戒面的合成翡翠

呈斑块状；辐射集中的部位色深，其他部分色浅。目前对于这种翡翠还没有成熟的鉴别方法。

我们还要顺便谈一谈"合成翡翠"问题。翡翠的合成早在1984年就由美国的GE公司率先完成。稍后，我国中国地质科学院也在实验室中获得合成翡翠。但这些早期的合成翡翠，均由于品质不佳，而无实际的宝石学用途。2002年，GE公司在改进了合成技术以后，又获得了新的合成翡翠。它具绿－绿黄色，半透明的微晶结构与天然翡翠十分近似。主要区别在于其在长波紫外光下，会具有弱的蓝白色荧光；在短波紫外光下有中－强的灰绿色荧光。虽然目前还没有关于它被正式投放市场的具体信息，但可以预期这一日子当为期不远，故必须引起翡翠爱好者们的高度警觉。

15. 常见的翡翠仿冒品

应该说，上述B货翡翠、C货翡翠等，其美丽的外貌虽是经过人们巧妙地伪装，但它们的实质仍属于翡翠，还算不上真正的赝品。下面，我们要介绍的是那些，虽貌似翡翠，但却与翡翠没有任何本质联系的真正赝品。

这些赝品，假翡翠可分为三大类。

第一大类是彻头彻尾的人工制品。已知有以下两种。

料翠 这是一种历史悠久的翡翠仿冒品。我们曾在许多前清时期遗留下来的珠宝中发现它的踪迹。它实质上就是一种用绿色玻璃仿制的假翡翠，稍有经验的人不难识别之。因为它不具晶质结构，看不到大多数翡翠所能看到的所谓"翠性"；若用偏光镜进行检查，它在正交偏光下是全黑的，而翡翠则呈全亮。另外，它还常常含有气泡（注意，近代玻璃制造技术的提高，使气泡很少见），这在翡翠中是无论如何不会出现的；再若用仪器检测它的折射率（一般在1.52～1.54左右）与相对密度（一般在2.50～2.60）等物理性质，也会发现它与真翡翠的相关数据均是截然不同的。

依莫利石 也称"准玉"。这是一种来自日本的人工制品。它也用绿色玻璃制成，不同的是它经过高温回炉，让玻璃发生"脱玻璃化"，从而形成一些类似羊齿叶一般的骸晶或雏晶（骸晶是晶体生长过程中，由于角顶或晶棱方向生长特别迅速，而形成的结晶面向中心相对凹

依莫利石的羊齿状结构 ×35

陷的结晶骨架。雪花就是冰的骸晶。雏晶则是细小的刚刚萌芽的结晶物质）；且无气泡。因此在一些不熟悉翡翠结构的人看来，它似乎也具有晶质结构，而造成误认。但是依莫利石的本质仍然属于玻璃，若用仪器检测可以发现它的折射率、相对密度等物性参数与料翠相似，而与翡翠截然不同。另外，若为蛋弧形戒面，仔细检查它的背面，有时还会发现它有微微内凹的特征（这种特征，料翠也常有）。这是由于它大多是直接浇铸成型的，当其冷凝时，物质冷缩形成内凹。

第二大类是用廉价的经人工染色的天然石料来制作，常见的也主要有两种。

马来西亚玉 简称"马玉"。这是 20 世纪 80 年代初以来，市场上广泛可见的翡翠仿冒品。由于它晶莹剔透，翠色艳丽，常被人误认为是高档翡翠（笔者就曾多次遇到有人花费数千元购得这种戒面，而实际上它的真正价格不会超过几十元）。其实，它是一种用廉价的石英岩染色制成的仿冒品。鉴别这种仿冒品，对于熟悉翡翠结构的人来说并不困难。如前所述，翡翠主要由钠铝辉石组成，它呈柱粒状或纤维状，而且常可见因晶面或解理面的反光而产生的所谓"翠性"；用来制作马玉的石英岩则主要由石英组成，它通常呈不规则的粒状，也没有翠性。另外，由于它的绿色来自人工染色剂，所以，放大检查时可见绿色沿石英晶粒间隙呈苔藓丝絮状分布。若用仪器检测它的折射率（一般在 1.55 左右）和相对密度（一般在 2.65 左右）等物性参数，也可以发现它与翡翠明显不同。

染色大理岩 这种翡翠仿冒品在当今的珠宝市场上已比较少见，但多见于一些老货和古玩市场上。由于原料来源较易，货源充足，所以，这种仿冒品常用于制作较大件的仿翡翠玉器，如玉碗、玉盘、玉佛、雕件等。值得注意的是，据最近的一则报道，人们在市场上发现一种也是用大理石仿冒的假翡翠珠链，其表面的绿色，不是来自普通的染色剂，而是"漆"，以致透明度较低，看上去有些像干青种的翡翠。鉴别这种仿冒品是十分容易的，因为它的硬度很低，只

马来西亚玉

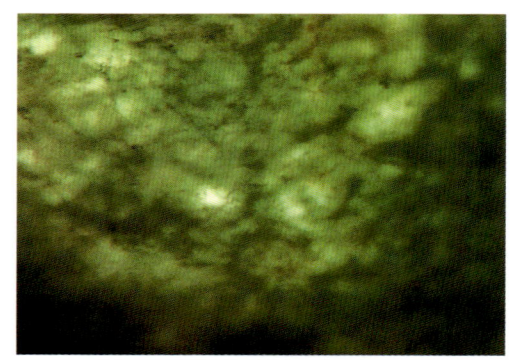

显微镜下马来西亚玉的绿色
呈苔藓丝絮状（据李兆聪）

涂漆后冒充翡翠干青种的大理石珠。注意右下角剖开的珠子，除珠孔有色外，其余为白色（据叶忠基）

有摩氏3级，可被小刀轻易刻画。另外，由于它是人工染色的，所以也可以看到绿色是沿晶粒间隙和细微的裂纹分布。再有，它可溶于酸，若滴一滴稀盐酸在它上面，就可以看到它强烈起泡（注意，这是一种破坏性试验，若要做，应选择隐蔽处进行）。

第三大类是那些用貌似翡翠的天然石料制作的，他们也是今天市场上最多见的仿冒品，其中包括了曾令许多翡翠购买者损失惨重，而有翡翠市场"四大杀手"之称的"水沫子"等。

水沫子 这是20世纪90年代以来出现的一种翡翠仿冒品。它常以具有高透明度为特征，因透明度俗称水，但它又不是翡翠，而是翡翠矿体外围的一种含有少量钠铝辉石的钠长石岩，故有"水沫子"之名。由于它透明度好，也常含有少量绿色的钠铝辉石，或绿色的阳起石等绿色矿物，所以，看上去很像飘有翠花的白地冰种翡翠，而令一些翡翠爱好者上当受骗。所以它被列为当今市场上的翡翠"四大杀手"之首。"水沫子"因主要组成矿物是钠长石，钠长石的晶体形状与辉石很相似，且也有解理，所以"水沫子"在结构上与翡翠十分近似，甚至也能看到"翠性"。不过，毕竟它的物质组成与翡翠不同，所以，它的各项物性参数与翡翠有着明显的差异，可资鉴别。如它的折射

两个被误认为是冰种翡翠的水沫子

左：翠绿色的不倒翁；右：像黄翡的不倒翁

率在 1.53 左右，相对密度在 2.60 左右，比翡翠明显偏低，有经验者用手掂就可以感觉到它与翡翠不同。

不倒翁 这个奇怪的名称来历不详，很可能是由于它很难被人识破，屡屡通过一些爱好者，甚至一些二手经营者的审视而名。它也是今天翡翠商贸中的"四大杀手"之一。"不倒翁"通常具有十分翠绿，酷似翡翠的颜色，也有的像黄翡那样的颜色，但它的主要组成矿物不是辉石，而是水绿榴石。水绿榴石在晶体结构上，属于等轴晶系，具有均质性，也就是说它在正交偏光下是全黑的（要注意的是，它常共生有符山石、黝帘石等非均质矿物，所以它可能出现局部全黑，另一部分全亮的现象），而组成翡翠的钠铝辉石却具有非均质性，在正交偏光下是全部全亮的。再者，它还主要呈不规则粒状集合体，无翡翠的翠性。其折射率一般在 1.72 左右，比翡翠高；相对密度也大于翡翠，大多在 3.41～3.44。它还有一个更易与翡翠区别的特征，那就是在查氏镜下它会明显泛红，而正常翡翠不会。所以如果能采用这些手段进行检查，而不是被它的颜色所迷惑，应该是不难鉴别它的。需要补充指出，"不倒翁"是滇缅边境人们对此类仿冒品的习称。而水绿榴石实际上还产于其他地区。其中比较著名的是非洲南部的特兰斯瓦，并被人们称为"特兰斯瓦翡翠"。20 世纪 80 年代，我国北京有一家工艺品公司就曾把它当作真翡翠，从东南亚某国进口了一批此类料石，造成相当大的损失。

昆究 名称来自缅语的音译。它也被列入"四杀手"之一，实际上是一种绿色的角闪石玉。它在性质上与也是由角闪石类矿物构成的软玉中的"碧玉"相近，呈绿、翠绿-暗绿色，一般不透明或近于不透明。它通常为显晶质（这与碧玉具微晶或隐晶结构明显不同），折射率 1.62 左右，相对密度 2.9～3.1。

莫子石 也叫"沫之渍"，名称应该也是来自缅语。它也被一些人列入"四杀手"之一。但它是一种最具争议性的玉石。其物质组成比较复杂，是一种多矿物岩，在组成分中既有钠铝辉石，也有钠铬辉石和角闪石，它们在玉石中所

莫子石

占的比例分别大致波动于 20% ~ 60%。正由于它也含有钠铝辉石，而且有时候钠铝辉石的含量又可达 50% 以上，所以一些人（特别是从事翡翠商贸的人士）主张把它们也纳入翡翠的范畴，作为翡翠的一个种。因此市场上已有许多人公然以翡翠的名义在销售。但这类制品大多在具有很深的绿色的同时，又夹杂有较多的黑色的角闪石等暗色矿物，透明度很差，多为不透明，因此虽类似于翡翠中的天龙生种或干青种，却以暗色角闪石类矿物多而可与其区别。另由于其成分较复杂，故其折射率和相对密度可以有较大幅度的变化，有时候甚至可以在同一块玉石上测得不同数据。

澳玉 这是一种主要来自澳大利亚的绿色玉髓，故又称"澳洲玉"。

玉髓是石英的隐晶质集合体，分布很广。由于所含的微量元素或杂质矿物的不同，可有多种不同的颜色。常见的主要为黄－黄褐色（褐铁矿污染的结果）和乳白－灰白色，也有红－红褐色、蓝色、绿色、黑色等。澳玉的绿色，据研究来自微量元素镍的混入。在自然界，澳玉多呈脉状或团块状，夹杂于围岩之中，与翡翠的产状截然不同，所以不存在用其料石冒充翡翠的现象。但用其制成的成品，由于具有和翡翠相似的绿色，一样的玻璃光泽，和半透明－微透明的质感，所以常被一些消费者误认为是翡翠。尤其是一些初涉澳洲的旅游者，每每被其酷似翡翠的外貌和相对低廉的价格所迷惑，并错当翡翠购入。

其实要鉴别澳玉和翡翠还是比较容易的，只要凭借以下几点就足以区分之。

澳玉戒面

黄龙玉雕件

第一点，澳玉的颜色虽以绿色为主，但它的绿色通常偏黄，多为苹果绿色，未见像翡翠那样的纯正绿色。而且它的颜色还通常比较均匀，无色斑、色根等现象。

第二点，澳玉是隐晶质集合体，在10倍放大镜下无法看到它的组成颗粒，也看不到任何结构特征。反射光下，其抛光面比较光滑，无翡翠抛光面常见的微小沙坑。

第三点，澳玉的组成矿物是石英的微晶，所以其折射率为1.54左右，相对密度2.65左右，都明显低于翡翠。

用玉髓制作的仿冒翡翠，已知不限于澳玉一种。其中在我们国内的市场上，可见有一种被人称为"黄龙玉"或"龙陵玉"的玉髓，常被用来充当黄翡或红翡。

黄龙玉大约于2004年，发现于云南保山市龙陵县。它主要由隐晶质的石英构成，也即以玉髓的形态产出。由于所含微量元素和杂质矿物的不同，可以有多种不同的颜色，如黄色、红色、白色、黑色、多色掺杂和少量绿色，但以黄－黄褐色最为常见。它质地晶莹剔透，透明－近于不透明，油脂－玻璃光泽；质地坚硬（硬度6.5～7），并有一定韧性，雕刻性能良好。成品的外观又酷似黄翡或红翡，因此自发现以来，获得了人们的热烈追捧，身价日高。与澳玉不同的是，黄龙玉常见有较大的块度，其坡积转石，甚似翡翠水料中的翡料，故常被一些人以"翡料"的名义推向市场。据说其优质石料已高达每千克万元以上。

然而，黄龙玉的本质是玉髓，除颜色外，它的物理化学性质与澳玉并无本质的差异。我们仍不难以其明显低于翡翠的折射率和低相对密度，以及隐晶质特征等来识别之。

乌兰翠 这是一种产于我国青海乌兰地区，以石榴石、透辉石、符山石、铬尖晶石等矿物组成的似翡翠的玉石。这种玉石的特征是具有粒状结构，并由于含铬尖晶石，在查氏滤色镜下可见其绿色转变为红色。另外，它质地较脆，常发育有较多的大小裂纹。再有，其物性参数也与翡翠明显有异。

除此之外，类似的貌似翡翠的仿冒品还有一些，如有所谓的"朝鲜翡翠"（蛇纹石玉）、"南阳翡翠"（独山玉）、"印度翡翠"（东陵石），还有密玉（类东陵石）、葡萄石玉等，所有这些貌似翡翠的玉石，由于物质组成与翡翠完全迥异，故均可通过物性测定来区别之。

16．翡翠的投资收藏要点

翡翠享有"玉石之王"的称号，自古以来就深得人们的喜爱，也是许多人收藏投资的主要对象。事实上，许多人已从收藏投资翡翠中得到莫大的乐趣，获得巨大的收益。这里，我们想给那些也想尝试进行翡翠收藏投资的爱好者们，提供几点应该注意的要点。

翡翠及其相似玉石与仿冒品识别特征简表

分类	玉石名称	主要组成矿物	主要物性参数			主要特征	著名产地
			硬度	折射率	相对密度		
	翡翠	钠铝辉石，绿辉石	6.5~7	1.66	3.33	纤维状或柱粒状变晶结构，大多可见"翠性"	缅甸
完全人造	料翠	玻璃	6±	1.52	2.50	非晶质，常见有气泡	无特定产地
	依莫利石	脱玻化玻璃	6±	1.52	2.50	非晶质，但可见骸晶、雏晶	日本
染色的天然玉石	马来西亚玉	石英	7	1.55	2.65	粒状结构，颜色呈丝絮状分布于晶粒间隙	无特定产地
	染色大理岩	方解石	3	1.48~1.65	2.70	滴酸会起泡，颜色分布于粒间和裂隙中	无特定产地
天然的玉石	水沫子	钠长石	6	1.53	2.60	柱粒状变晶结构，可见"翠性"	缅甸
	不倒翁	水钙铝榴石	7~7.5	1.72	3.47	粒状结构，查氏镜下绿色会泛红	缅甸、特兰斯瓦
	昆究（或碧玉）	阳起石、透闪石	6~6.5	1.62	2.90~3.02	纤维毛毡状结构	缅甸、我国新疆
	莫子石	钠铝辉石、钠铬辉石、角闪石	5.5~7	1.61~1.68	3.10~3.45	柱粒状变晶结构，不透明或近于不透明	缅甸
	乌兰翠	石榴石、透辉石、铬尖晶石	6~7	1.67~1.74	3.50	粒状结构，查氏镜下绿色会泛红	我国青海
	独山玉	斜长石、黝帘石、铬云母	6~7	1.56~1.70	2.73~3.18	粒状结构，查氏镜下绿色会泛红	我国河南
	东陵石（密玉）	石英、铬云母（或绢云母）	7	1.55	2.65	含众多定向分布的云母片	印度、河南等
	加州玉	符山石	6~7	1.71±	3.40	放射状或纤维状结构	美国加州
	葡萄石玉	葡萄石	6~6.5	1.63±	2.80~2.95	放射状纤维结构	日本、南非
	澳玉黄龙玉	石英	7	1.55	2.65	隐晶质	澳洲、云南
	朝鲜翡翠	蛇纹石	4~5.5	1.56±	2.44~2.80	微晶或隐晶结构，常见云状斑	朝鲜

（1）我们认为在所有珠宝中，翡翠和我们将要谈到的白玉，都是最具升值潜力的品种。首先，这是因为翡翠的罕见性。我们已经说过，迄今偌大的地球中，几乎可以说只有缅甸是中高档翡翠的唯一供应地，而且历经几百年的开采，资源已日见枯竭。相比之下，其他珠宝，如钻石、红蓝宝石、祖母绿等，在世界上都有不止一个产地，而且还有储量可观的新矿山启用，所以，至少在近一二百年中，它们不会像翡翠那样存在资源断档的危机。其次，从需求的角度看，翡翠又具有十分巨大的潜在市场。众所周知，翡翠在我国和受我中华文化影响的东北亚和东南亚地区人们的心目中，一直具有十分崇高的地位，长期来一直是他们购买珠宝时的首选目标。另外，大家也都知道，这些地区从经济发展的角度看还大多处于相对贫穷落后的阶段，有钱拥有珠宝的阶层还只占总人口的一小部分。所以，完全可以想象到，随着社会经济的发展，大多数人逐渐摆脱贫困，也有了用来购买珠宝的余钱时，翡翠将面临一个多么庞大的需求群体。正是这潜在的供需矛盾的不断升华，促使着翡翠的价格在不断地节节升高，尤其是那些高档优质翡翠，其上涨的幅度更是常让人心跳眼红。

（2）应该知道，具有升值潜力的是真正的天然翡翠，即所谓的 A 货翡翠。其他各种经人工美化处理的翡翠是不具或仅具很小的升值潜力。如 B 货翡翠虽然也晶莹剔透，色泽艳丽，具有良好的装饰功能，但由于其耐久性不佳，不宜久藏。至于 C 货翡翠或镀膜翡翠等，更是只具短暂的装饰价值，毫无收藏的意义。

（3）鉴于市场上常见有各种经人工美化的翡翠和廉价的翡翠仿冒品，为了不致上当受骗，尤其是在购买价格较高的翡翠时，你最好还是请珠宝鉴定机构对拟购的翡翠作出准确的鉴定。一张翡翠鉴定证书大致会包含以下内容。

编号 检测部门可借此与原始记录查对。

形状 常见的有蛋面、玉牌、手镯等。

在小贩手中常可看到的低档翡翠，其价格一般不超过 100～200 元

左：色质差，近冬瓜囊的低档玉；

右：颇通透，但欠翠色，且色太暗沉

重量 多以克或克拉表示（若是已镶嵌的，则该重量表示的是整体重）。

尺寸 常以毫米表示。如为蛋面会表示它的长×宽×高，如为手镯会表示它的外径和内径。

颜色 通常会描述它的基本色彩，色调浓度和色彩分布的均匀度。

透明度 一般分为透明、亚透明、半透明、微透明和不透明 5 个等级。

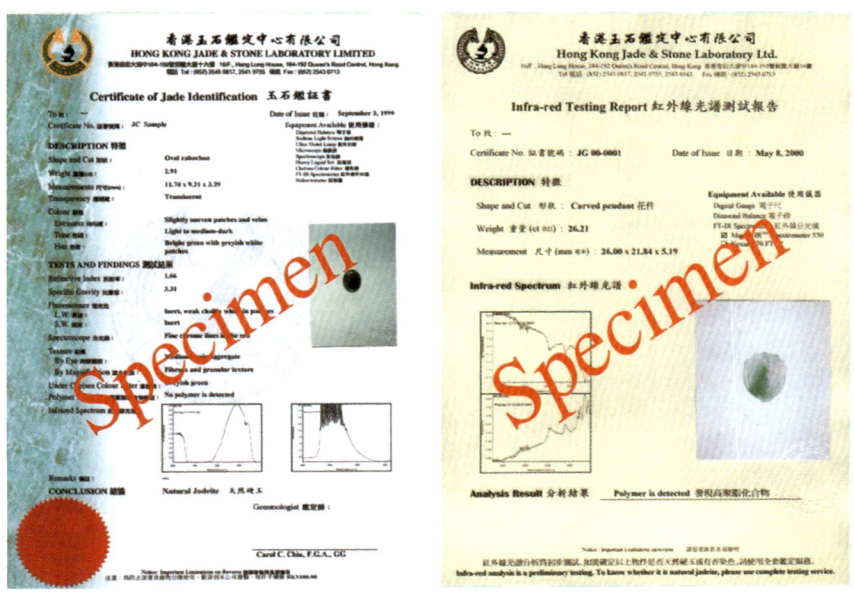

香港玉石鉴定中心出具的翡翠鉴定证书示例

折射率 A货翡翠的折射率在1.65～1.68（高于或低于此值可要求鉴定师作出解释）。

相对密度 A货翡翠一般在3.30～3.36（如果低于此值可要求鉴定师作出解释）。

荧光反应 A货翡翠大多没有或只有极弱的荧光，B货翡翠则会显示中－较强的蓝白色荧光。

滤色镜检查 早期的染色（C货）翡翠在滤色镜下会显示红色，但近年生产的C货翡翠已很难观测到这种现象。A货翡翠在滤色镜下基本原色。

分光光谱 大多数翡翠（不论A货、B货或C货）在紫色光谱区可见有437nm的吸收线（有的也可以没有）。天然绿色翡翠在红色区可有3条吸收线，而染色翡翠在红色区可见吸收线变粗或合并成带状。

结构：翡翠是由矿物晶粒集合组成。它大多具有中－细粒柱粒状或纤维状结构。一些绿色翡翠常可见有被称为"色根"的绿色矿物。此外还要注意有无表面特征的描述。A货翡翠表面大多较平滑，B货则会有较多的侵蚀沟槽（橘子皮构造）。

其他：有些证书会附有所测样品的照片（但照片上的颜色却很可能会失真）。一些价格较高的翡翠还可能附有红外吸收光谱的曲线，可据以判断有无有机物的充填。

结论：根据上述各项测定的结果，可基本确认所测样品的类型，作出结论。若仅写"翡翠"两字，即为A货；若为B货、C货则会被写成"翡翠（处理）"然后加注说明是B货或C货。若为仿冒品,结论就会写上其他名称,而无"翡翠"两字。

前面我们已经提到，现在有些机构出具的鉴定证书非常简略，没有各项实测的数据。对于这样的证书我们应该予以抵制，不予采信，因为一则其结论的来源非常可疑，到底它是来自实测的结果，还是随意的经验判断，你无从知晓。二则你也无法通过这些具体的数据，来仔细辨别该证书的结论与数据有无矛盾。第三，你更无法透过这些数据的分析，大致地了解该块翡翠的质地情况。

（4）翡翠的价值评估，除了前面我们已经谈到的颜色、透明度、质地、瑕疵、绺裂、大小和切工这七个因素之外，还有一个十分重要的因素，即制作的年代。迄今在国内已发现的翡翠制品，最早是明代的。明以前还无翡翠制品的发现。因此若有人有幸找到一块可确证是明以前的制品（关于翡翠究竟什么时候传入我国，我们将在下一节向你介绍），即使是一块最普通的翡翠制品，也会是价值连城，奇货可居。另外，明代和清代的翡翠制品也会比当代的制品更值钱（当然这是指有证据证明确是明清的制品）。

（5）翡翠的硬度是6.5～7，虽然比钢铁、玻璃硬，但比钻石、红蓝宝石、祖母绿等要差一些。所以翡翠的收藏一定要注意不让其与其他硬物相接触，不用时可单独用软布包裹，妥善安放。

（6）人们认为翡翠应经常佩戴，让其与人体分泌的油脂经常接触，有助于使其更加晶莹剔透。这应该说有一定的道理，因为油脂的渗入有助于改善翡翠内部绺裂的透光度，这就像祖母绿可通过浸油来掩盖它的裂纹一样。不过，事物是两方面的，有利也有弊，人体油脂和汗液的渗入，尤其是汗液含有盐分和汗酸，天长日久对翡翠也会产生轻微的侵蚀，致使其表面光洁度变暗。所以，夏日佩戴翡翠还是需要注意擦去汗渍，适当清洗。另外，也不要让翡翠接触香水、化妆品和酸碱，它们都是有害的。

17. 古翡翠追踪

迄今为止，在我国境内还没有发现翡翠矿源，已知的翡翠都是来自境外的缅甸。那么，翡翠究竟什么时候传入我国，并被我国人民所利用呢？

应该说这是一个尚有待进一步考证和探索的课题。

著名的中国科技史研究家英国人李约瑟曾经在其所著的《中国科学技术史》（1976）中指出："在18世纪之前（即不超过清初——笔者注），中国人并不知道硬玉（指翡翠——笔者注）这种东西。以后，硬玉才从缅甸产地云南输入中国"。稍后，1980年，我国著名的地质学史研究家夏湘蓉先生，就针对李约瑟的这一意见指出："这是一个尚待探讨的问题"。而不久前，1999年，马罗刚和蔡汉伦则指出：根据1985年以来我国云南腾冲地区几百座古墓的发掘结果来看，证实在宋元时期的墓葬中没有发现翡翠陪葬品，其中包括大理国时期（相当宋代——笔者注）的一个有大量随葬品的贵族墓，也未见有翡翠制品。不过，他们也指出，腾冲地区确实出土过一些早期的翡翠，但都是在生产活动和建筑施工过程中发现的，并大多经众人哄抢，时代已无法考证。其中仅有二例有较确凿的年代依据：一是在明崇祯十九年（1645年）的墓葬中发现的翡翠手镯；另一是10个翡翠头饰佛像，根据同时出土的瓷片推断，其年代应在明代中期。腾冲在地理位置上紧邻缅甸翡翠产区，既然这里都没有比明代更早的翡翠被发现，所以他们认为，翡翠传入我国的时间应不会超过明代以前。他们还断言：元代及以前的时代，翡翠仅有鸟的含义。

然而，马罗刚等的这一意见却不是没有争议的。

我国地质界前辈章鸿钊先生在1921年出版的《石雅》一书中，就曾引用东汉班固（32—92）的《西都赋》，有词曰："翡翠大齐，含耀流英"。稍后，东汉著名科学家张衡（78—139）在《西京赋》中又有"翡翠大齐，络以美玉"之句。据考证，大齐在当时是宝石珠的别称，今翡翠与大齐并列，说明它应是指一种玉石。如果这一分析还不能令人信服，那么在南北朝时期的南梁徐陵（507—583）编选的《玉台新赋》中，我们可以找到更明确的记述："琉璃砚匣，终日随身；翡翠笔床，无时离手"。笔床即笔架，显然它不可能用鸟的羽毛来制作，当时用的一种玉石。事实上，在魏晋南北朝时期，用玉石制作文房用具是十分常见的，所以这里所述的翡翠当是玉石无疑。不过，由于没有实物为证，我们不能不对当时所述的翡翠，是否就是我们今天所指的翡翠仍有怀疑。

但至少延至宋代，翡翠一词作为一种玉石的名称已有专指，并与碧玉相区别。宋代大文学家欧阳修（1007—1072）在《归田录》中曾记述："余家家有一玉罂，形制甚古而精巧，始得之，梅圣俞以为碧玉。在颖州时，尝以示僚属，坐有兵马铃辖邓保吉者，真宗朝老内臣也，识之曰：此宝器也，谓之翡翠，云禁中宝物，皆藏宜圣库。库中有翡翠簪一只，所以识也。"可见，当时人们已区分出翡翠与碧玉不是同种玉石，而

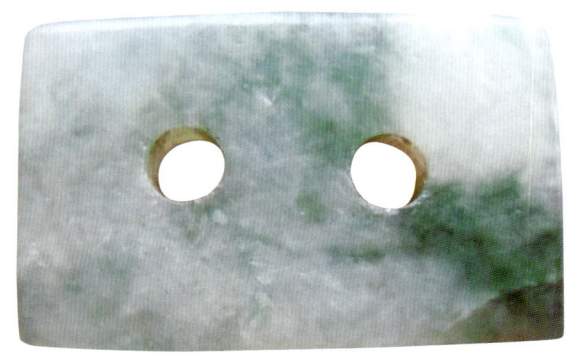

一个据说是高古的翡翠制品

且翡翠之价值尤高以碧玉，是宫廷中的宝物。比欧阳修稍晚一些的著名女诗人李清照（1084—1151）在《金石录后序》中也曾记述，她与丈夫赵明诚毕生从事金石、图书、字画的搜集，为此而不得不节衣缩食的情景——"始谋食去重肉，衣去重采，首无明珠翡翠之饰……"。可见，翡翠作为珍贵饰品，在当时的士人阶层中已渐成共识。

更晚一些，南宋词人周密（1232—1298）在《武林旧事》中说："太上宣索翡翠鹦鹉杯……此是宣和年间（1119—1125 比周密早 1 百多年，相当李清照生活的年代——笔者注）外国进贡，可以屑金"。这里用于制作鹦鹉杯的翡翠显然不可能用鸟的羽毛来制作，而且他还明确指出，它的硬度很高，可以屑金（翡翠硬度可以达到 7，而这里的金显然是指铁，它的硬度一般在 5.5 左右，如果是黄金，硬度会更低，只有 2.5～3.0，所以屑金之说是成立的——笔者注）。更值得注意的是，他又明确指出：是外国进贡，这与翡翠来自缅甸也是吻合的。另外，若结合了今人张竹邦先生在《漫话我国的翡翠文化》（1992）一文中曾经谈到的：英人伯郎氏云，勐拱（今翡翠著名产地）所产之玉石，实为 13 世纪（即周密的年代——笔者注）中，为云南驮夫所发现。所产玉石，大半由陆路运往中国销售，为中印缅甸通商的重要商品。那么我们可以相信至少周密提到的翡翠，应该就是我们今天所述的翡翠。这样也就是说，宋元时期已有翡翠流入我国，应该是无疑的。

那么宋元之前，更早一些时候究竟有没有翡翠的流入呢？对于这个问题也还值得进一步考证。从欧阳修在《归田录》中的叙述，我们知道，翡翠当时是云禁中的宝物。它怎么会流入民间，为欧阳修所得？而且它又"形制甚古而精巧"，说明这个翡翠玉罂的制作年代应远早于欧阳修获得它的时候。因此它很可能是宋之前宫廷中的宝物，由于战乱而流失到民间的。另外，张竹邦先生还提到，据史载，建于东汉永平十二年（公元 69 年）以前的哀牢国，归顺东汉后属永昌郡（今云南保山）辖，并说该地产有"铜铁铅锡，金银光珠，虎魄水精，琉璃柯虫蚌珠，孔雀、翡翠、犀、象、猩猩、豹兽"。这里所述的翡翠，因与孔雀、犀、象等并列，当是指的翡翠鸟。但文中提到的与金银并列的光珠，则可能指的是宝石，虽然未必全指翡翠。因为我们知道，这里还产有红蓝宝石和其他宝石。但它很可能是当时对所有经过加工的宝玉石的泛称，自然也包括翡翠在内。可作为这一推测的另一依据是，史载晋代太康年间（公元 290 年）永昌太守吕凯之外孙吕祥曾上送光珠 500 斤。可见作为贡品的光珠绝非普通之物，应是宝玉石之类。500 斤，对宝玉石来说不是小数目，所以可以估计其中很可能也包含有部分用翡翠打磨而成的光珠。只是当时人们由于知识水平的限制（笔者推测，当时中原发达地区虽已有翡翠的称呼，但边远落后的蛮荒之地——翡翠产地，可能因语言不通等原因，还不清楚它的叫法），没有把它们区分开来罢了。还要指出的是，

这件据称也是高古的翡翠玉件

永昌在当时的管辖范围,包括了今缅甸北部的翡翠产地。如在近史中就曾记有"翡翠产于云南永昌府"之说。因此作为当地的长官,把翡翠作为贡品上送当是顺理成章的了。显然,如果这些推测能够成立,那也就是说,汉晋时期已有翡翠的流入。

又马德华先生在《金银与首饰》一书中更主张,早在周代就有了翡翠玉类制品。他据《百濮考》的记载,指出当年居住在今云南边境一带的濮人,曾参加周武王伐纣的联军。因此如果当地人民已有翡翠的应用,就必定会把翡翠带入中原。再者,牛秉钺在《翡翠史话》(1994)中曾根据《考古》1979 年 3 期的资料说:1976 年在吉林永吉县星星哨水库的周朝石棺中,发掘出"翡翠坠二件,形似扁球,一端有两面对钻的孔"。显然,如果此说属实,那么周朝时已有翡翠之说,便有了物证了。遗憾的是,这一至关重要的证据并没有得到进一步的证实,致使周代究竟有无翡翠仍然存疑。

综上所述,笔者认为,至少在宋代,翡翠已流入我国。至于更早一些时候有无翡翠的流入,尚有待进一步的考证。

18. 翡翠料石的供应概况

前已述及,在全世界已发现的翡翠产地,虽然也有几个,但实际上除缅甸外,其他几个产地所产的翡翠都微不足道。相对来说,危地马拉的翡翠矿较具规模,但所产翡翠质量低劣,结晶颗粒较粗,透明度不足,颜色偏灰暗(多暗绿色和蓝绿色料)。因此,主要供应当地匠人用于制作旅游工艺品和仿古的玛雅制品,仅有少量优质的用于制作首饰。但总的说来,产量有限,影响不大。不过,近期有消息说,有部分危地马拉翡翠已被运往香港进行加工。这使我们估计,近期出现的一些所谓的"墨翠",有可能有的便是危地马拉翡翠。

哈萨克是已知的另一个翡翠产地。但所产翡翠的品质也属中低档,以白色、灰色为主,少量黑色、绿色及杂色。绿色者也主要是灰绿、暗绿和褐绿,仅极少量可有艳丽的绿色。且大多组成矿物颗粒较粗,透明度不足。有人认为它大致相当缅甸的"砖头料"。目前,它的利用也仅限于当地,且规模有限,外界对其知之甚少。

俄罗斯也产有少量翡翠,产于西伯利亚西南西萨彦岭之北,克拉斯诺亚尔斯克市附近,发现于1959年。20世纪90年代中后期,有少量该地产的翡翠运至香港销售。总的说来,与缅甸翡翠相比,俄罗斯翡翠在外观上颜色欠鲜艳,粒度较粗,透明度也大多较差。在组成矿物上,它常含较多的透辉石,且在物质组成中其钠铝辉石中也有相对缅甸较高的钙、铁的混入;另外它还时见有少量硫化物和云母,尤其是辉钼矿的存在,可视为该地翡翠的特征性标志。

日本的翡翠,可能是世界上利用最早的翡翠。人们在新潟的5 000多年前绳文文化遗址中就发掘到"翡翠"制品。但这里所产的所谓翡翠,实际上夹杂有较多的钠长石和闪石,故硬度较低,颜色也不佳。据说近代有人送了一大块给华盛顿国立博物馆,切来切去,切成一小块,颜色淡绿,夹有深色的阳起石晶体,总算还值得一看。还有人送给世界著名的宝石机构——美国宝石学院(GIA)一串日本翡翠珠链,但检查来检查去,在60颗珠子中不是钠长石,便是葡萄石,再或是钠长石和阳起石的混合体,竟没有一颗是真翡翠。可见,日本翡翠陡具虚名。

美国的加州一带也发现有翡翠。但主要是一种富含铁的深绿到黑色的品种,并夹杂有较多的杂质矿物,矿床规模也较小。实际上没有可生产宝石规格的玉,所以仅具地质学的研究意义。

哈萨克翡翠

左:常见的白色—浅灰色品种;右:罕见的绿色品种(颜色还可以,但透明度欠佳)

左图为拍卖会上的翡翠小块原石；右图为陈列在缅甸国家宝石公司院内重达数顿的大翡翠，从抛光面可看到含有相当多的艳绿色

综上所述可见，翡翠，尤其是优质的翡翠在世界只有缅甸一个供应地。至于缅甸历年来给世界供应了多少翡翠，人们却无法作出一个可靠的统计。这是因为翡翠从开采到销售都由个体分散进行。人们各自为政，互相保密。虽然缅甸政府一直企图予以控制，把翡翠升格为国宝。在20世纪90年代以前，还规定走私翡翠与杀人、贩毒同罪，将判以重罚和牢刑，但高额利润的吸引仍然使翡翠的交易大多在地下和私下进行。在这种情况下，当然不会有人肯公开自己销出翡翠的数量。不过，人们估计，缅甸政府仍控制着约20%的翡翠销售。这

曼德勒珠宝交易市场热闹非凡

些翡翠会每年在仰光的珠宝交易会上交易。1994年3月，在第31届珠宝交易会上，翡翠料石在4天中共拍卖出485.67万美元。前30届，珠宝总销售额为1.89亿美元，其中翡翠为1.03亿美元。我国历来是该交易会的主要买主。

除政府控制的交易会外，翡翠还有两条重要的销售渠道。一条经曼德勒进入泰国清迈。曼德勒是缅甸最大的翡翠切磨和交易中心。清迈在20世纪70年代以前还是一个非常贫穷和荒蛮的小镇，但由于当时北上中国的翡翠通道因受我国"左"的思潮的干扰而衰落，遂给它提供了一个良好的发展机会。经过近30年的发展，现已成为世界最重要的珠宝交易中心，有各种珠宝加工厂上千家。另一条通道北上进入我国云南的瑞丽和腾冲。这条距翡翠产区近在咫尺（只有100来千米，而到清迈则要1 200千米）的通道，自古就是有名的玉石之路。早在明清时期，腾冲就已成为世界上最大的翡翠集散地和解玉琢玉之乡。据说民国初年，这里便有玉石作坊100多家，工匠3 000余人。1949年后，由于"左"的思潮干扰，以致渐趋衰落，促使大量翡翠向西流入清迈。改革开放以后，这里的翡翠珠宝市场又重新活跃起来。来自全国各地的珠宝商，包括来自香港、台湾和海外商人均纷纷来到这里采购翡翠。

19. 翡翠加工和消费市场概况

从翡翠的加工和成品的供需情况来看，我国，特别是从大中华的角度看一直有举足轻重的地位。

从我国境内而言，广东是国内翡翠最重要的加工交易中心，形成有4个不同档次的加工集散地。其中，汕头揭阳的阳美村是国内最重要的高档翡翠集散地。据说当地80%的居民从事翡翠的加工贸易。他们往往自筹资金，直接到缅甸矿坑赌玉购石，然后运回阳美加工。由于历年来积累了丰富的经验，并依靠集体的力量，他们敢于花费百万、千万的价格购买高档的"色料"，然后加工成高档的翡翠成品，部分销往北京、上海各大城市，更多的则通过香港、台湾商人转销世界各地。

南海的平州是广东另一类型的集散地。该地主要以加工中低档的手镯为主，也加工玉扣和雕花挂件。加工作坊多采用前店后厂的运作方式。他们多从缅甸或云南买回"花牌料"或"砖头料"进行加工。加工好的成品除销往全国各地外，也有不少成批地返销云南和缅甸。四会是广东另一个重要的翡翠加工集散地。该地主要加工中低档翡翠花件及饰物。每天清晨六七点钟便有来自广州及国内各地的众多玉石厂商，会聚这里采购雕刻好的已抛光或未抛光的翡翠花件，价格从数十元到几千元不等，然后分销到全国各地。

广州长寿路玉墟街是当今国内规模最大和最完善的翡翠玉器交易集散地。这里的翡翠成品品种最为齐全，各种质量的高中低档翡翠无一缺少，而且不仅

在王树森指导下，由工艺师陈长海、张志华、高祥共同设计制作的国宝级翡翠摆件"岱岳奇观"（高80厘米，宽85厘米，厚52厘米），现存中国工艺美术馆

有天然的A货翡翠，也有经过人工处理的B货、C货翡翠，也不乏各种翡翠的仿冒品。在这里从事翡翠经营的既有大公司大商家，也有小商小贩，真可说是鱼龙混杂。所售翡翠的价格高的几十万元也不罕见，低的仅几元、几十元。每天都有来自全国各地的成千上万的购买者或批发或零售，热闹非凡。

除广东外，过去几十年，国内有分量的大件翡翠制品多来自北京、上海和扬州，出现过许多著名的玉雕大师，如王树森、李博生等人。近年虽仍有少量作品问世，但对整个市场影响已十分有限。

河南的镇平也是我国境内一个十分重要的玉石加工区，据称那里有大小玉石加工厂5 000多个。不过这里加工的玉石种类繁杂，翡翠加工仅占很小一部分，更多的则是岫玉、独山玉、软玉、京白玉等。

滇缅边境的腾冲和瑞丽也是重要的翡翠集散地。这里不仅是我国境内料石转手贸易的集散地，也有众多成品的销售，只是大多档次不高，而且假冒伪劣鱼龙混杂。以至有人斥言瑞丽街头出售的珠宝90%是假货。

香港则是世界上最重要的翡翠消费中心，也是加工交易中心。这里的广东道上有近百家专门从事翡翠加工和交易的公司及工厂。他们往往亲赴缅甸矿场或从仰光、清迈的交易会购得高档色料，运回香港进行加工，然后再将其销往中国台湾、日本、东南亚及欧美市场。从香港统计署提供的资料可以看到，香港每年进口的翡翠都有数百万美元，经其加工后，除供本地消费外还可赚回几千万美元。而且翡翠加工外销最盛是1990年。之后因B货翡翠的出现，打击了消费者的信心，致使对日出口锐减，使市场有了一定的萎缩，但近年来又有所恢复。再者，香港历来还是高档翡翠的拍卖地，国际著名的拍卖公司——苏富比和佳士得，每年春秋两季都要在这里举行珠宝拍卖会，翡翠往往都是历届拍卖会上的主角，并不时创出拍卖价的新高。

除香港外，翡翠的消费市场主要分布在亚太地区（在欧美，翡翠的消费群体主要是华裔和亚裔族群，数量相对有限），尤其是日本、中国台湾、韩国、新加坡这些相对较发达的地区，其消费的翡翠以中高档为主。我国境内也拥有巨大的翡翠消费市场，如在上海，据粗略的估计，在1400万人口中大约1/5以上人口都有1~2件翡翠，而那些暂时还没有翡翠的人也都具有强烈的购买欲。

20. 漫话翡翠价格的走势

翡翠，自古以来就蕴涵着神秘东方文化的灵秀之气，这就使它在冰清玉洁的秀色之中，又增添了一种悠远的文化气息，因此一直被人们视为最珍贵的宝石，博得众多消费者的青睐。在旺盛的购买力的推动下，其市场售价焉能不节节走高。尤其是在今天，当其资源日趋紧张之际，售价的涨势就更有愈演愈烈之势了。

据有关方面的统计，近些年来，翡翠的价格几乎年年都有成倍的涨势。尤其是那些被一些人热炒的品种，其涨幅更是惊人。如以2001年到2010年这10年来玻璃种翡翠价格的走势来看：2001年为每千克1~2万元，2003年就涨到每千克4~5万元，几乎翻了2番；到2005年又涨到每千克6万元；2008年其价格再次翻了好几番，高达每千克40万元；2010年又再次翻了2番，达到每千克150万元。也就是说从2001年到2010年的10年中，翡翠价格涨了75到150倍。怪不得人们要说它是"疯狂的石头"了。

翡翠价格的疯涨，自然会吸引越来越

近年被热炒的冰种飘花翡翠

多抄家的加入。人们发现这几年来参加缅甸翡翠原料公盘的人数剧增，涌现了许多新面孔。如果说八九年前到缅甸公盘竞拍原料的行家主要是香港帮、揭阳帮、广州帮和四会帮等，那么现在可以说是来自五湖四海的人。而且这些参加竞拍的人群中竟有三分之一以上是行外人。这些外行人投标非常踊跃，出手宽绰，大有一掷千金之势，纷纷以高出行家心理价位的巨额资金投向翡翠原料。他们买入翡翠原料还多是用于投资而非加工销售；传说最典型的例子是有位煤老板带了上亿的资金来到缅甸买原料，然后就直接拉回家囤积起来，准备放几年升值了再说。这一来就使本已紧张的翡翠资源，更显供应不足。于是在他们的推动下，翡翠原料的价格便迅速飙升，平均开出的价钱常比缅甸公盘卖家开出的底价高出几倍到几十倍不等，令行家咋舌不已。

正阳绿玻璃种翡翠

翡翠原料市场的火爆也同样出现在翡翠的成品市场上，一些手握重金的富豪常常不管价钱贵不贵，到处扫货。如人们就曾在广东揭阳看到一位穿着高跟鞋，挎名牌手袋的中年女士到揭阳入货，一扫就是几百万。正是在这些抄家的推动下，使翡翠的价格飙升。

人们指出。翡翠价格涨势之所以如此迅猛，其最根本的原因在于近年来国内市场需求很大，而缅甸矿区的资源却已渐渐枯竭，包括香港等地中高档的收藏级翡翠都开始往内地回流以应对内地市场的局面。再次，翡翠人工合成从技术上还远远不过关，合成品和天然优质翡翠相差甚远，因此无替代品可言。另外，好的翡翠雕刻品都是靠手工一件一件雕刻出来的，每一件都要根据原料的质地、颜色等独自设计，不能像磨钻石一样机械化地加工琢磨。由此可以看出，翡翠具有很强的唯一性和保值性。

翡翠价格的疯涨，还由于近年间有很多新人进入翡翠行业。原因是相比于钻石等诸多宝石，它们的价格透明度高，如经营钻石生意毛利只有5%左右，只能依靠薄利多销，而且竞争者多。而翡翠的价格可比性很低，同一件翡翠可以说是1千元，也可以说是1万元，其尺寸完全掌握在售出方的手中，外人无从知之究竟，所以它的利润空间很高，这就使很多本来从事钻石等生意的人也突然投身翡翠行业，经营起翡翠来了。打破了行上的格言"不熟不做"。这些新加入的经营者由于缺乏正常的进货渠道，往往只能从其他商家手中拿货，于是造成有些批发商左手从他人处拿一批货,右手再转售予另一些人图利,中间利润可达一至两倍,而这些买了货的人又可能再转售予当地的客户,于是就使货品在不同经营者手中几番转手,反复加价,当达到终端消费者手中时已是翻了几番的价格了。

这种货在经营者手中几番传递和倒手的状况,固然促使了翡翠价格的走高,但也正在一定程度上抑制了翡翠市场的继续发展。高昂的价格,导致终端消费者望而生畏,反应冷淡。因此自 2011 年初以来,国内翡翠市场进入了一个调整期,市场明显冷清。有媒体也尖锐地指出,曾经的"疯狂石头"正从"过山车"的高处坠落。现在的行情犹如"击鼓传花",一些盲目进货的经营者正好像捏着烫手山芋一般,处于尴尬的局面。国内翡翠市场的不景气状态,也反应在缅甸料石供应的公盘市场上。2012 年 3 月缅甸公盘竟然以惨淡的局面收场,料石成交量下跌了 70%,暗标的成交率为 58%,明标的成交率刚过 40%。一些参加公盘的购买者,出手也明显收敛很多,与往年一出手就几千万,甚至上亿的投入迥异,这次竟然没有一个超过千万的投入。

不过,对此翡翠业内专家认为,翡翠市场绝对不会崩盘,在翡翠资源日趋短缺和人民收入不断增长的现状下,市场的调整期不会延续太久,有望很快走出低谷,未来价格将会稳中有升。尤其是那些高档的特级翡翠,由于客观资源的稀缺性,其未来的涨势仍然值得期待。

(二) 传统佳玉——软玉

前面我们已经谈到,在为数众多的各种各样玉石中,只有翡翠和软玉被人们直称为"玉"。其中尤其是软玉,在我国古代的玉文化中一直占有最重要的主导地位。在古代流传下来的文物中,那些多种多样形制各异的玉器,就大多是用软玉制成。在考古中发掘到的,已知最早的玉器——玉玦,发现于辽宁阜新的 8 000 多年前的查海遗址,也是用软玉制成。据此,人们估计,软玉的利用至少有万年以上的历史。

另外,历代的正史、野史、传说、诗词文章中谈到的玉,也大多与软玉有关。所以一些人认为只有软玉才是真正的玉,并建议把它称为"真玉"。

1. 软玉的基本特征

前面我们还曾讲到,玉在我国古代一直是一个泛称,没有明确的属种分类。在国外,人们也常常把不同的玉混为一谈。软玉的称呼,始于 1863 年的法国矿物学家德莫尔(Damour)(详见前面《翡翠是什么》)。

从地质学的角度看,软玉是一种主要由透闪石或阳起石的纤维状微晶交织

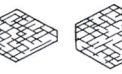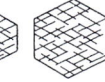

　　不同种辉石的横切面及其典型的辉石解理图示　　　　不同种角闪石晶体的横切面及解理发育图示

 角闪石和辉石晶体横切面及其解理特征的对比

而成的岩石。

　　透闪石和阳起石都是属于角闪石族的硅酸盐矿物。角闪石族矿物和构成翡翠的辉石族矿物一样，都是构成地壳的主要的造岩矿物之一，并主要由镁、铁、钙、钠、铝的硅酸盐组成。它们的共同特征是含有 $(Si_4O_{11})^{-6}$ 的双链式硅酸根，且同时又含有 $(OH)^{-1}$ 的羟基根，所以它们在形成温度上一般低于辉石族矿物。其晶体，除极个别为斜方晶系外，多属单斜晶系。晶体均呈长柱状，横断面近似菱形，并可见有两组相互交角为 56° 的解理。

　　透闪石和阳起石是最常见的角闪石类矿物，前者可用化学式 $Ca_2Mg_5(Si_4O_{11})_2(OH)_2$ 表示，后者实际上是前者的含铁变种，即在它的晶体结构中有少量的镁被铁所替换，故其化学式为 $Ca_2(Mg,Fe)_5(Si_4O_{11})_2(OH)_2$。实际上在透闪石的晶体结构中同样也有铁的混入，只是铁含量较低而已。在矿物学中一般把其组成分中 $Mg/(Mg+Fe^{++})=1\sim0.9$ 定为透闪石；$Mg/(Mg+Fe^{++})=0.9\sim0.5$ 定为阳起石；若 $Mg/(Mg+Fe^{++})\leq0.5$ 则称铁阳起石。在晶体结构上它们都属于单斜晶系，常形成长柱状或针状的晶体。透闪石大多呈白色、灰白色或极浅的微绿色；阳起石则因含铁而具有绿色调，并因铁含量的多寡，而使绿色调有深浅的变化。软玉便是它们的纤维状微晶或显晶的集合体。两者在软玉中的含量比例，因品种而异，一般色浅者，透闪石含量较高，甚至全由透闪石构成；色深者则含有较多的阳起石。尽管软玉由它们两者共同组成，但由于它们两者本是一家，因此人们一般还是把软玉视为单矿物岩（不过，也有一些地区的软玉会含有一定量的其他矿物）。

　　除了透闪石和阳起石外，有些软玉（因产地、矿体而异）还会含有极少量的其他矿物，如铁阳起石 $[Ca_2(Fe,Mg)_5(Si_4O_{11})_2(OH)_2]$、透辉石 $[CaMg(Si_2O_6)]$、蛇纹石 $[Mg_6Si_4O_{10}(OH)_2]$、滑石 $[Mg_3Si_4O_{10}(OH)_2]$、绿泥石 $[(Mg,Fe)_5Al-(AlSi_3O_{10})(OH)_8]$、方解石 $(CaCO_3)$、白云石 $[(Ca,Mg)CO_3]$、尖晶石 $(MgAl_2O_4)$、磁铁矿 (Fe_3O_4)、石墨 (C) 等。这些矿物的存在常构成为软玉中的瑕疵，并不同程度地影响软玉的品质，甚至造成软玉品种的变异。

　　软玉为全晶质结构，结晶颗粒通常都十分细小，多属微晶，即晶粒柱长一般不超过 0.1mm，有的甚至小于 0.01mm，以致有些时候在普通显微镜下都很难分辨其晶粒。但在某些软玉品种中也可以看到，组成软玉的透闪石或阳起石以

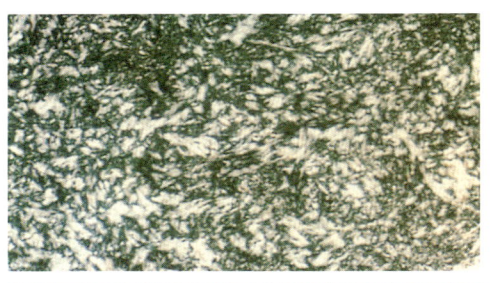

肉眼可见的长纤维状晶体产出，有的还互相平行排列成纤维束状。由微晶构成的软玉，常具有所谓的毛毡状结构，即这些纤维状微晶互相交织（故也称微晶交织结构）在一起，仿如毛毡而名。此外，也见有微晶叶片状结构和微晶纤维结构，有的局部还可见有放射状或帚状结构。在构造上，绝大多数软玉具有致密块状构造，少部分呈纤维束状构造、条带状构造和斑杂状构造。

软玉由于以透闪石和阳起石为主，故它的性质与透闪石、阳起石近似。透闪石和阳起石都是单斜晶系矿物，具有非均质性，所以软玉是非均质集合体，在正交偏光镜下，和翡翠一样呈现为全亮。透明度一般不是很高，多为微透明，少部分为半透明，也有不透明。玻璃－油脂光泽。常呈白、乳白、灰白、淡青（如鸭蛋青色）、微黄、黄褐、灰黑、黑、淡绿、黄绿、暗绿等色。在紫外照射下为惰性，无反应。其平均折射率在1.62左右，相对密度2.90～2.96。摩氏硬度比翡翠略低，为6.0～6.5（民间习用紫砂茶壶

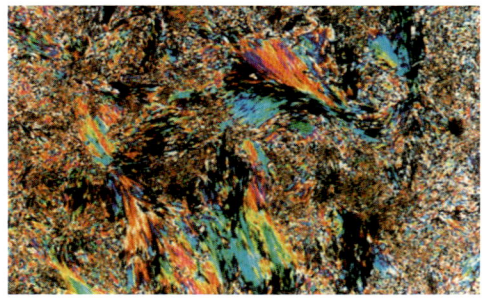

软玉的结构

上：微晶交织结构；
中：微晶叶片状结构；
下：放射状或帚状结构

来鉴别它的硬度，以用玉的边角在紫砂壶上刻画时，不留白痕或仅留极淡细痕为佳）。透闪石和阳起石本身虽有解理，但因这些晶体错综交织，所以作为其集合体的软玉是没有解理的，破裂的断口呈参差的不平坦状。软玉的韧性高于翡翠，不易破裂和折断。在各种各样的珠宝中，若从韧性角度考察，它几乎可以说是最好的，比宝石之王——钻石要好得多，所以它十分耐撞击。

2. 软玉的形成与产出

与翡翠相比，软玉在世界上有较多的产地，其中最著名的是我国新疆昆仑山北麓，此外澳大利亚科威尔、俄罗斯的贝加尔湖地区、韩国、加拿大、新西兰、

美国、波兰等地均有软玉的产出。

从其形成原因来看，软玉全为变质成因。即它是由早些形成的岩石，因外界环境的变化，如温度、压力的改变，外来物质的添加或本身部分物质的向外逸散，而发生了面目全非的改变，形成的一种新岩石。比如我国著名的和田玉，其母岩本是一套十分古老的形成于6亿～7亿年前含镁的碳酸质岩——白云质大理岩。若干亿年后，大约在距今3亿年前，由于地壳运动的影响，有来自深部的花岗闪长岩侵入到这套岩石中，从而使其赋存环境有了明显改变。特别是花岗闪长岩与这套白云质大理岩相互接触的接触带，两侧岩石化学成分的显著差异，就使它们两者之间，在周围热水的帮助下，发生物质组分的互相交换。于是，原本的白云质大理岩，便因获得了来自花岗闪长岩中的硅，和散失了自己的二氧化碳以后，逐渐转变为软玉了。

纵观世界各地的软玉，虽然都属变质成因，但具体的变质过程却并不相同。这里我们不想深入探讨这些主要属于地质学方面的问题。我们只想指出，从形成母岩的角度来考察，几乎所有的软玉矿藏，可以大致分为两大类：一类是和我们上面讲到的与和田玉类似，是由含镁的碳酸质岩转变而来。这类软玉矿藏因源自本来贫铁的碳酸质岩石，所以由其形成的软玉也相对贫铁，将主要由透闪石构成，可以拥有较丰富的优质品种——白玉。此类矿藏，除我国新疆和田等地外，也见于我国青海和俄罗斯贝加尔湖等地。另一类软玉矿藏的母岩多为较富铁镁的基性或超基性岩，因此由其形成的软玉也普遍含有较多的铁，故以阳起石为主要组分，产出较多的绿色软玉——碧玉。如我国新疆玛纳斯、加拿大、新西兰等地。

我国新疆昆仑山北麓，西起靠近帕米尔高原的塔什库尔干，东延到且末，长达1 200千米，并继续向东延入青海境内，是世界上最著名的软玉产地。和田便是其众多产地中最重要的代表。这里的软玉按其在自然界的产出状态，一般还可将其分为三类：一类是原生的，即自其形成以后，迄今仍保留在原产地的软玉矿石。它又被人称为"山料"。山料因未经自然的选择，常夹杂有

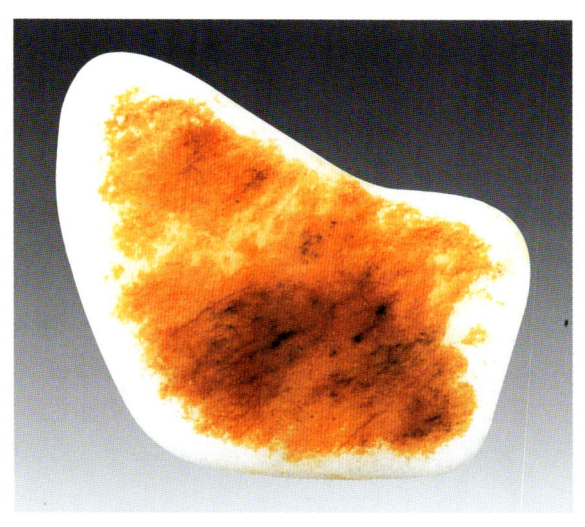

一块有"糖色"污染的白玉仔料

较多的不能作为玉石的围岩或杂质,所以大多品质较差。另两种是原生矿石在暴露于地表以后,受到风化侵蚀作用的影响,从原地被剥落下来,后又在流水或冰川的携带下,向低处迁移。如果迁移的距离较短,停积在半山坡或山脚处,称为"半山半水料"或"山流水";若迁移的距离较远,被流水反复冲带,携入远处的河谷,称为"水料"或"仔料"。仔料由于经过长途搬运,流水的反复冲洗、筛选,又经水的长期浸润,使质劣的多被淘汰,留下了一些质优的软玉,成为一些优质软玉的主要来源。而半山半水料因搬运距离短,虽然也经过自然的筛选,但品质仍不及仔料,但比山料好一些。仔料和半山半水料,被从原产地剥离下来,因长期暴露在空气中或流水里,其表层很容易受到氧化作用的影响,或受环境中外界物质的污染,故常会形成有皮(或称璞),或表面被黄褐色的铁质渗染。因这种颜色有些类似"赤糖"的颜色,故我国工艺界习惯称其为"糖色"。具有糖色的玉,则称"糖玉"。

为千百万人带来财富的玉龙喀什河

需要指出,并不是所有的软玉矿藏,都与这里的软玉矿藏一样会有山料、半山半水料和水料的产出。譬如同是在这个带的东部,青海的格尔木地区的软玉矿藏,就由于当地地理环境的不同——干旱,缺乏地面水系,而没有水料的产出,甚至半山半水料也发育不佳。

故宫珍宝:清嘉庆年制的白玉瓜棱提梁壶(通高16.8厘米,口径8.9厘米,足径6.8厘米)

3. 软玉的主要品种

我国是软玉的主要出产国,在国内市场上所见的软玉制品,除了部分来自俄罗斯和韩国,及更少一部分来自加拿大之外,几乎均是国产的。

软玉,通常按其外观颜色的不同划分为以下几类。

(1) 白玉。以白色为基调,有的可略带其他色调,如所谓的闪青、闪灰、闪黄、闪绿等,并常有不同的名称,如有的称象牙白、梨花白、鱼肚白、鱼骨白、鸡骨白、糙米白等,其中以白如羊脂的羊脂白为最好。尤其是羊脂白的仔料更被人们视为是软玉中的极品。白玉从物质组成看大多由几乎纯的透闪石构成。又据精确的测定,在软玉中白玉的硬度稍稍偏大,可达 6.7,而相对密度则大多在 2.93 左右。白玉常按产地的不同可以再分。

和田白玉。一般认为是白玉中最佳的品种,通常质地较细腻,滋润如脂,虽然颜色也可以有不同程度的变化,但与其他地区相比,则拥有较多的色泽洁白的优质品种,其中著名的羊脂白玉,更是优冠全球。其在点光源的照射下,成品的抛光面大多呈现似斑驳状,这是短而密的透闪石具交织结构的反映。这种特殊的结构使其质地温润,细腻,油脂光泽强,是其重要的鉴定特征。

青海白玉。与和田白玉相比,质地稍粗,细腻程度较差,并时含硬度较大的石钉、石筋,但透明度则相对较好,还时含有透明度更好一些的所谓"水线"、"水露"。颜色多白中带灰,或带有轻微的米汤色(黄灰色)、蜡白色,总之,显现灰暗不正的色感,成品有毛玻璃的感觉。人们还曾将其分为奶白玉、透水白玉、梨花白玉和米汤白玉。它可以有皮,但缺少浓重的红褐-黑褐的糖色。

俄罗斯白玉。与和田白玉相比,质地也稍粗,并常具似斑状结构,即在由微晶交织构成的基质上夹杂有中细粒的斑晶。透明度则相对较差,颜色白而不润,有"死白"的感觉,以至略具瓷质感。其成品表面的光泽暗淡,油性较重;部分成品表面可见不规则的凹陷圆圈,多数具有似橘皮状的所谓"橘皮效应"。

韩国白玉。俗称"韩料",产于韩国春川地区,其主要组成矿物为透闪石,有的含有微量透辉石、方解石和绿泥石。颜色多白中带青黄色调,质地均匀,杂质较少,石性较粗,具弱玻璃光泽到蜡状光泽。与新疆白玉相比,白度、油性、润度均较差,无细腻、温润的感觉。

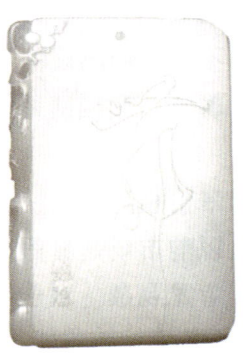

新疆白玉仔料——"舞"牌子(重 61 克,尺寸:6 厘米 ×3.3 厘米 ×1.1 厘米)(右为正面;左为反面)

制作精湛的白玉瓶

（2）青玉。呈鸭蛋青色，并可有深浅之分，深者常闪绿。青玉从物质组成上，多为含微量铁的透闪石，故青玉的相对密度会比白玉稍大一些，达2.98，硬度则稍低为6.5。

（3）青白玉。是一种颜色介于青玉和白玉之间的过渡品种。近年来，由于白玉原料的日见枯竭，就使许多青白玉也被人们升级成为白玉。

（4）红玉。仍主要由透闪石组成，红色来自三氧化二铁。红色则有大红、桃红、粉红、玫瑰红、夕阳红、黑红等。从色彩分类看有红皮玉、俏色红玉之分。红皮玉在红皮包裹下的玉色可千差万别。红皮也常见由人工染色而来。而真正的俏色红玉则十分罕见和珍贵。东汉王逸就认为，玉分赤、白、青、黑四色，以赤为上。古时只在宫廷王室内流传。俗谚云："玉石挂红，价值连城。"玉石业界也有"一红二黄三羊脂"的说法。

（5）青花玉。和田软玉的新种，系在白色、青白色、灰白色或青色的底色上夹杂有云片状、星点状或条带状石墨形成的黑色斑块的品种。

（6）碧玉。呈浅绿、绿、深绿或暗绿色，颜色常常不均匀，常见有星散分布的黑色斑点和色较深的玉筋（即细脉）。在物质组成上碧玉主要由阳起石构成，

青白玉（右侧的一块夹杂有一条杂质）

青玉雕件，清乾隆年间(1736～1796年)制作的青玉《三羊》，造型逼真，栩栩如生，表现出很高的工艺水准

据华夏收藏网报道，这块红玉售价为每千克100万元

青花玉

碧玉雕"蓬岛瑶台诗山子"

新西兰碧玉（用于祭祀等仪式的玉斧）

墨玉"钟馗纳福"牌（39.62克）

故常具有相对偏大的相对密度，有的可达3.0左右。硬度则略低，为6.4左右。碧玉在和田矿区相对少见，但在有些矿区，如新疆天山北麓的玛纳斯，台湾花莲，国外的加拿大（该地所产的碧玉，被称为"加碧"），新西兰（该地所产的碧玉有"新西兰绿宝石"之称）等地，碧玉却是当地所产软玉中最主要的品种。

（7）墨玉。呈灰黑－黑色。色大多不均匀，有的黑色呈团、成片、成带分布，有的则有深浅灰黑的不均匀变化，而以纯黑均匀者为佳。我国新疆和田的喀拉喀什河，就以盛产墨玉而著称。这里的墨玉在物质组成上以含有较多的分散分布的石墨质点为特征，故其相对密度常明显偏低，有的只有 2.66，与软玉的标准相对密度 2.96 相差达 0.3。硬度也大多偏低，只有 6 左右。澳大利亚的科威尔也是墨玉的主要产地。不过，在那里墨玉的黑色与铁含量的增加有关，其中优质的墨玉是当地价值最高的软玉品种。

重达 9 100 多公斤的玛纳斯碧玉王（据奥岩）

（8）黄玉。呈浅黄、米黄到深黄色。目前在新疆和田已罕见有黄玉，但在清代的玉器中，可见有品质非常好的黄玉，其色黄，正而娇，润如脂，实不亚于羊脂白玉。现代有些黄玉，多来自辽宁岫县的岫玉产区。那里除主产岫玉外，所产的少量软玉中有少部分黄玉，及部分黄绿色的青黄玉。据分析，该地黄玉的黄色应来自夹杂的杂质矿物——蛇纹石。

故宫珍宝：黄玉佛手花插（高 16.11 厘米，口径 4.5/8.2 厘米，足径 2.5/5 厘米）

黄玉雕件（新疆兆日和田玉发展公司产品）

(9) 糖玉。我们已经谈到糖玉的糖色是来自后期的铁质渗染。因渗染程度的不同和氧化程度的差异,糖色也可以有深浅,红、褐、棕色的变化,因而有所谓"秋梨色"、"虎皮色"、"枣皮色"等的称呼。糖色还主要出现在白玉、青白玉和青玉中,并大多表现在仔料和半山半水料的表皮(有些山料的早期裂隙中也可能出现糖色)。所以,糖玉实际上不能单独划分为一个玉种,而是以从属的地位附着于其他玉种中。另外由于有没有糖色常成为一些人鉴别软玉料究竟是否是仔料或山料的一个依据,因此可以发现有些玉料上的糖色,常是一些人故意伪作的,必须谨加防范。

用翠青玉制成的镂雕花牌

(10) 翠青玉。这是一种产于青海格尔木的软玉,因为它的绿色明显不同于碧玉,而更似嫩绿的翡翠而名。不过它很少以独立的块料产出,而多呈附于白玉或青白玉的一侧,再或呈团块状、夹层状产出。另外在辽宁的岫县也见有类似的品种(但含一定量蛇纹石),并因它貌似翡翠,而有"甲翠"(即假翠的谐音)之称。

(11) 烟青玉。也产于格尔木,是一种具有浅－中等灰紫色到烟灰色的品种。此品种既有呈独立的薄层状,也有呈镶边状围绕白玉料,形成所谓"黑边白玉"等。

(12) 蓝玉。这是近年来在俄罗斯雅库特地区发现的新品种。它可具有深浅不同的蓝色,一般较深的蓝色呈细脉状,或斑点状分布于浅蓝色的基质中。据研究,其组成矿物是一种含有钾 $K_2O = 6.00\% \sim 7.64\%$、钠 $Na_2O = 4.88\% \sim 5.75\%$ 的透闪石。其折射率在 $1.615 \sim 1.635$,相对密度为 $2.87 \sim 3.05$。

除了上述软玉品种,软玉中还有一种非常特殊的品种——软玉猫眼。软玉猫眼实际上是由透闪石或阳起石的纤维状晶体所构成的束状集合体。这种猫眼最初发现于我国台湾花莲,其产量一度占世界此类猫眼产量的80%以上,故有"台湾猫眼"之称。但历经40多年不断开采,矿源已濒枯竭。可喜的是,近年人们又在我国西南某蛇纹石石棉矿区发现同类猫眼,遂改称为"中华猫眼"。已知此类猫眼具有多个色彩不同的品种,如浅绿、暗绿、碧绿、浅黄、蜜黄、棕褐、深灰等色。有的可具有良好的猫眼效应。其中以蜜黄色、暗褐色为佳,尤以所谓"黑底银斑"最为名贵(这种猫眼的猫眼线格外明亮,如闪银光一般,故名)。据报道,10克拉以上的黑底银斑猫眼每克拉价格可达3 000～5 000元人民币;但一些绿色品种因猫眼线亮度较弱,其价格仅每克拉200～300元人民币或更低。

软玉猫眼

4. 我国的软玉

我国是世界上软玉的主要出产国,已知有多个不同产地,现择其重要者简介如下。

(1)新疆昆仑山北麓。这里是我国最重要的软玉成矿带,它西起近帕米尔高原的塔什库尔干,向东经和田、于田、且末、至若羌,在全长1 300千米的范围内,已发现和开采的软玉矿床有20多处,其中最著名的便是和田矿区。

和田矿区 是历代以来最重要的软玉产区,相传早在四五千年前的虞舜时期,居住在昆仑山一带的西王母就曾到中原献"白环玉玦"。先秦古书《穆天子传》则记有:当年周穆王西出巡狩,登昆仑山,称此山"唯天下之良山,瑶玉(指优质玉)之所在",并曾"攻其玉石,取玉万只"而归。《史记·大宛记》也载有:"汉使穷河源,出于阗,其山多玉石"。可见这里的玉石在几千年前就已闻名于世。据近代勘测,玉石的原生矿,分布于4 000多米以上的高山上。这里地处雪线以上,山高路险,故原生矿(即山料)的开采十分不易。宋代成书的《太平御览》中记曰:"取玉最难,越三江五湖至昆仑之山,千人往,百人返,百人往,十人返",可见采玉之艰难。因此旧时人们主要开采的是被冰川剥蚀下来的半山半水料和水料。这些被剥离下来的料石,主要沿喀拉喀什河(也叫乌玉河,喀什在维吾尔语中就是玉的意思)和玉龙喀什河(也叫白玉河)的河谷绵延分布。每年夏天,昆仑山上冰雪消融,河水暴涨,滚滚洪水裹挟着大量的玉石奔腾而下,

一堆和田仔料

便为两河河谷带来了丰富的矿源。待到秋冬时节，昆仑山上重新封冻，河水剧减，人们便开始踏河捞玉。近代，机械技术的利用，已大大改变了这里的采玉方法。一些人急功近利，用挖掘机把一些重要河段几乎兜底翻了个遍，致使一些地方的矿源已几近枯竭。这里产的软玉主要为白玉、青白玉和青玉。著名的羊脂白玉也主要来自这里；另外也产有较多的墨玉（主要来自喀拉喀什河），位于喀拉喀什河畔的墨玉县便以此而得名。

密尔岱矿区 位于和田矿区之西，濒近帕米尔高原的叶城西南。这里的软玉开采也有十分悠久的历史，据说在清乾隆年间，其采玉的盛况甚至超过和田，并一直被官方所控制，禁止民采。当时，每年春秋两季都要向朝廷"贡玉七八千觔至万觔不等"。密尔岱玉产于崇山峻岭之中，山高路险，远离居民区，交通不便，而且这里的玉石以山料和半山半水料为

和田踏玉
（明代宋应星《天工开物》附图）

主,料石又多与其他杂岩交杂产出,嵌于峭壁峻岭之上,难以攀援。故人们采玉,需攀援钻凿,让玉石自然落下,然后收取。其玉石,在品质上也不亚于和田,主要产碧玉、青玉、青白玉和白玉,也有少量羊脂白玉;另外也产墨玉和黄玉;而且玉石块度大多较大。现存北京故宫的《大禹治水图》玉山,就是用密尔岱玉制成。它高224厘米、宽96厘米。重约5 000多千克。据说当年运输这块巨玉的板车,前用100多匹马,后有上千名役夫推运;冬天还泼水结成冰道,以利拽运。就这样还整整用了三年多的时间,才运到北京。正由于密尔岱玉的开采难度很大,随着清廷中央政权的衰落,它也渐渐淡出人们的视野,以至一度被人们所遗忘。

故宫珍宝"大禹治水图"玉山

且末矿区 位于矿带的近东端,也有很长的开采历史,以产山料为主。历史上著名的开采矿坑——戚家坑、杨家坑、卡羌坑都位于这里。所产玉石以白玉、青白玉、青玉为主,也有部分黄玉。

(2)新疆玛纳斯地区。玉矿分布于天山北麓的玛纳斯县一带。玉矿的发现也有悠久的历史。可能成书于战国时期的《山海经》中就记有"天山多金玉",其中的玉便是指的这里。这里的软玉矿在成因上与和田软玉不同,是由富铁、镁的基性-超基性岩石变质而成,所以它主要产出的是碧玉。玉色翠绿-深绿-墨绿色,并时夹有嫩绿色的色带或斑纹。质细腻、致密,抛光后表面非常光洁。

河磨玉"观音"(据王时麒)

(3)青海格尔木地区。这里实际上是新疆矿带向东的延续,矿体分布于格尔木市西南的昆仑山北麓。发现于1992年,产有白玉、青白玉、青玉,和这里特产的烟青玉、翠青玉;并以山料为主,也有半山半水料,但无仔料的产出。

(4)辽宁岫岩地区。这里是我国著名的蛇纹石玉——岫玉的产地。在一些岫玉矿层中时而夹杂有一些主要由透闪石—阳起石组成的软玉,但很少单独开采,多混杂于岫玉中。唯因其硬度要比硬度一般在4～5级的岫玉高,所以在被自然力剥离矿层后,易被保留下来,并被流水冲刷携带到河谷中,形成类似仔料的砾块,称"河磨料"或"河磨玉"。河磨料大者可达3～4吨,小者几十克,一般几克至几十千克;通常都有厚几毫米到几厘米,呈黄褐-深褐到黑色的皮壳,壳内有时还见有2～4层不同颜色和色调的圈层,然后才是玉囊。玉囊可呈黄白色、绿色、青色和黑色,以黄白色为佳。常被用于雕琢成佛像,皮壳便成为天然的佛龛。除河磨玉外,这里还产含一定量蛇纹石的"蛇纹石软玉"。其中有的因绿白相间,酷似翡翠,而有"甲翠"之称;还有的呈黄-黄绿色,而被称为黄玉和青黄玉。

(5)台湾花莲地区。这里原为蛇纹石石棉矿区,1961年发现也产有软玉,它以不规则脉状产于蛇纹岩中。主要组成矿物为含铁较高的阳起石和透闪石,有的还可含有10%左右的铁阳起石,故以产碧玉为主。一般呈草绿到暗绿色,也有密黄、绿黄、黑等色。人们把当地所产软玉分为三种:①软玉猫眼,是这里最著名的品种。它由长达2厘米左右的阳起石或透闪石纤维状晶体的束状集合体构成,因此可磨制成具有良好猫眼效应的猫眼石,但产量较少,售价较高。②普通玉,与其他地区所产的碧玉相似,但因常含有铬尖晶石、磁铁矿、石榴石、绿泥石等杂质构成的黑点或黑条,而影响其价值。③蜡光玉,以其透光性较差为特征(组成矿物的粒度一般在0.015毫米左右),具蜡状光泽,所以在当地有"石棉骨"的俗称,是品质相对较差的品种。

(6)四川汶川的龙溪地区。所产软玉在成因上与和田软玉近似,并主要由透闪石构成(一般占95%),另含1%～3%的碳酸盐,及滑石、绿泥石等杂质矿物,所以硬度常稍稍偏低,一般5.5～6.0。按颜色可将该地的软玉分为三类:①青白玉,一般呈微带绿色调的白到灰白色,是主要的利用对象。②青玉,

可能用梅岭玉制作的良渚古玉器

也称灰绿玉，具灰绿色，且常夹杂有黑色斑点。③碧玉，呈绿到暗绿色，也时夹色深的斑点和条纹。除这三类外也还有少量的黑色墨玉。龙溪软玉至今没有很好开发。

（7）江苏溧阳梅岭地区。所产软玉在成因上与和田软玉近似，但主要组成矿物——透闪石普遍含钠较高，故当地软玉中 Na_2O 的含量常可达 4.26% ~ 6.47%，而在和田软玉中 Na_2O 的含量一般不大于 0.5。据此，有人建议把这里的软玉，称为"梅岭玉"。但在主要的物性特征上梅岭玉与和田玉无明显差异，平均相对密度为 2.98，摩氏硬度 5.5 ~ 6.0（与新疆软玉相比；相对密度稍高，硬度略低，质地较粗糙）。所产软玉主要有白－灰白色的白玉，和灰绿到浅绿色的青玉两种。梅岭玉近代发现于 1989 年，其矿藏规模尚未完全探明，故至今也未投入正式开发。然而经考证，人们相信，古代河姆渡文化、良渚文化等东南地区的早期文化中所使用的软玉，很可能主要来自这里。

（8）贵州罗甸地区。矿体呈似层状、透镜状和脉状夹于碳酸盐岩中。玉石主要为白色、灰白色和浅绿色，偶见青玉和浅褐色糖玉；近于不透明到微透明，个别半透明；抛光面多呈蜡状光泽，部分较好的可呈弱油脂光泽；有较明显的"瓷器质感"，温润感稍差。折射率 N=1.61 ~ 1.62，相对密度 2.77 ~ 2.91。主要组成矿物为透闪石，多呈粒径小于 0.01mm 的细小纤维交织结构，少数呈晶粒较大的柱状变晶结构，并夹杂有大斑晶。但总体说来质地细腻，常见有透明度较好的线状或带状由方解石细脉构成的所谓"水线"及燧石团块。

除上述 8 个地区外，在四川石棉地区还产有软玉猫眼，可作为台湾软玉猫眼的后续产地，惜因加工技术方面的一些问题，尚未能投入妥善开发。

5. 蓝田玉之谜

唐代著名诗人李商隐（约813—约858）写过一首极其著名的七律《锦瑟》，诗曰："锦瑟无端五十弦，一弦一柱思华年。庄生晓梦迷蝴蝶，望帝春心托杜鹃。沧海月明珠有泪，蓝田日暖玉生烟。此情可待成追忆，只是当时已惘然。"

该诗色彩浓丽，意境凄婉，博得了很多人的喜爱，被誉为李商隐的代表作，爱诗的无不乐道喜吟。然而，其内容却又扑朔迷离，寓意深长，千古以来号称难解。现在我们撇开诗中的寓意不谈，仅从字面上来考察它的第五、第六句。其实第五句"沧海月明珠有泪"，讲的是古人对珍珠成因的看法，认为珍珠是鲛人之泪变成的。第六句"蓝田日暖玉生烟"则是讲，产玉之地的蓝田在阳光下有烟气冉冉上升，原来古时人们认为宝物都有一种目力所不能见的光气或烟气，所以产有宝玉的蓝田会有烟气上升。

蓝田产玉在我国古代的相关著述中，曾多次提及，如比李商隐早一些时候，南北朝时期南梁的陶弘景（456—536）就曾谈到："好玉出蓝田及南阳徐善亭

唐代制作的金镶白玉手镯

部界中（指南阳独山玉——笔者注），诸处皆佳"。更早一些，东汉班固（32—92）撰的《汉书·地理志》中也写道美玉产"京北（指当时的京城长安）的蓝田山"。

然而，就是这个产有美玉的蓝田究竟在哪里？这个为古人所赞赏的蓝田玉又是一种什么玉？长时间以来却一直成为人们难以明了的历史之谜。

若纯从地名上考证，在今陕西省境内确有一个蓝田县。它位于今西安市东南约40公里处。然而，班固在《汉书·地理志》中却明明指出它位于当时的京城长安之北。考古资料证明，汉代的长安城位于今西安市西北。也就是说今天的蓝田县位于古长安城更远的东南方。这样一来，班固的京北蓝田山又究竟是指的哪里呢？令人迷惑的是，尽管在班固前后还有多人提到蓝田产玉，如在张衡（78—139）的《西京赋》里，在汉以后成书的《后汉书·外戚传》里，三国时成书的《广雅》里……都曾谈到蓝田产玉，但不知为什么它们都对蓝田究竟在哪里的问题讳莫如深，未予涉及。正由于这样，我国古代的著名科技专家明代的宋应星（1587—？），曾著有《天工开物》一书，书中曾详细记录了他从各地收集来的农工生产技术，其中就有关于和田玉的记述。可是就是在这本传世名著里，宋应星却一口否定蓝田产玉之说。他说："所谓蓝田，即葱岭（昆仑山）出玉的别名，而后世误以为西安之蓝田"。换言之，他认为蓝田玉就是和田玉。

1921年我国地质界前辈章鸿钊（1877—1951）在其所著的《石雅》中，也曾对蓝田玉之谜作了一番探讨。他认为"蓝田自周至汉，地临上都"是古代制玉之地，而非产玉之地，故宋应星之说有一定道理。但章鸿钊也认为，或许在古代蓝田曾产有玉，只因人们长期采掘，已无遗存，故后人才说蓝田不产玉。究竟是前说还是后说，章氏也未作肯定结论。

20世纪70年代以来，陕西省地质工作者为了发掘这一著名的蓝田古玉，曾在蓝田地区作了大量的地质工作，结果在蓝田境内找到了一种可用作玉石的蛇纹石化大理岩。他们认为这也许就是古代受到人们青睐的蓝田玉。在他们的启发下，当地人民很快办起了玉石雕刻厂，并正式以"蓝田玉"之名推销他们的产品。

用今"蓝田玉"制作的茶具

然而这新"蓝田玉"是不是古蓝田玉,却是颇有争议的。因为这种被今人称为"蓝田玉"的,其本质是一种大理岩,硬度很低,只有摩氏3～4级,且结构粗糙,透明度不佳,远非优质的玉石;如果从更严格的定义来讲,它只能算是彩石,而非玉石。这样的石料显然不会受到古人如此的青睐。因此,许多人相信蓝田玉应另有所指,也许就像宋应星所述的,它就是一种与和田玉相似的软玉,用其制成的玉器,在没有经过更详细更精密的测定之前,人们是无法区别哪个是和田玉,哪个是蓝田玉的。就像人们在河姆渡文化遗址、良渚文化遗址发现的古玉器在没有发现江苏梅岭玉之前,也一直被认为是用和田玉制成的一样。

另外,在周代成书的《尚书·禹贡》中载有最早的玉石产地,提到雍州产玉。雍州是古九州之一,辖区包括了今蓝田在内的陕西中部,甘肃东南部,宁夏南部及青海黄河以南的一部分,范围辽阔。这使人们猜想也许当年的蓝田要比今天的蓝田大得多,产玉之地已淹没在历史的尘埃之中。

蓝田玉究竟是什么玉?它又产在什么地方?看来要揭开这个谜底,尚待时日。

6. 评价软玉优劣的因素

软玉,在我国,由于有着深厚的文化底蕴,因此也一直深受人们的喜爱,尤其被收藏界所看重。在今天的玉石市场上,许多优质的软玉,在售价上已有

和田白玉仔料《代代封侯》,98.7 毫米 ×50.57 毫米 ×36.81 毫米（据城隍珠宝）

不让翡翠之势。

那么我们应该怎样来评价软玉的优劣呢？

一般认为评价软玉的优劣，应注意如下七点。

（1）首先是颜色。众所周知，在各种软玉中，最受人们喜爱的是白玉，其中尤以"羊脂白玉"最负盛名。对于白玉要求颜色越白越好，而且应该色正而纯，不带偏色，尤其不要带灰（俗称偏阴），也不要闪现有其他色调，否则都会影响其价值。总之，以色白如脂为最佳，微青或微黄次之，偏阴或偏红为下品。这里要注意的是，整体偏红不好，但若本身色白，而局部有些糖色，且俏雕安排得当，其价值常不跌反涨（糖色的存在被视为是仔料的标志，但要警惕是否是人工做上去的）。青白玉、青玉则色泽宜清宜淡；黄玉、墨玉以色泽纯正为佳。

（2）看光泽。软玉具有玻璃－油脂光泽，

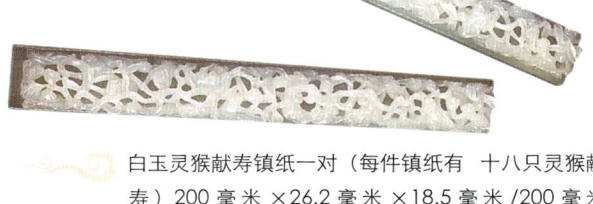

白玉灵猴献寿镇纸一对（每件镇纸有 十八只灵猴献寿）200 毫米 ×26.2 毫米 ×18.5 毫米 /200 毫米 ×26.4 毫米 ×17.9 毫米，参考价 28 000 ~ 34 500 元（据城隍珠宝）

当以近似油脂的光泽为佳。所谓羊脂白玉，不仅指其色白如脂，还指其油脂般的光泽。古人评玉，要看其"亮度"，实即光泽，并认为似有流动感水光为最佳，油光其次，蜡光次之，亚光最差。

(3) 看质地。质地的评价实际上包含了3个方面的内容。

结晶粒度 软玉多为隐晶－微晶结构。组成矿物的粒度大多在0.1，甚至0.01mm以下。当以结构愈细腻，愈致密，就愈好。结晶较大的所谓盐粒性，属于次品。结构的致密度反映在相对密度上也会略有差异。质地细腻的美玉和优质老坑玉，相对密度稍大，有明显沉手感；反之手感略飘（注意，这里是指白玉，而碧玉、黄玉等因物质组成有异，相对密度自然也会有所差别）。

粒度均匀度 好的软玉其组成矿物的粒度应该是十分均匀的，不应夹杂有颗粒较大的所谓斑晶，如有些俄罗斯软玉就有这种缺点。还要看有无夹杂透明度较差的石花、僵块和暗色的斑点，也不要有透明度偏好的水线、水露。另外，一种在雕琢时易成鳞片状碎裂起暴的质地也属下品。这种情况的产生，当与玉石内部结构不均一或存在较多微小绺裂有关。

物质组成 好的软玉具有十分单一的组分，它们通常属单矿物岩，即几乎全由透闪石或阳起石构成。但也有一些软玉会含有一定量的其他杂质矿物，这必然地会影响到软玉结构的均匀性，甚至引起其物性的轻微变异（如上述的僵块、水线等的产生，都与物质组成的变化有关），更有的会以硬度偏大的石钉（指如木中之钉那样的硬矿物），或其他瑕点、瑕斑的形式表现出来。

不过，应该指出，质地的好坏虽然包含了上述三个方面，但在评价时它们

白玉知足常乐牌（据城隍珠宝）

白玉长眉罗汉摆件（据城隍珠宝）

常常反映在光泽上，好的细腻、致密、成分单一、均匀的质地将决定它会具有油脂般的光泽，和恰到好处的透明度，也没有肉眼可见的瑕疵。

（4）看透明度。软玉的透明度大多不如翡翠，多为微透明－半透明。但尽管这样，透明度在软玉的评价中仍然是一个应予重视的因素。俗称有无"灵"性，即指其有无一定的透明度。透明度过高，有娇嫩感的不是佳品；透明度低又显干涩，所以较理想的是微透明到半透明之间的所谓亚半透明状态，并以如煮过的荸荠那样为最佳。若是不透明的像陶瓷一般的所谓"瓷"性、"石"性就很差了。

（5）看瑕疵。软玉的瑕疵主要有两种：一是前已述及的各种石花、石脑、僵块、石钉和黑斑；另一是大大小小的绺裂，尤其是肉眼即可看到的贯穿裂纹对品质的危害最大。当然，瑕疵愈多，玉质就越差。

（6）看大小。软玉除软玉猫眼外，一般不用于制作小型的首饰，故其大小的克拉之差（注意是指数值有限的克拉之差），常无足轻重，对其售价不会产生大的影响。但这并不等于说不重视其大小。事实上人们在划分软玉料石的等级时，块度的大小仍是重要的考虑因素。在其他品质因素相同时，块度大的比块度小的仍会具有较高的价格差。

我国新疆工艺美术公司曾大致根据上述因素，把和田白玉和青玉的料石划分为以下等级。

新疆和田玉料石分级及当今市场的参考价

品种	等级	等级标准	参考价（元/千克）
白玉仔料	特级	羊脂白色，质地细腻，滋润，无绺，无杂质，块重在6kg以上	80万~200万
	一级	色洁白，质地细腻，滋润，无碎绺，无杂质，块重在3kg以上	20万~100万
	二级	色白，质地细腻，滋润，无碎绺，无杂质，块重在1kg以上	5万~20万
	三级	较白，质地较细腻，滋润，稍有绺，无杂质，块重在3kg以上	1万~5万
	等外	凡颜色、质地，块重未达到以上标准的	1千~1万
白玉青白玉山料	特级	色洁白或粉青，质地细腻，滋润，无绺，无杂质，块重10kg以上	10万~50万
	一级	色白或粉青，质地细腻，滋润，无碎绺，无杂质，块重5kg以上	2万~10万
	二级	色青白或粉青，质地细腻，滋润，稍有绺，无杂质，块重5kg以上	1万~2万
	三级	色青白或泛白，质地细腻，滋润，稍有绺，无杂质，块重5kg以上	2千~1万
	等外	色白或青白，有绺，有杂质，块重3kg以上	5百~1千
仔青料玉或山料	一级	色青，质地细腻，无绺，无杂质，块重5kg以上	5千左右
	二级	色泽青绿，质地细腻，无绺，无杂质，块重在10kg以上	1千左右
	三级	青，质地细腻，稍有绺，有杂质，块重5kg以上	几百左右

注：表中的参考价是笔者根据当今的市场价提供的，仅供参考。

(7) 看做工。对于已雕琢好的成品来说，还有一个做工问题。关于这个问题，我们将在下一节中再作评述。

据此我们也可以把评价软玉优劣的 7 个因素归纳为 4C，2T，1L。所谓 4C，是颜色（colour），净度（clarity 即本文中的"瑕疵"），重量（这里我们借用克拉 carat）和做工（cutting）；2T 是质地（用结构 texture 替代）和透明度（transparency）；1L 是光泽（luster）。

7. 软玉的价格评估

和翡翠的价格评估一样，软玉的价格评估也是一个十分困难的课题，迄今还没有一个能被大家所接受的成熟方案。但为了能给我们的读者在购买软玉时有一个大致的参考，我们这里向大家

清代中期制作的白玉壶，高 12 厘米，质地极佳，做工精致

简略地介绍唐元骏教授在《珠宝首饰评估师》一书中提到的方案。

该方案基本上是建立在上述 7 个评价因素之上，并认为可按下述情况进行评估。

（1）颜色分为 4 个等级。羊脂白色为特级，对价值的影响是 90%～100%；洁白色为一级，对价值的影响是 80%～90%；白色为二级，对价值的影响是 60%～80%；较白或白中闪青绿，对价值的影响是 50%～60%。另外若有附加的糖色，可产生一定幅度的溢价。

（2）透明度分为 3 个等级。亚半透明为最优，对价值的影响是 100%；半透明次之，对价值的影响是 80%；微透明，对价值的影响是小于 60%。

（3）质地。方案虽然也指出不同的软玉会存在一定的结构差异，但未对质地差异所可能产生的价值影响提出意见。

（4）光泽。以具有羊脂般的油脂光泽为最佳，对价值的影响是 100%；若为玻璃光泽，则对价值的影响仅是 70%～80%。

（5）净度分为 4 个等级。玉质纯净，在 10 倍放大镜下不见瑕疵为"无瑕

级"，对价值的影响是 100%；玉质较纯净，在 10 倍放大镜下可见明显瑕疵，肉眼也可见少量瑕疵，无裂纹，为"微瑕级"，对价值的影响是 80%～90%；玉质不纯净，肉眼可见明显的瑕疵（石花、黑点）和裂纹，为"瑕疵级"；对价值的影响是 60%～70%；玉质极不纯净，肉眼可见极明显的瑕疵和裂纹，为"重瑕级"；对价值的影响是小于 50%。

（6）大小。该方案对这一因素，对软玉价值的可能影响未提出意见。

（7）做工。方案虽然也指出做工在软玉的价格评估中，占有重要地位，但也同时指出这是一个难度很高的问题，因此没有提出具体的如何确定其价值的意见。

综上所述，该方案虽然还有这样那样的不足之处，但它毕竟为我们在评估软玉的价格时，提供了一个思路。不过，需要补充的是，在上述方案中，对各因素的评价采取的是等价原则，即似乎各因素对价值的影响是均等的。而事实上却不完全如此，在这 7 个因素中，做工除外，人们最看重的是颜色、光泽和质地。如果整件软玉的价值是 100 分，那么它们将会占 70～80 分左右，其余 3 个因素（透明度、净度和大小）大致合占 20 分左右，尤其是大小，当它们相差不大时，是完全可以忽略的。

再来说说做工。软玉极少用于制作戒面等小型的饰品，而多用于雕琢挂件、佩件、玉器和摆件，所以做工的好坏对软玉的价值就会有较大的影响；而且做工的难度越大，影响也越大。也就是说，如果整件软玉制品的价值是 100 分，那么有些普通的挂件或玉佩的做工，只会占 20 分左右，但对于一些工艺水准很高、

白玉（据城隍珠宝）

左：白玉英雄牌（106.87 毫米 ×71.99 毫米 ×9.54 毫米）；
中：白玉龙凤璧摆件（直径 97.18 毫米，厚 14.72 毫米）；
右：白玉般若波罗蜜多心经牌（66.01 毫米 ×45.86 毫米 ×6.40 毫米）

制作难度很大的玉器来说,做工所占的比例可能达到60分以上,大大超过玉本身的价值。正因为如此,怎样评判做工的好坏就显得十分重要。需要注意的是,软玉制品的造型不同,在评判其做工时还常会有不同的侧重。现简述如下。

人物类 重点看身体各部位的比例是否协调,如进行夸张处理,则必须合理、得体。其中脸部最关键,要求脸型周正、对称、五官的布局合理,神态能传神。在石材上,脸部绝不应有色斑,更不应有肉眼可见的瑕疵等。

花鸟虫兽类 主要看重构图的意境,要求布局合理,层次丰富,又能突出重点,而且形象完美,神态生动;若有杂色相间,则看能否把它合理地利用,成为俏色。总之,让人看上去栩栩如生。

玉雕山子类 一般从四个方面评述。

首先要求层次清晰,景物的大小、远近透视正确,虚实感强。作品的细部安排细致,布局合理,主题突出。

其次雕琢手法细腻,浮雕、圆雕、镂空雕的运用配合得当,景物形象准确。

第三用料挖脏避绺恰当,俏色应用巧妙。

第四抛光亮足,板正而不走形。

玉器类 玉器的种类很多,评价的要求也会有所不同,现以较常见的瓶、炉、壶为例。这时可从以下方面着手评述。

首先器皿的造型要比例适当,对称性好,颜色一致。如瓶身与瓶盖要搭配得当、协调,否则过高过大的盖,会给人以头重脚轻的感觉;反之,过于粗大的瓶身,又会显得笨重不雅。

其次器皿的盖身制口(又称子母口)要严丝合缝,口沿不能有冲口和绺裂

故宫珍宝:清乾隆年制,白玉镂雕牡丹花薰,高7.5厘米,口径13.4厘米,足径8.3厘米

故宫珍宝:明万历年制,青玉寿字执壶,通盖高34厘米,通宽29厘米

等缺陷。

第三掏膛要厚薄得当，而且均匀，不留死角。

第四提梁和链环的制作难度很大。故器皿若有提樑，身价就会至少涨一成，有链环更会倍增几成。但它们都必须是在同一块玉材上制作而成，不准拼接。尤其是链环，每节环应大小、形状均匀一致，环环相扣，展开时能顺畅平展，无打结现象。

第五器表光洁一致，细腻平整。

最后，还要指出，软玉的价值，除了决定于上述的包括做工在内的7个因素之外，还会受产地和产状的影响。这是因为人们在各地所产的软玉中独崇和田，而在和田玉中又偏爱仔料。因此当其他评价因素相同时，若能证明确是和田所产，其价格就会高上一二成；若还能证明确是仔料，价格又能再增一二成。

8. 软玉的作伪处理

在上两节中，我们介绍了如何评价软玉的优劣，和怎样估价的问题，但在进行评价或评估之前，你必须首先确定，你手中的软玉是真正的天然软玉，没有经过人工的美化处理，更不是仿冒品，否则就没有任何意义。

软玉虽然不像翡翠那样有着众多的作伪手法，但也不是个个都"堂堂正正"、货真价实。其中最常见的作伪手法有以下几种。

（1）软玉以和田玉为贵，这就使许多人为了谋取高额利润，把其他地方的软玉（最常见的是俄罗斯玉、青海玉和韩国玉）冒充和田玉出售。下表是该四地白玉的简略对比，可供参考。应该指出这些差异对于具体的某块白玉来说并非都能清晰地看到，因此真的要区分它们，难度还是很大的，不要说初学者难

对比项目	新疆和田	青海	俄罗斯	韩国
颜色	羊脂白、白、微青白	常白中带灰或具轻微"米汤色"	白而不润，有"死白"感	白中带青黄
透明度	微透明到亚半透明	亚半透明，常见透明度较好的水线、水露	多微透明	多微透明
光泽	油脂光泽—弱玻璃光泽	蜡状光泽—弱玻璃光泽	弱玻璃光泽，略具瓷质感	弱玻璃光泽—蜡状光泽
质地	细腻、均匀	稍粗、均匀	较粗，时见斑晶	较粗
表面放大观察	抛光面呈似斑驳状		表面常见不规则凹陷圆圈，有橘皮效应	
矿物组成	透闪石为主	透闪石为主	透闪石为主	透闪石为主，但含微量透辉石、绿泥石

一些不法商贩将山料在滚筒里滚磨后，再用染料染出红皮的效果

仿清白玉鸭（注意眼圈的白色和胸部的类糖色都是人工做上去的）（据赵永魁）

以辨别，就是许多有经验的珠宝鉴定师，如果不动用精密的测试技术，仅凭肉眼，也往往很难作出明确的鉴定（有些人自称能够辨别，其实大多数也只不过是蒙人而已，他顶多只能说出一些似是而非的感性认知，拿不出任何能够证明他的判断的真正的过硬依据）。正因为如此，不久前，2003年，我国新颁布的《珠宝玉石国家标准》，就规定可以把不同地区产的软玉都称为"和田玉"。因此当有人向你推销和田玉时，就不要轻易相信那是真正的和田玉了。其实，我们应该树立这样的观念，在选购软玉时，把注意力集中在它品质本身的优劣上，而不管它究竟来自何地。因为，事实上，由于地质作用的复杂性，同一个产地的软玉，品质是不可能完全一样的，和田产有优质的玉，但也有品质不佳的玉；同样，在俄罗斯和青海也会有一些在品质上不逊于和田的优质玉。

（2）软玉，人们还崇尚仔料，这就使许多人又千方百计地用山料来冒充仔料。为此而采用的作伪手法是，先把料石在滚筒中打磨成类似仔料那样的鹅卵石形，然后再给它做皮，染上糖色。鉴别这种假仔料（俗称"磨光料"），首先看皮。软玉不同于翡翠，它的仔料一般没有厚厚的皮壳，仅是由于经历过漫长岁月的风霜，和外界铁质等的污染，会形成一层显示出比内囊相对粗疏，又具有不尽相同的糖色的皮（人们根据糖色的不同有所谓"黑皮、枣红皮、烟袋油皮、秋梨皮、鹿皮、芦花皮"等的不同称呼）。这些皮虽然薄，也还是有逐渐向里过渡的层次感，在放大镜下仔细观察，还可看到表皮上有许许多多细小的麻点，它是自然风化，晶粒脱落的结果；假皮则不然，它除了做上假糖色之外，其表面相对光滑，与内囊的质地没有可以辨识的差异；特别是人工做上去的假糖色，它将主要地分布于裂隙处或局部有坑凹的地方，而且很浅薄；真糖色虽然也会沿裂隙分布，但毕竟它是在漫长岁月中形成的，会扩散到更细小和更深的部位，可资区别。下表可作鉴别的参考。

特征	天然子料	仿子料
外形	自然卵石形，表皮有磨圆和自然磨蚀痕迹，常见各种裂纹，磕碰痕迹	表面凹凸不平或有蚀痕，外形过于完美，无绺裂、无磕碰、磨砂和抛光痕迹，残留几何外形
颜色	白色、灰色、褐黄色、灰绿色、灰青色、黑色等，红色极少，少数仔料有皮色，分布自然，沁色呈渐变过渡，呈松花状、水草状。有时一块皮上会出现多种颜色	颜色沿裂隙、粒隙分布，沿雕刻痕迹和棱线浓集，厚皮色过于浓艳，均匀；颜色分布具有强烈的反差，鲜艳的皮色下为浅色的漂白酸蚀层，呈白色或黄白色，类似于疆石。常见荧光反应。且皮色单一
硬度	表面硬度较高，一般大于7	硬度偏低，一般小于7
相对密度	一般大于3.0，有的可达3.1	一般小于3.0
光泽	各部分光泽无变化	有变化
玉石质量	相对较好，油润性较好，透明度略高	较差

要注意的是，除了这种仿仔料外，还发现有用贴皮拼合处理制成的料子。这种贴皮仔料因皮所占面积有限，而不引起人们注意，容易误认，但放大检查可见皮与主体分界清晰，紫外光下也可见界线处有不同于主体的荧光（注意主体常因打蜡也具有荧光）。曾经发现有的皮由染色的蛇纹石化大理岩构成。此时皮的硬度明显偏低，还可见有染色特征。

不过，话虽然这样讲，真的要区分它们两者，难度还是很大的，只有在不断的实际中去摸索，积累经验。所以，在你自己还没有把握区分它们时，最好还是请专职的鉴定机构进行鉴定，免得上当。另外，还要补充指出的是，做假糖色，并不限于在仔料的料石上，许多软玉制品，为了冒充是用仔料做出来的，也会被一些人作上假糖色。鉴别这种假糖色的方法，与上述相同。

（3）软玉，还常见有浸蜡处理。本来抛光后的玉器表面，再上蜡打光是一种习用的用于增加表面光洁度的传统手法，而且可以说是一道必要的工序，所以是被人们所接受的优化处理法。但问题是近些年来，人们为了让软玉制品有

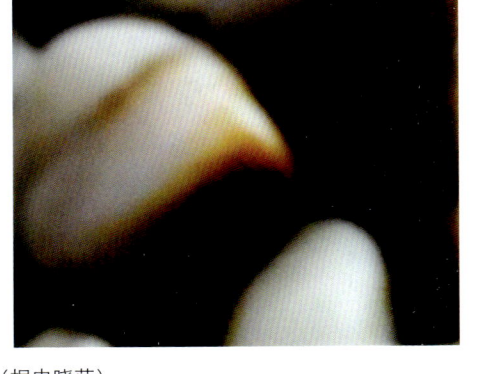

经人工打磨染色制成的仿仔料和田玉（据申晓萍）

更好的光泽，而改变了传统的上蜡打光的简单方法，采用了在一定温度和压力下，让蜡能更深入地渗入软玉内部的浸蜡方法。其结果不仅可改善光泽，还能起到部分地掩盖裂隙的效果。经这样处理的软玉制品，因蜡层较厚，有的可能污染包装物，使包裹物出现油渍；以及遇热可能会有蜡熔出。若用红外光谱检测，会有蜡的吸收峰等可资识别的特征。

（4）据最近的报道，有人发现，市场上还有经人工充填处理的软玉问世。这种制品的特征是：在长波紫外光照射下会显示中等强度的白色荧光，而正常的天然软玉是不会有荧光的；另外，它的相对密度也明显偏轻，一般只有 2.75 ± 0.15。

（5）软玉，还常见有所谓的"做旧"处理，以冒充古玉。关于这个问题，我们将在古玉中再予细述。

这里我们还要顺便指出，迄今软玉还没有人工合成品。

9. 常见的软玉仿冒品

软玉虽然有众多不同的品种，但最受人们青睐的是白玉，次为青白玉。一个优质的白玉小挂件（重不及10克）售价常可在数百到上千元。个体较大的白玉雕件，售价上万、几万，甚至上百万也不罕见。这就必然会吸引一些人，企求用一些低档的材料来仿冒白玉。其中常见的有以下几种。

（1）京白玉。也有写作"晶白玉"，是最常见的白玉仿冒品。所谓的京白玉，实为一种色泽纯白的石英岩。因最初来自北京西山，并曾因产地（西山属燕山山脉）而有"燕石"之名；后又因酷似白玉，遂有京白玉之称。不过，现在人们所说的京白玉，并不是来自北京，而更多是来自其他地区所产的白色石英岩。优质的京白玉与白玉十分相似，普通的爱好者甚难区分。但由于其分布甚广，产量众多，因此，其价值远比白玉为低。通常其制品只有几十到几百元。

京白玉雕琢的牛犊

鉴别京白玉,有一个相对容易掌握的方法,即硬度试验法。京白玉的硬度是摩氏7级,比软玉高0.5～1级。试验时可用紫砂茶壶作标准。软玉在紫砂茶壶上刻画,一般不会留下刻痕,或仅有极淡的细痕,而京白玉在紫砂茶壶上则可留下比较清晰的刻痕。另外,京白玉一般结晶颗粒较粗,具有明显的粒状结构,这与软玉的微晶或隐晶的纤维交织结构也明显不同。还有它的相对密度(2.65)、折射率(1.55)都比软玉低,据此均不难与真白玉区分。

(2)卡瓦玉。它和京白玉一样,也是一种白色的石英岩。为什么另起卡瓦玉之名,不详。

(3)硅灰石仿白玉。这是一种外观酷似白玉的硅灰石仿制品。硅灰石是一种硅酸钙矿物,化学式$CaSiO_3$,三斜晶系,晶体多为板状、板柱状,集合体纤维状,白色,玻璃光泽。用于仿白玉的硅灰石是其白色的微晶集合体,其透明度略高于白玉,硬度5.5左右,折射率$N=1.62$(点测),相对密度2.89。

(4)石膏仿白玉。石膏是一种较常见的含水硫酸钙($CaSO_4 \cdot 2H_2O$)矿物。其白色具细粒结构的集合体,外观酷似白玉,因此也被一些人用来冒充白玉。但其白中微带灰色,油脂-玻璃光泽,微透明-不透明,折射率$N=1.60$(点测),相对密度2.92。根据其易被小刀刻动的低硬度(硬度2),极易与真白玉区分。另外石膏因含有结晶水,在热和干燥环境下易于发生脱水,致使该玉石发生崩解,不宜久藏。

(5)阿富汗白玉。这是另一种常见的白玉仿冒品。它实际上是一种色泽纯白、透明度也较好的大理岩。尽管其玲珑剔透、色白如脂,美学价值不亚于白玉,但它却有着质软(摩氏硬度仅为3级)且脆而易碎的缺点,故价值也远低于白玉。鉴别阿富汗白玉也适用硬度试验法,由于其硬度很低,用小刀在隐蔽处轻轻一划就会留下明显的痕迹,而白玉则绝无可能。也可用稀盐酸进行点滴试验,滴上一滴,阿富汗白玉即会立即明显起泡,白玉则不会;阿富汗白玉在外观上还常可见有互相平行的薄层状构造(层面常有起伏),这也是白玉所少见的。在结构上它也具有粒状结构,而没有软玉的特征结构。还有它的相对密度一般较低,为2.70左右;折射率可波动于1.48～1.66的较大范围里。据此均不难与真白玉区分。

（6）汉白玉。汉白玉和阿富汗白玉一样，也是一种白色大理岩。只不过后者来自国外，汉白玉则是国产。与阿富汗白玉相比，它透明度稍差，因此它看上去不那么有"灵"气。他也一般不具有薄层状构造。在其他方面的性质上，则与阿富汗白玉相同，如它的硬度同样小于小刀，滴酸也会起泡。

（7）人工仿白玉。这是一种用乳白色微透明的人工玻璃做成的仿冒品。这种制品具有非晶质结构，在放大镜下找不到晶粒，在正交偏光镜下呈全黑（而软玉和其他仿冒品则呈全亮）。它的最大特征是，用放大镜仔细寻找时，常常可以发现有个别气泡的存在。这种情况在软玉中是绝无可能出现的。还有，它的相对密度（2.60±），折射率（1.52±）都明显低于白玉，但硬度（6.0±）则与白玉相近。要注意的是，这种用玻璃仿制的白玉，由于材料易于获得，因此它不仅可以用来仿制小型的白玉制品，也常常被用于仿制大型的白玉摆件。笔者就曾看到用这种材料仿制的重达10多千克的兽形玉件。这样的作品如果是真白玉，价值可能几十万到上百万。但因是玻璃仿制，其真实价格顶多千把元。因此如把它当做真白玉收进，其损失之大，可想而知。

白玉还可能与白独山玉混淆。但白独山玉具有细粒粒状结构，没有像白玉那样的纤维交织结构，再说它的价值也不低，因此一般不会用它来仿冒白玉。另外，有些色浅的岫玉也常用来冒充白玉，不过由于它没有像白玉那样的纯白色，所以它多用于冒充带有不同程度沁色的古白玉。鉴别此类仿冒品的较简单的方法是测试它的硬度。岫玉的硬度一般小于小刀，可被小刀划刻，软玉则不会。

用阿富汗白玉雕琢的白菜

白玉及其相似玉石与仿冒品识别特征简表

玉石名称	主要组成矿物	主要物性参数			主要特征	著名产地
		硬度	折射率	相对密度		
白玉（软玉）	透闪石～阳起石	6～6.5	1.62	2.90	微晶～隐晶的纤维交织（毛毡状）结构	新疆和田
京白玉卡瓦玉	石英	7	1.55	2.65	细晶，粒状结构	北京等地
阿富汗玉汉白玉	方解石	3	1.48～1.66	2.70±	细晶，粒状镶嵌结构	阿富汗北京
仿白玉	玻璃	5.5～6	1.52±	2.60±	非晶质，时有气泡	无特定产地
独山玉	斜长石等	6	1.57±	2.75±	细晶，粒状结构	河南南阳
岫玉	蛇纹石	4～5	1.56	2.57±	微晶，叶片状结构	辽宁等地
硅灰石	硅灰石	4.5～5	1.62	2.89	微晶，纤维交织结构	不详
石膏	石膏	2	1.60	2.92	细晶，粒状结构	多产地

软玉中除白玉外的其他品种，因大多价值不高，或有的（如黄玉等）虽有一定价值，但知名度不高，所以一般没有与其相当的仿冒品。

10. 古玉鉴赏简介

软玉在我国有着十分悠久的使用史，历代均有大量古玉器转辗流传下来。这些古玉器是我国古代文明的结晶，在我国的古文化中占有十分重要的地位。人们认为，研究和剖析这些古玉器，不仅有助于我们了解我国古代文明的发展，有助于分析其制作年代的社会制度、社会生产力的状况和社会生活，还能反映社会意识形态的变化，反映当时的宗教、习俗和礼仪等。因此，古玉器作为一种古文物，其价值是十分巨大的。其次，古玉器又是许多古艺人的呕心沥血之作，具有很

红山文化（公元前30世纪）的兽形玦，它与三星他拉玉龙有异曲同工之妙

元代的白玉十角杯，上有褐色沁（也称土沁）

金代（1115～1234年）制作的春水佩饰，它利用玉色本身的差异进行俏雕，具有很高的工艺水准

高的艺术鉴赏价值和收藏价值。再者，还有些人相信，佩带古玉，能护佑佩带者平安、长寿、健康（尽管这种看法并无科学依据，但作为一种习俗还将长期流传下去）。因此，古玉的投资与收藏，自古以来就一直是一种热门的时尚，被许多人所爱好。

应该说，古玉的投资与收藏属于又一个领域的范畴，它涉及更多的古文化内涵，这与我们这本以各种玉石为主要评述对象的书来说，很难给予充分的阐述。但为了便于读者了解，我们这里略作简要的介绍。

古玉，一般可分为两种：一种是自古传下来的未经入土的古玉，叫"传世古"；另一种是入土复出的叫"土古"。传世古一般保持原色，或因年代久远而色泽稍稍变暗。土古则除原色外，因受地下水土的影响和矿物质的渗染，会产生与原来颜色不同的附加色，称为受"沁"。沁色常因玉质本身和埋藏环境条件的差异而不同。前人对古玉有"九色十三彩"的评说。其中九色指原色，如白、青、碧、赤、褐、黄、黑、紫、灰等；十三彩指沁色。其实无论是九还是十三，在这里并不代表具体的数字，而是泛言其多。如红色，就有鹤顶红、朱砂片、胭脂斑、孩儿面、鸡血红等的差别。古玉受沁，其沁色往往呈斑点状、条带状或片状分布，此时以沁色越多越好，五光十色，光怪陆离，神秘莫测，价值也最高。事实上，沁色的多寡优劣，常成为古玉爱好者取舍的先决条件。人们有云："玉得五色沁，胜得十万金"，可见沁色对古玉鉴赏的重要。正因为如此，在古玉上做假沁，不仅现代十分常见，就是古代也不稀罕。据说，做假沁的现象至少可追溯到近千年以前的宋代。因此，怎样鉴别沁色的真伪，对古玉收藏、鉴赏来说是十分重要的。

土古出土后未作任何加工的，称为"生坑"。生坑古玉虽然保有沁色，但有些沁色不能给人以美感，相反却有脏等不雅的感觉。这就需要进行加工，细细琢磨，以去除脏色，称作"盘"。生坑古玉经盘后，呈现不同的面貌，谓之"脱胎"。脱胎后的古玉便是"熟坑"古玉。喜爱古玉者，生坑、熟坑各有所好，但若从研究的角度看，当以生坑古玉为佳。

古玉鉴赏，首推年代的判断。显然年代越久远，价值一般也越高。然而，古玉年代的鉴定却是最为困难的。可以说，迄今我们还没有一种可靠的科学方法来准确地判断古玉的年代。人们虽然已提出了几种可用于标定古玉器年代的科学方法，如碳14年代测定法、热释光年代测定法等，但目前也还只是停留在理论探索和试验阶段，尚不能真正付诸实施。除了有确凿年代记载的墓葬出土记录外，目前判断古玉年代的方法主要是看其形制、做工和所谓的"包浆"。形制指玉器的造型、纹饰、图案等表象，它们通常会随着时代的变迁而变迁。如前面我们曾经谈到的玉玦，就主要出现在春秋以前的制品中，后期就几乎绝迹。其他一些玉器也大多如此。再如，龙是我国古玉器常见的吉祥物，但随着年代的不同，它的造型特征也在不断变化。因此，了解这一演变趋势的研究者就不难据此判断其制作的年代。诸如此类，不一而足。然而，问题是玉器的形制是可以后期仿造的，所以这就给根据形制判断年代带来了极大的混乱。

具五彩沁色的汉代镂雕螭龙纹饰玉佩

古玉器的断代还可以根据做工的工艺来推测。大家知道，古代玉器的加工是在一缺硬器（周以前没有铁器，更没有金刚石工具），二缺乏高速机械的条件下进行的。因此，其加工工艺就与今天显著不同，有经验的研究者就可以根据加工时留下的蛛丝马迹，判断其制作的方法，进而大致地确定其制作的年代。然而，问题是仿古玉器不仅现代有人做，至少宋元以来也不断有人做；而且有些制作仿古玉器的人深知人们据此断代的思路，为了逼真，获取额外的利润，他们也常采用旧工艺来进行加工，致使人们难以分辨其真伪。

良渚文化的玉琮

判断古玉器的另一依据就是所谓的"包浆"。玉器年代久远，表面长期暴露在空气中，会受到水汽和氧气、灰尘等的作用而逐渐陈化；另外，玩弄玉器人长期不断地触摸、磨蹭，会使人体分泌的油脂残留在玉器表面，并与水、气、灰尘与表面共同发生作用，形成一层色泽与内部不完全相同的包层，称为"包浆"。一般认为，有包浆的玉器，说明其已经历相当的年代，属于古玉器。但现在已经发现，现代的技术可在短时间内制造一层假的包浆，因此，其鉴定意义也是值得怀疑的。还有，沁色也曾是被用来判断土古的依据，但我们已经谈到，沁色也是可以伪造的。一个典型的例子是，20世纪90年代，深圳海关曾破获一件重大"古玉器"文物走私案，经相关专家鉴定，确认其中有的属国家一级文物，有的属国家二级、三级文物。因此这一案件迅速升格为重大案件，公安部门立即投入大量人力物力进行追查，寻找这些"文物"流出的源头。经过一番艰苦的努力，公安干警终于在浙江某地的小村中找到了源头，逮住了售出这批"文物"的货主。但货主却竭力申辩，他卖出的不是文物，而是自己制作的仿古玉器。为了证明自己的无辜，他带着侦察员来到他的加工车间，并从地里挖出一件又一件的正在进行做旧处理的玉器。原来为了让他做出来的仿古玉器获得假沁和假包浆，他把已做好的成品埋在地里，并不断往那块埋有玉器的地，浇泼人尿、马尿、猪尿等；还有的则浸泡在咸菜缸里，经过若干时月，当把这些玉器从地里挖出来和从咸菜缸里取出来时，便可看到它们已变得

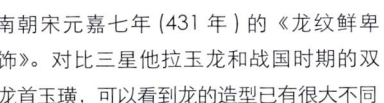

南朝宋元嘉七年（431年）的《龙纹鲜卑饰》。对比三星他拉玉龙和战国时期的双龙首玉璜，可以看到龙的造型已有很大不同

清代制作的松竹梅
银嵌白玉喜字粉盒

现代制作的子冈牌（5.3厘米×3.8厘米×0.9厘米）子冈是明代一个非常有名的玉匠，他死后历代都有大量仿他风格的作品

像是刚刚出土的古玉器那般模样，以至让一些专家也看走了眼。其实，在今天的古玉市场上，这远不是唯一的例子。据悉，在有些地方，仿古玉器的制作已成为一门很红火的产业。一件件让人很难分辨的假古玉，正在不断地流入市场。遗憾的是，由于这种古玉辨伪的困难，当今各地的珠宝检测机构都拒绝为古玉的真伪出具鉴定证书（但可为古玉的材质出证）。一些文物部门虽有的也能帮人进行鉴别，但他们大多只是作口头的咨询，不肯落笔，为的也是怕万一鉴定错误，要承担责任。

综上所述，古玉的断代问题是至今仍未得到妥善解决的问题，所以企望投资收藏古玉的读者必须十分谨慎。

古玉鉴赏另一要注意的因素是所用的材质。从迄今已发现的古玉器来看，古玉绝大多数是软玉和岫玉，也有独山玉、京白玉、绿松石等。显然这些不同的材质，其价值也不同。这里要再次强调的是翡翠。前面我们已经谈到迄今人们还未发现有明以前的翡翠制品，若有谁能有幸获得一块能可靠地证明是明以前的翡翠制品，其价值和意义当是不言而喻的。

古玉鉴赏的另一着眼点，是它加工工艺的艺术水准。毫无疑问，艺术水准高的，价值也就较高。尤其是那些能反映其制作年代最高水准的古玉，更是人们竞相寻觅的瑰宝。

11. 软玉的投资收藏要点

投资收藏软玉应注意以下几点。

(1) 软玉按其色泽的不同，可分为若干品种，其中白玉最具收藏投资价值（当然，极罕见的真正的红玉，其收藏价值不低于白玉），青白玉其次。色泽绚丽的黄玉和优质纯黑的墨玉也具较高的价值，最不值钱的是色泽偏灰偏青的青玉。

(2) 软玉在世界上有许多不同的产地，其中最受人们青睐的白玉主要来自我国新疆和田地区，以及我国青海、俄罗斯贝加尔湖和韩国。一般说来以我国新疆所产的白玉为最佳，最被人们所看重。因此市场上的白玉经销商，往往不管手中的白玉真的产自何地，都会以和田玉的名义出售。虽然从理论上说来，这四种白玉有着不尽相同的特征，但真的要靠肉眼来区分它们还是十分困难的。不要轻易相信那些夸夸其谈的所谓行家，他们常常宣称自己一眼就能够辨别，但实际上大多数只不过是蒙人而已。就是一些珠宝鉴定机构出具的和田玉证书，也不要信以为真，因为我们已经谈到，我国不久前颁布的《珠宝玉石国家标准》，允许把不管什么地方产的软玉都称为"和田玉"。鉴于此，笔者建议，我们的读者在选择白玉时，不必刻意追求一定是要和田所产，而应该把注意力放在对白玉本身品质的判别上。要知道和田玉之优于其他地方的玉，只是一般而言，实际上作为一种天然产物，在其他地方产的玉中，也有品质非常优良的，而和田却也会有一些品质不佳的变种。

(3) 人们选择白玉，还常常注重它是不是仔料，同等品质的山料，其价格往往不及仔料的一半。为了证明这个雕件是来自籽料，加工制作者常会留下一块皮，作为玉件的出生证明。而仔料的皮常表现为糖色，所以有没有糖色便被人们作为判断是否仔料的主要依据。然而，要警惕的是，现今市场上销售的带有糖色的白玉制品，其糖色大多是人工做上去的，因此必须慎加区别。

(4) 白玉迄今没有人工合成品，但除了有少数的经浸蜡或填充处理的美化处理品外，还有几种外观近似的廉价仿冒品。所以，购买时切勿被貌似的外表所蒙蔽。

(5) 一个值得注意的新趋势是，人们在选购软玉时，一改往日注重雕件的风气，而变为偏重原仔料。藏界流传有所谓"好玉不雕，雕必有脏"的谚语。特别是重在200克以内的小仔料，若无病，被称为"玩料"，常可卖出很好的价钱；而同等品质的仔料，若动过手，雕琢过，

白玉手镯

一块优质的白玉仔料

售价就会明显下落。

（6）软玉有着悠久的利用史，历代流传有众多的具有丰富古文化内涵的古玉器。投资收藏古玉器是当今社会的热门时尚，这使古玉器有着几倍甚至几十倍于当今玉器的身价。但是由于古玉断代上的困难，使古玉市场成为制假贩假的重灾区。人们估计，流传在市场上（包括一些收藏家的藏品）的"古玉"，十件中有一件是真古玉就很不错了。因此，如果你也想投资收藏古玉，切勿贸然行事，务必多向具公正立场的行家请教，免得吃亏上当。事实上，古玉断代的困难正影响着它在藏界的地位，以至出现有"旧不如新"的趋向。也就是说，一些在人们看来比较"大路货"的明清古玉，在售价上常常不及新品。

（7）和翡翠一样，软玉也以经常佩戴、经常触摸为好。通过佩戴和触摸，人体分泌的油脂会渗入玉中，使其更加滋润。软玉还不怕陈旧，愈是陈旧（只要不是有碍观感的污脏之色），愈显古朴，给人以年代久远的观感，身价反而愈加提高。

12. 软玉的供需概况

软玉，在世界上有着较多的产地，几乎可以说各大洲均可见其踪影。产出的丰富就决定了它的价值相对偏低。不过，软玉中的白玉，却远比其他品种产出稀少，迄今市场所见主要来自四个地方，即新疆昆仑山麓、青海祁连山麓、俄罗斯贝加尔湖地区和韩国春川地区；而最受人们青睐的白玉仔料，则几乎只产自新疆；再由于自古至今的历年不断的开采，使资源已濒临枯竭，所以就使白玉仔料从各品种软玉中脱颖而出，价格扶摇直上，从早先每千克几千元，上升到几万元，到现在为几十万元；而最优质的羊脂玉仔料更高达每千克200万元。

白玉仔料的供应市场，主要限于新疆和田一带，而且仔料的采集多属个人行为，并具有很大的偶然性，所以它始终不能形成规模生产，产量也十分有限。人们采集到的仔料，大多直接拿到当地的集市上，独自议价出售。

半山半水料，尤其是山料的开采则相对容易得多。虽然这里山势险峻，海拔较高，有的甚至在雪线之上，给开采带来很大难度，但毕竟由于矿石相对集中，允许人们进行集约开采。不过，开采者也多为一些小企业、小矿山，它们采集到的矿石则各自以批量供应的方式销售给二手商，或直接供应加工厂。需要指出，由于山料的售价远低于仔料，这使一些人常把山料人为地打磨成鹅卵石状，冒充仔料出售。

软玉一般不用于制作戒面石，多用于制作传统的玉雕器物或佩件，故加工的工艺要求相对较高。改革开放前，软玉的加工多由扬州、北京、上海等一些国营玉器厂进行。近些年来由于国营厂经营不景气，原国营厂中的许多名师巧匠纷纷自立门户或受聘于一些私营作坊，致使软玉加工呈现群雄逐鹿、百家争鸣的态势。不过，这些小厂小作坊仍主要集中在扬州、北京、上海一带以及河南的镇平，它们大多还不是软玉的专业加工厂，而是根据市场的供需情况，时而加工软玉，时而加工其他品种的玉石。还有安徽的蚌埠则是仿古软玉器件的主要加工地。

软玉在我国虽然有着十分悠久的利用史，但民间对软玉的认识远不及翡翠。这主要是由于软玉在传统上多用于制作玉器，用于摆设和陈列。器件的体积相对较大，价格也较昂贵，这对于当年生活水平普遍较低的广大民众来说，自然无法问津。改革开放后，随着人民生活水平的逐步提高，软玉，特别是用白玉或青白玉制作的佩件，也逐渐被人们所接受。但在 21 世纪到来之前，软玉的国内消费市场仍然十分狭小。在众多的珠宝玉器商店中，有的完全没有软玉商品的供应，有的也仅占据很小一个角落。若与翡翠、钻石、红蓝宝石等相比，更显冷落。对此情况，许多珠宝业者认为是十分不正常的，为了弘扬我国的玉文化，许多人为软玉的推广做了许多有益的工作。他们还建议把白玉定为我国的国石，

这个白玉锁片，颜色稍偏黄，但做工精湛

白玉《八角天观炉》陆志云设计，林道俊制作

做工精美的白玉仔料《茶壶》摆件，重76克，7.6厘米×5厘米×4厘米

以唤起民众对白玉的认识。2003年北京奥运会组委会，又选用和田玉中的青白玉制作2008年奥运会会徽玉玺。这就使和田玉在人们心目中的地位又上升了一个台阶。另一方面，人民生活水平的不断提高，也促使有更多的人把目光投向软玉，一些人更是不惜重金竞相争购优质的白玉制品。尤其是2005年以来，房市、股市的火爆，也带动了玉石投资收藏的新高涨，致使优质白玉的价格不断翻新，这就更刺激了人们的投资热情，呈现出一派红火的场面。

白玉仔料俏雕《连中三甲》摆件（左：正面；右：反面），重207克，11.5厘米×4.6厘米×4.3厘米（据城隍珠宝）

除我国大陆地区，白玉在我国台湾和日本也拥有较好的消费前景，其势头也不逊于我国大陆地区。但在欧美，除了少数雕琢精美的白玉或其他软玉器件外，其他则问者寥寥。

（三）南阳美玉——独山玉

1989年9月5日《人民日报》海外版刊出一则消息，标题是：河南"南阳采得特大翡翠"。看到这个标题，许多人都觉得非常奇怪，因为大家知

这件独山玉雕如果不作详细鉴定，你能知道它不是翡翠吗？（张云生藏品）

道，翡翠产自缅甸，我国境内并未听说有翡翠矿藏，现在怎么会在南阳突然采到特大翡翠？进一步了解才知道，原来是记者搞错了，把貌似翡翠的独山玉，当做真翡翠，才闹出了这个笑话。

那么这个貌似翡翠的独山玉究竟是什么呢？

1. 独山玉的基本特征

独山玉是一种产自我国河南南阳地区的玉石，并因产于南阳东北的独山而名。从地质矿物学的角度讲，它是一种"黝帘石化的斜长岩"；也就是说，它是由原来的斜长岩，在后期因受热水溶液的作用而发生黝帘石化的结果，所以它是变质作用的产物。

由于变质作用的不完全性，独山玉呈现为一种多矿物岩，即它不是以某一种矿物为主要组成，而是同时包含有两种或两种以上的主要矿物。其中最重要的便是斜长石（$CaAl_2Si_2O_8$）和黝帘石[$Ca_2Al_3(SiO4)_3(OH)$]，还有铬云母[$K(Al,Cr)_2(AlSi_3O_{10})(OH)_2$]也常是它的一种主要组分；除此之外，它还经常含有透辉石（$CaMgSi_2O_6$）、阳起石[$Ca_2(Mg,Fe)_5(Si_4O_{11})_2(OH)_2$]、黑云母[$K(Mg,Fe)_3(AlSi_3O_{10})(OH)_2$]，以及较少见的绿帘石、金红石、葡萄石、沸石、褐铁矿等。这些组成矿物的含量，会随玉石品种的变化而变化。如斜长石常可变动于55%～90%；黝帘石可变动于5%～70%；铬云母可变动于1%～15%等。

这些矿物通常以微晶粒状（粒度多在0.1～0.01mm）的形到半自形晶体，互相紧密镶嵌在一起，并构成大致等粒的粒状结构；不过有时也可看到，在这些细小颗粒之间夹杂有少量大颗粒的所谓斑晶，但斑晶通常已经破碎，形成了所谓的变余碎斑结构。

独山玉最常见的是具有斑杂状构造和致密块状构造，也有条带状构造或条纹状构造；偶尔还可见有交错条纹构造和放射状构造。

由于它的组成矿物比较复杂，就使它可以具有多种不同的色彩，如绿、白、红、黄、褐、紫、黑等，而且常常各色互相斑驳相杂。

矿物组成的复杂性，导致它的物化性质也会变动在一个较大的范围里。它一般呈现为半透明到近于不透明，玻璃－油脂光泽，并具有非均质集合体的光性特征，即在正交偏光镜下呈现为全亮。折射率变动于1.560～1.700；紫外光下一般呈惰性，无荧光，但也有一些品种，可以有微弱的蓝白色、褐黄色或褐红色的

独山玉的粒状结构

独山玉的构造

左：具条纹状构造的独山玉；右：具斑杂状构造的独山玉

荧光。查氏滤色镜下，偏蓝的绿色（由铬云母引起）会变红；偏黄的绿色（由绿帘石引起）基本不变色。硬度6～7；相对密度2.70～3.09,但大多在2.90左右；断口为不平坦状。

独山玉矿体大多(约70%)呈宽1米左右(最宽可达3～5米),长1～10米(最长20米）的脉状赋存于周围的变质火成岩中；此外也有少数呈透镜体状或团块状、网脉状产出。

作为一种玉石，独山玉在我国有着十分悠久的利用史。1959年在南阳黄山，就曾出土五六千年前新石器时期，用独山玉制成的玉铲、玉凿和玉璜。稍后，1976年在河南安阳殷墟妇好（商代武丁王的诸妻之一，距今3 000～4 000年）墓中，又发掘出有用独山玉制成的玉器。还有在独山脚下的沙岗店村曾发掘出一块石碑，上书"玉街寺"，相传这是汉代遗存下来的。它表明当时这里曾是加工、销售独山玉的重要场所。后来毁于三国时刘备与曹操的战争。《本草纲目》又曾引南北朝时南梁陶弘景(456—536)的著述说："好玉出蓝田及南阳徐善亭部界中，诸处皆善"。由此可见独山玉在我国历史上，曾长期占有重要的地位，是具有相当知名度的玉种。但在魏晋、南北朝以后，可能是因遭连年战乱的影响，以致逐渐走向衰落，直至淹没，所以到宋代人们已不再知道有独山玉，故当时成书的《本草图经》中说："今蓝田、南阳不闻有玉，唯于阗国出之"。这种状况一直延至清朝末年，才又有了独山玉的小规模的开采和加工。1949年后，独山玉的利用受到了有关部门的重视，1958年建立了专司采玉的矿山，并组织了专门的地质队对玉矿产地进行了详细的地质调查。从而为独山玉的利用开启了新的篇章。

2．独山玉的主要品种

独山玉由于组成矿物比较复杂，所以也有较多的不同品种。习惯上人们按颜色之不同对其进行分类。现简介如下。

绿独玉

左：富贵万年；右：童年的记忆（两者均为镇平玉神工艺品科研所制品）

(1) 绿独玉。是独山玉最重要的品种，有的可以具有十分好的绿色，而酷似翡翠，因而享有"南阳翡翠"之称。前面我们一开始讲到的被《人民日报》记者误认为是翡翠的就是这种绿独玉（翠绿种）。当时采得的那块特大型玉石，重达5吨多；同年早一些时候还曾采得另一块重3吨的大型绿独玉。但随着以后连年来的开采，这种优质的绿独玉已很少见。绿独玉在矿物成分上以斜长石为主，含量常达80%～85%，另含铬云母5%～10%，和少量的黝帘石、绿帘石、透辉石等。由于以斜长石为主要组分，所以它在众多品种的独山玉中以折射率（1.56）和相对密度（2.70）偏低为特征。其色除了艳绿色（与翡翠的艳绿色相比，它总是带有轻微的蓝色调）之外，更常见黄绿－灰绿色，并常夹杂有白色（白独玉）条纹。按颜色之不同可再分为"天蓝种"、"油绿种"、"豆绿种"、"麦青种"等。这些品种中除翠绿种外，以半透明的带蓝色调的绿色品种——天蓝种（也叫"天蓝玉"）为最佳。

(2) 白独玉。也是独山玉中的重要品种，通常呈白、乳白和灰白色，有的可以具有很好的似白玉那样的白色（但与白玉相比，它的透明度稍高，玻璃光泽较强）。在矿物组成上，也以斜长石为主，含量可高达90%，另含黝帘石10%～15%，以及少量的透辉石、绿帘石等。由于也是以斜长石为主要组分，所

白独玉《月夜抒怀》（镇平玉神工艺品科研所制品）

以它的折射率和相对密度与绿独玉相似，与其他独山玉相比也普遍偏低。白独玉也可再分为若干亚种，如色较洁白，透明度也较好的"透水白种"；色白，但近于不透明的"细白种"；色白，但不透明的"干白种"；以及色灰白－铁青色的乌白种等。其中一般以透水白为最佳。

（3）红独玉。一般呈粉红色或芙蓉色，故有"芙蓉玉"之名。罕见独立存在，多与白独玉呈渐变过渡关系，或与其他色共存，且常深浅不一。红独玉的红色一般认为可能来自金红石或部分含锰的黝帘石。

（4）黄独玉。通常具不同深浅的黄色、黄绿色、褐黄色或灰褐－暗褐色，其中常杂有白色或褐色的团块。团块与周围的颜色呈过渡关系。在矿物组成上，斜长石一般占70%左右，另含黝帘石和绿帘石25%～30%，以及少量的阳起石和榍石。其黄色可能主要来自绿帘石。根据颜色的差异又可再分为"黄玉种"和"褐

红独玉《蟾》（据玉仙工艺）

褐玉种《猪手》（陈明旭藏品）

紫独玉《牧童遥指杏花村》（镇平玉神工艺品科研所制品）

玉种"。

（5）紫独玉。呈浅紫、紫罗兰、绛紫到所谓红亮紫的独山玉，并常与暗绿和褐黄绿色相伴，或渐变过渡为白色。在矿物组成上以含有一定量（1%～5%）的黑云母为特征。人们认为它的紫色有可能就是来自黑云母。常按颜色的不同而分"紫色种"、"熟色紫种"、"红亮紫种"、"绛色种"等。

（6）青独玉。一般呈青色、灰青色、蓝青色，可以具有较大的块度，常呈块状或条带状产出，通常透明度很差，不透明或近于不透明，是独山玉中较常见的品种也是品质较差的品种。在物质组成上它与其他独山玉有着明显的差异，斜长石含量一般仅占20%左右，另含70%左右的普通辉石类矿物，及5%的透辉石；黝帘石的含量通常不超过1%，所以它实际上是一种辉长岩。在独山玉中它以具有最高的折射率（1.67～1.70）和最大的相对密度（3.00～3.20）为特征。

（7）杂色独玉。也称五花玉，是独山玉

绛紫色独玉《玉兔迎春》（镇平玉神工艺品科研所制品）

五花独玉《碗》（玉仙工艺）　　青独玉《薰》（杜心藏品）

中最常见的品种，表现为多种不同颜色，或呈条纹状、斑块状、斑点状互相掺杂、交集在一起。这种独山玉矿物组成最为复杂，且不均一，其中主要矿物斜长石，含量多在40%～50%；黝帘石含量也常在40%左右；另外常含绿－蓝绿色的铬云母5%～10%，黄绿色的绿帘石和透辉石5%～10%，粉红色的含锰黝帘石或金红石1%～5%，紫褐色的黑云母1%～3%；此外，还可能有黑色的角闪石，白色的沸石等。由于组成分的复杂性就使其不同部位的折射率和相对密度也会不尽相同，波动在一定范围里。根据颜色和花纹的不同，人们又将其细分为菜花玉、间彩玉、斑玉、黑花玉等。

3. 独山玉的品质评价

独山玉的品质评价大致可参考翡翠的品质评价来进行，也即可从4C（颜色、净度、绺裂和做工）、2T（透明度和质地）及1B（翡翠的1S在这里改为1B，即块度block），现简述之：

（1）颜色。独山玉色彩丰富，但以像翡翠那样的翠绿色为最佳，但它的绿色与翡翠相比，总是带有或多或少的蓝色调，当以蓝色调越少越好。除翠绿色外，粉红色的芙蓉玉和如白玉般的透水白也是独山玉中的优质品种。至于其他颜色的品种价值都一般较低，尤其是灰绿色（所谓咸菜绿色）的青玉，是独山玉中最低档的品种；杂色玉则要视俏色利用得是否巧妙，利用得好，价值也相应升高。

（2）透明度。独山玉的透明度，一般为半透明、微透明、近于不透明到不透明，当以透明度越高越好。

（3）质地（或结构）。独山玉一般具微晶等粒结构，结晶粒度在 0.1mm 以下。不过，优质的独山玉，应以颗粒更细小 0.05～0.01mm 为佳。具这种质地的玉石，致密细腻，抛光效果也好；反之，颗粒较粗，并夹杂有颗粒较大斑晶者，其质地便显粗疏，品质降低。

（4）净度。独山玉矿物组分复杂多变，这使它不仅会有多种颜色互相夹杂，也使透明度在同一块玉石中有不尽相同的变化。这些夹杂的颜色有时候就会以脏色、脏点的形式出现，成为玉中有碍观感的瑕疵。而透明度的变化则会表现为石花或僵块。此外还有白筋和夹石，以及一些后期在近地表环境下形成的褐铁矿，和来自外界的污物等，都是影响净度的因素。

（5）绺裂。独山玉的原岩形成于 4 亿多年前，以后又历经多次地壳运动的影响，所以构造裂隙较发育，成为影响玉石品质的一个不利因素。不过这种绺裂因形成日久，大多已闭合，危害程度不高。最忌讳的是在开采和加工过程中产生的裂隙，它们是开放型的，甚易使玉石彻底破裂。

（6）块度。独山玉除高档的翠绿色品种，和色深的芙蓉玉有用于制作戒面和小的挂件等饰品外，多用于制作玉雕器

绿独玉雕《花鸟》

杂独玉雕《福寿如意》（玉仙工艺）

件，所以在评价时，人们并不斤斤计较它的克重相差多少，而主要在意它的整体块度的大小。

当地的有关部门曾基本上按照上述因素把独山玉分为5个等级，如下表：

独山玉的工艺品级

品级	颜　色	质　地	块度（千克）
特级	色纯正，翠绿、蓝绿、淡蓝绿、白中带绿、透水白	结构致密，质地细腻，无白筋，无杂质，无裂纹	≥20
一级	色均匀，白色、乳白色、绿白浸染	质地细腻，无杂质，无裂纹	≥20
二级	色均匀，干白、绿中带杂色	质地细腻，无杂质，无裂纹	≥3
三级	杂色，但色泽较鲜明	质地细腻，稍有杂质和裂纹	≥1
等外	杂色，色泽暗淡	绺裂、杂质较多	≤1

（7）做工。独山玉因主要用于制作各种玉器和摆件，所以其做工的评价，可以参考前面我们在软玉评价中讲到的原则进行。唯一要注意的是，独山玉色彩丰富，故特别讲究俏雕。此时各种颜色利用是否巧妙，对作品的价值会有一定的影响。

4．独山玉的投资收藏要点

独山玉虽然具有十分悠久的利用史，是我国古代主要利用的四大种玉石（软玉、岫玉、独山玉和蓝田玉）之一，但近代因长期被淹没，所以在社会上知名

"九龙晷"是采用一整块独山玉雕刻而成，该玉雕长1 999厘米，宽110厘米，高80厘米，重360千克，其整体造型为椭圆，正面有九条形态各异的盘龙环绕在中间"日晷"的周围，底座用红木精雕而成，四周点缀着牡丹、荷花、荷叶以及浪花、祥云图案，与主体玉雕部分相互辉映，浑然一体

白独玉雕《春讯》　　　　　绿独玉雕《纵情天地》

度远不及软玉和岫玉,更不及翡翠,并被长期排挤在宝玉石的主流市场之外,因而也很少引起玉石爱好者和投资收藏者们的注意。这显然是很不正常的。

值得庆幸的是,从 20 世纪末以来,这一情况已有了一定改观。1999 年,在国石评比中,当地政府力推独山玉为候选国石,虽然最后未能获得评委们的支持,但却起到了扩大知名度的作用。同年澳门回归,河南省政府又向澳门赠送了大型的独山玉雕——"九龙晷"。这一经过精工细作的晶莹剔透、色彩艳丽的独山玉制品立刻赢得了国内外许多人的注意。于是这一度"养在闺中人未识"的独山玉也开始渐渐走红。以至在 2002 年北京珠宝展上,在独山玉的展位前,人头攒动,人们趋之若鹜,争抢不迭,场面火爆,显示出玉石收藏界的一些先知先觉者已把独山玉纳入他们的视线。

在这里,笔者也正要告知我们的读者,如果有可能,你也应该把独山玉纳入自己的视线,因为它未来的增值潜力一定会十分看好。这首先是由于它确实有一些非常好的品种,如像翡翠一般的翠绿种、天蓝种,还有芙蓉种、透水白等,均是不可多得的优质玉石。就是五花玉,虽然不宜用做首饰材料,但却是进行俏色玉雕的良好材料。更由于它的颜色十分稳定,千百年不会褪色,极宜收藏。其次,还在于独山玉是一种非常稀少,为我国所独有的一种玉石。迄今在偌大的世界还没有发现它的第二个产地。我们曾经谈到缅甸的翡翠在世界上是独一无二的,但事实上翡翠在世界上还有另一些产地,只是它们的品质不及缅甸而已。另外,缅甸虽然是优质翡翠的唯一产地,但实际上它却有着若干个位于不同地区的矿

独山玉产地——独山远眺

区,如除了著名的度冒——帕敢矿区外还有南奇矿区、后江矿区等。而独山玉却是真正的只有独一无二产地的玉石,迄今不仅在国内外未发现任何其他产地,就是在南阳它也只有独山这一个矿区。它孤立于南阳盆地之中,是一个方圆仅3.5平方公里、高出地面约200米的名副其实的独山。所以它的玉石储量十分有限,如果像翡翠那样千军万马齐上阵进行开采,估计用不了多少年,其资源就会濒于枯竭。物以稀为贵,到那时它的价值焉能不飞涨。

需要补充指出的是,1980年,人们曾在我国四川的宝兴地区发现一种与独山玉十分相似的玉石,并命名为"雅翠"。它也是一种黝帘石化斜长岩,故其主要由斜长石(但这种斜长石含钠比独山玉高)和黝帘石构成。只是它没有独山玉那样丰富的色彩,仅表现为在白色或灰白色的基地上,不均匀地散布着翠绿色斑点,且以不透明为主。由于其形成地质条件与独山玉不同,所以尽管矿物组成相似,人们并不视其为独山玉的另一产地。目前它的地质状况尚未完全探明,也未投入正式开发。

独山玉,由于至今不是市场上的热销品种,因此迄今为止还没有发现它有经人工这样那样美化处理的产品。虽然有一些与它类似的玉石,可能造成混淆,但只要稍加留心,要鉴别它们并不困难。

据报道,目前独山玉年开采量在100～200吨。加工制作多集中在南阳附近,尤以镇平最为集中,但多为家庭小作坊(它们大多不是专职加工独山玉,而是什么玉都做)。其中镇平县玉神工艺研究所是一个较著名的加工研究机构,其作品曾获得多次各种大奖。本文有些附图即来自他们的作品。

独山玉由于不是市场上的热销商品,所以除了南阳附近外,在各地的珠宝店里很难觅其踪影,即使有,也大多只有那么零星几件。

独山玉及其相似玉石鉴别简表

玉石名称	主要组成矿物	硬度	折射率	比重	主要特征	著名产地
独山玉	斜长石、黝帘石	6~7	1.56~1.70	2.70~3.09	微晶，粒状结构，色彩丰富	河南南阳
翡翠	钠铝辉石	6.5~7	1.66	3.33±	纤维交织或柱粒状结构，大多可见翠性	缅甸
软玉	透闪石、阳起石	6~6.5	1.62	2.90±	纤维交织（毛毡状）结构	新疆和田、俄罗斯
岫玉	蛇纹石	4~5	1.56	2.57±	微晶，叶片状结构	辽宁等地
蓝田玉	方解石、蛇纹石	3~4	1.56~1.70	2.60~2.90	不等粒粒状或叶片状结构	陕西蓝田等地
雅翠	斜长石、黝帘石	6~7	1.56~1.70	2.70~3.09	不等粒粒状结构，在白色、灰白色基地上有翠绿斑点	四川宝兴
乌兰翠	石榴石、透辉石等	6~7	1.70~1.76	3.50±	不等粒粒状结构，在正交偏光下局部全黑	青海乌兰

（四）玉衣原料——蛇纹石玉

1968年夏，在河北省满城汉武帝（前156—前87）的哥哥中山靖王刘胜及其妻窦绾墓中出土了两件金缕玉衣，引起了世人的瞩目。这两件玉衣保存完整，其形状如人体，各由2000多玉片用金丝编缀而成。每块玉片的大小和形状都经过严密的设计和精细的加工。这些玉片呈微透明到半透明状，白中透绿，具玻璃到油脂光泽，细腻滑润，甚是可爱。经科学家们的详细鉴定，发现其中除少部分为软玉外，绝大多数是所谓的岫玉。

巨型岫玉雕《江山多娇》高2.72米，宽2.51米，最大长7.34米，重12.5吨（岫岩满族自治县富裕玉器厂制作）

1. 岫玉的基本特征

岫玉是一种产于我国辽宁省岫岩县的著名玉石，也是我国历代使用很广的一种玉石。据考古资料，早在一万多年前的旧石器时期，岫玉就已被人们所利用。1983年，在辽宁海城小孤山古人类洞穴遗址中，曾发掘到有用岫玉制成的砍砸器，距今约一万年。到新石器时期，岫玉的利用更趋广泛。前面我们曾经讲道的我国已发现的最古老的龙形玉器——内蒙古红山文化的三星它拉玉龙也是用岫玉雕琢而成。

那么岫玉是一种什么样的玉石呢？

岫玉，从地质矿物学的角度讲，它是一种由蛇纹石为主要组成分的蛇纹石岩，所以应属于蛇纹石玉。

蛇纹石[$Mg_6Si_4O_{10}(OH)_8$]是一种镁质硅酸盐。它实际上是一族化学成分相似，但晶体结构不尽相同的矿物的统称。由于晶体结构的不同，使它的晶体也有不同的晶体形态，如有的具有似板状的晶体（称利蛇纹石），有的具管状或纤维状形态（称纤维蛇纹石），有的呈叶片状（称叶蛇纹石）等。种属的差异，还使它的晶体结构中，镁离子常常会被一定数量的铝、铁、镍、钴元素离子所替换，也有的会有铜、铬等的混入。这使它产生不同的颜色，如灰白、浅绿、浅黄绿、暗绿等。

岫玉，基本上由蛇纹石类矿物组成，蛇纹石的含量通常在90%～95%，所

岫玉雕《鹭鸶卧莲》显示出岫玉具有很好的透明度

以岫玉主要是一种单矿物岩。不过有时候它也会含有少量的透闪石-阳起石和绿泥石，还有方解石、白云石、菱镁矿[$MgCO_3$]、滑石[$Mg_3(Si_4O_{10})(OH)_2$]、水镁石[$Mg(OH)_2$]等。当后一些矿物的含量超过10%时，就形成了岫玉的变种，这些变种则属于多矿物岩。

岫玉按矿物组成的不同，可分为6个品种：①纯蛇纹石玉，蛇纹石含量大于95%，另含少量白云石、菱镁矿等杂质矿物。②蛇纹石玉，蛇纹石含量比前类较低，但仍大于90%，也含少量白云石、菱镁矿等杂质矿物。③透辉蛇纹石玉，蛇纹石含量仍大于90%，但含有约5%的透辉石，及少量的透闪石等矿物。④透闪蛇纹石玉，蛇纹石含量大于70%，另含20%左右的透闪石，及少量的碳酸盐和绿帘石等矿物。⑤滑石蛇纹石玉，蛇纹石含量可低至40%，同时可含有较多的滑石及少量的透闪石。此品种硬度低，抛光性能差，是岫玉中品质最差的。⑥绿泥石蛇纹石玉，蛇纹石含量大于65%，另含一定量的绿泥石和少量碳酸盐，硬度也较低，一般在3左右，也属岫玉中品质较差的品种。

岫玉雕《仕女》

已知岫玉的形成也与变质作用有关，系早期形成的白云质大理岩，因受到后期含硅热水溶液的作用而生成的。矿体呈不规则的透镜状、似层状、扁豆状产于白云质大理岩之中。已发现的矿体有近百个，规模大小不等，一般长30～80米，厚1～5米；最长者210米，最厚者28米。

 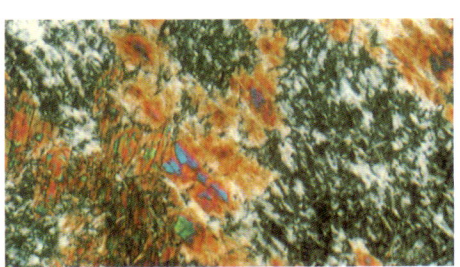

岫玉的显微结构

左：基本上全由蛇纹石微晶构成的鳞片状结构；

右：含有颗粒较大的辉石和闪石类矿物的似斑状鳞片结构

两块巨大的岫玉

左：1960 年发现的重 260 多吨的玉石王；
右：1997 年发现的重约 6 万吨的巨型玉体

岫玉一般为微晶质，并具鳞片状或纤维状结构；致密块状构造，也有斑杂状和条带状构造。

岫玉虽然最常见的是浅绿－浅黄绿色，但也可以有其他的颜色，已知的颜色有十多种，除浅绿－浅黄绿色外，也有绿、灰绿、暗绿、黄褐、黄白、蜡黄、棕褐、灰白、白、暗红、黑色等，以及杂色相间的所谓花斑色。它通常具有蜡状光泽到玻璃光泽，也有的具油脂光泽。透明度大多较好，一般为半透明到微透明，也有的可以达到亚透明或更好。人们发现它的透明度与矿物组成密切相关，蛇纹石的含量越近 100%，透明度就越高，但若含有较多的方解石、白云石等其他杂质矿物，透明度就下降。另外，透明度通常还不怎么均匀，时可见夹杂有透明度差的浅白色的"云朵"状斑。在正交偏光镜下，它呈现为非均质集合体的光性，即表现为全亮。折射率一般在 1.56～1.57。在紫外灯下呈惰性，无荧光；查氏镜下不变色。硬度 2.5～6，常见 4～5，因杂质矿物的变化而变化，含滑石和碳酸盐多时，硬度降低；随着透闪石、阳起石等含量的增加，硬度也增加。韧性中等，不及软玉和翡翠，折断后的断口呈参差状。相对密度 2.54～2.84。

岫玉，时而可以形成较大的块度。1960 年，在开采过程中曾从山头上掉下一块巨大完整的大玉块。它长 5.5 米、宽 4.5 米、高 2.52 米，经 700 个测点，2 400 个数据的精确测量计算，其体积为 106.8 立方米，总重 260.76 吨，号称"玉石王"。但若干年后，1997 年，在距玉石王发现地约百米处，人们又发现了另一块更大的玉石，它高 25 米，最大直径 30 米，体积约 24 000 立方米，估计重量约 6 万吨，比玉石王大 200 倍，命名为"巨型玉体"。

2. 其他蛇纹石玉

岫玉是一种蛇纹石玉。蛇纹石玉是一种分布较广的玉石，所以除了岫玉外，各地还有多种类似的蛇纹石玉的产出。

与软玉相似，各地所产的蛇纹石玉，虽然成因有所不同，但大致可以分成两大类：一类就如岫玉那样，是由含镁较多的大理岩或白云质大理岩，及其他富镁贫铁的岩石变质而成，因此它们相对贫铁，生成的蛇纹石玉颜色普遍偏浅，少见有黑绿和暗绿色的；另一类是由富镁、铁的基性或超基性岩变质而成。由于原岩含有较多的铁，就使这类蛇纹石玉颜色普遍偏深，常见有黑绿和暗绿色。如我国甘肃酒泉地区产的蛇纹石玉属之。

除岫玉外，我国产的蛇纹石玉主要有以下品种。

(1) 信宜玉。也称"南方玉"，产于广东省信宜县境，故名。这是一种与岫玉十分近似的蛇纹石玉，也主要是由白云质大理岩变质形成。通常呈黄绿色和青绿色，也有白色、浅绿色，和暗绿－黑绿等其他颜色，有的呈花斑状。组成矿物与岫玉相比，蛇纹石含量稍稍偏低，一般在85%~90%，白云石、方解石、滑石和金云母合计占10%左右，另还可以含有少量的绿泥石、透闪石等。信宜玉质地细腻，颜色比岫玉稍深，且常具美丽花纹，是我国所产的另一种较优质的蛇纹石玉。除被加工成各种玉器外，还常被用于制作玉石盆景（以绿色为叶，以浅色的为果），远销国内外。

(2) 酒泉玉。产于甘肃酒泉地区，是一种主要由基性－超基性岩石变质而

信宜玉雕《三帆龙船》

酒泉玉《夜光杯》

成的蛇纹石玉。除少数呈浅绿色和黄绿色外，绝大多数呈暗绿和黑绿色，且颜色甚不均匀，有深浅不等的条带和团块，以及颜色更深的黑色斑点。由于色偏深，所以透明度一般都不佳，只有磨制得很薄时，才有一定的透明度。酒泉玉因色偏暗，透明度不佳，故是一种很低挡的玉石，原先少有人问津。但该地人民利用广泛流传下来的唐代诗人王翰在《凉州词》中的佳句——"葡萄美酒夜光杯"，用酒泉玉制作了所谓的"夜光杯"。因其磨制得薄如蝉翼，而具半透明－微透明的透光性，且光滑细腻，既耐高温又抗严寒，斟烫酒不爆不裂，遇冰冻不炸不破；用毕，不必洗涮，只需轻轻擦拭，就可保持其天然的色泽，故深得人们的喜爱，年产上万只，远销海内外。

（3）陆川玉。产于广西陆川地区，是一种主要由基性－超基性岩石变质而成的蛇纹石玉。但蛇纹石含量相对偏低，一般只有55%～75%，另含一定量的绿泥石、滑石和透闪石；以及少量的碳酸盐等矿物。结晶颗粒也稍粗，为细晶质，粒度一般为0.2～1.0mm。根据矿物组成的不同可分为4个品种：①主要由蛇纹石组成，呈浅绿、黄绿到深绿色，微透明，质纯，较细腻，油脂光泽，是陆川玉中最优质的品种。②含绿泥石和少量滑石的蛇纹石玉，呈青绿到深绿色，微透明，玉质稍差。③含透闪石蛇纹石玉，呈青白到白色，略呈丝绢光泽，不透明，质地较粗。④滑石－绿泥石－蛇纹石玉，不透明、质软，不易抛光，是品质最差的品种。陆川玉从20世纪70年代开始利用，规模一直不是很大。

一块优质的昆仑玉料石

（4）昆仑玉。产于新疆昆仑山地区，并经常与和田玉伴生，有的更是紧密共生，因此早期曾作为开采和田玉山料的副产品问世。20世纪80年代以后，方有独立采掘。

昆仑玉以暗绿色为主，也有淡绿、淡黄、黄绿、灰及白等色，还有的绿中伴有褐红、黄红、白、黑等色；多呈半透明至微透明，油脂或玻璃光泽。组成矿物中除蛇纹石外，也常有些许磁铁矿、钛铁矿和绿泥石。

有些优质的昆仑玉可以与岫玉十分相似。

(5) 台湾玉。产于台湾花莲县境的蛇纹石玉，属于基性－超基性岩石的变质产物，故常含有铬铁矿、铬尖晶石、磁铁矿、石榴石及绿泥石等矿物，具草绿－暗绿色，并常夹杂有黑点和黑色条纹，油脂或蜡状光泽，微透明，硬度 5.5 左右，相对密度 3.01 左右。台湾玉大约在 20 世纪 40 年代末开始开采，兴盛时年采掘量约三万吨。

绿黄色的朝鲜玉料石

除上述产地外，我国还有多个蛇纹石玉产地，如四川会理，山东莒南、北京十三陵等。但由于这样那样的原因，它们都没有被充分开发利用，外界很少知道。

在国外，蛇纹石玉也有多个著名产地，现择其要者，简介如下。

(6) 威廉玉。产于美国宾夕法尼亚州，是一种主要由含镍蛇纹石组成，并含有铬铁矿、水镁石的蛇纹石玉，故也称之为"含镍蛇纹玉"。通常具浓绿色，并伴有铬铁矿的黑色斑点，半透明到微透明。微白色的水镁石则通常呈脉状或云朵状疤块产出。硬度 4，相对密度 2.6 左右，在长波紫外光下有弱的浅白绿色荧光，是区别于其他蛇纹石玉的一大特征。

(7) 鲍温玉。主要产于新西兰南岛，故也有"新西兰绿色石"的称呼。类似玉石也产于美国、阿富汗等地。这是一种半透明的，通常都含有磁铁矿和铬铁矿斑点的绿白色、微蓝绿色或深绿色的蛇纹石玉，故其相对密度一般较高，大多可达 2.8 以上，硬度也较高，常在 5 左右。

(8) 朝鲜玉。产于朝鲜，通常具较鲜艳的浅绿白色－黄绿色，透明度也大多较好，多为半透明，甚至亚透明，质地细腻，故有"朝鲜翡翠"的别称。硬度 4～4.5；相对密度通常略高于其他蛇纹石玉，为 2.7～2.8；是一种优质的蛇纹石玉，和我国产的岫玉类似，也常见夹杂有透明度差的云朵状白斑。

(9) 蛇纹石猫眼。已知来自美国马里兰州和加州，其中加州产的也被称为"加利福尼亚猫眼"，是一种由蛇纹石的纤维状晶体平行排列所组成的玉石，通常呈微灰到微绿蓝色，或浅绿－绿色，微透明，丝绢光泽，可磨制成具猫眼效应的凸弧面形宝石。

3. 蛇纹石玉的品质评价和做假

岫玉，由于玉质远不及翡翠和软玉，且储量丰富，不仅本身产量丰富，又有众多与其类似的蛇纹石玉产地，所以其身价普遍不高。以岫玉手镯为例，即使用最优质的岫玉制成，其价格一般也就200～300元，普通的岫玉手镯通常都不超过百元。

由于价值不高，因此人们对其品质优劣的评价也不那么讲究。一般说来，只要颜色艳丽喜人，质地致密细腻，有一定的透明度，抛光效果良好，无裂纹，就属于优质玉石。据此，人们曾根据这些要求，把岫玉（包括其他蛇纹石玉）料石分为4个等级：

岫玉料石分级表

等级	块重（kg）	技 术 要 求
特级	≥50	深绿、黄红或绿色，透明、悄色分明，稍有绺和杂质
一级	10～50	深绿、绿、红黄绿色，透明、悄色分明，稍有绺和杂质
二级	5～10	绿色、黄绿或其他均匀颜色，微透明～半透明，无碎绺，稍有杂质
三级	2～5	颜色和杂质不分，色泽较好，透明度不强，无碎绺，能作10厘米以上小件

用血丝玉仿制的古玉器

至于成品，除同样需考察这些要求外，还要考察它的做工。岫玉价值不高，虽也有用于制作项珠和手镯，却没有用于制作戒面、耳钉等高档饰品。通常它的最重要用途是制作各种不同大小的玉器、摆件。评价这些玉器、摆件的优劣，可参考我们在软玉中已经介绍的思路来进行。

为了能获取超额利润，一些人也挖空心思对岫玉及其类似的蛇纹石玉进行他所希望的"增值"处理。其中最常见的有以下两种。

（1）染色处理。岫玉染色，最常见的有两种：一种是染成似绿松石的蓝色，以冒充绿松石。由于绿松石多为不透明，故用于制作这种假绿松石的岫玉也都是不透明的低档石料。要鉴别这种假绿松石并不困难，因为绿松石与蛇纹石玉在物化性质上有着明显差异，如折射率，绿松石是1.61～1.65，蛇纹石玉是1.56～1.57。再一种是染成红色用于制作所谓的"血丝玉"。后者一般制成手镯，或古玉器，在染色之前还要先进行

这件仿汉的双龙玉佩,如果不事先告知,真很难看出它是现代仿制的(据赵永魁)

适当的淬火处理,以使其产生众多的细小绺裂,然后让红色的胶液渗入这些绺裂中,使人看上去好像布满了红色的血丝一般。由于在自然界客观上并不存在血丝玉(有些出土的古玉会有类似的血丝状的沁色,但如果有的话也只是局部,不会是整体),所以如果看到这种制品,你就应该知道,它是人工处理的结果。

(2)做旧处理。岫玉虽然价值不高,但却是我国历代广泛使用的主要玉石品种之一,所以历代都有众多的岫玉或类似的蛇纹石玉制品流传下来。显然对于这类制品,其文化内涵的价值将远胜于玉石本身的价值,以致一件普普通通的岫玉质的古玉器也价值不菲。这就使一些人也想方设法希望把手中的岫玉制品,制成可以乱真的假古玉。为此他们除了一方面在玉器的形制上,尽力仿造之外,另一方面也对已制成的玉器进行所谓的做旧处理。其中最常见的是"烟熏"处理,让玉器表面因烟熏而产生一层烟灰色的附着物,仿如历史的沉淀。为了做得更能乱真,有些作假者还在烟熏之前,先进行局部的染色处理,以冒充古玉的沁色,然后才进行烟熏,使沁色也蒙上一层烟尘,让不明真相者信以为真。除烟熏外,岫玉做旧也有采用酸蚀处理。酸蚀所使用的酸,既有用弱酸,如梅杏干液,也有用超强的氢氟酸。由于酸蚀程度的不同,有些经酸蚀的岫玉看上去很像出土古玉中的所谓"鸡骨白"(古玉因受火烧或地下水的腐蚀,而发生某种

红山文化的岫玉雕《太阳神》

仿汉代的岫玉质玉璧

部分鸡骨白化的岫玉质古玉璧

程度的变质，白化后的产物之俗称）。为了尽量做的可以乱真，用于做旧的玉，一般都不是好玉，而是选择有绺裂，有杂质的玉。这种玉质地粗糙，软硬不匀，这使做上去的沁色，深浅不一，色泽不同，深入内部，就可取得较逼真的效果。总之，不论是烟熏还是酸蚀，要鉴别它们确是一件十分困难的任务，并已脱离宝玉石鉴定的范畴，而更多地属于文物鉴定的范畴。

4. 蛇纹石玉的投资收藏要点

我们已经谈到，蛇纹石玉的价值不高，而且因产地众多，储量丰富，所以它虽然也会随着时间的推移有所增值。例如最近2007年10月23日《中国黄金报》的报道说，1997年信宜玉原料大约每吨6 000元，现在已涨至每吨4万元。其他地区的蛇纹石玉也大致如此。总的说来，增幅不是很大，与翡翠、白玉的增幅相比，真可说是小巫见大巫，所以不是十分理想的投资品种。

不过，作为一种玉石，一种具有美学装饰意义，和曾经在我国历史上被广泛使用的玉石，它还是有一定的收藏价值和使用价值的。尤其是近些年来，中国宝玉石协会曾组织各地的多名专家进行"国石"的评选，其中岫玉就曾被选为两玉（和田玉、岫玉）、四石（寿山石、青田石、昌化石、巴林石）六大候选石之一，因此其投资收藏价值自然也较其他产地的蛇纹石玉更胜一筹。

蛇纹石玉的使用和收藏要注意以下几点。

（1）蛇纹石玉产地众多，就像软玉以和田为贵一样，在众多蛇纹石玉中岫玉最受人们青睐。尤其是那些颜色艳丽喜人，质地致密细腻，有一定的透明度，抛光效果良好，无裂纹的优质岫玉；以及那些拥有在岫玉中相对少见的红色、橙色和蓝绿色的品种，当是人们投资收藏岫玉的首选。

(2) 蛇纹石玉（包括岫玉）除了也有用于制作手镯和项珠外，很少用于制作其他高档首饰；即使是手镯和珠链，其市场售价也都十分有限。因此为了提高它的身价，人们通常会把它雕琢成各种玉器。这时候，它们的投资收藏价值，就更多的是着重于对此类作品的工艺美术价值的评价上。换言之，在评估某一件此类玉雕制品的价值时，石质的优劣所占的相对密度是十分有限的，有的甚至可以忽略不计，重点则在于作品的艺术价值上，在于它的做工是否精细、构思是否巧妙、布局是否合理、意境是否深远，还在于作者的声望，制作的时代背景等的艺术和人文因素。也就是说，在某种程度上更类似于书画一类艺术品的投资收藏价值。

辽宁省人民政府赠送澳门特区政府的礼物——岫玉雕《九九月圆图》（李洪才设计、指导，林玉森制作）

(3) 蛇纹石玉由于产量丰富，玉质存在硬度偏低、韧性较差的缺陷，致价值不高，因此为了获取额外利润，一些非法商人，尤其在一些不规范的旅游点，常用它来冒充翡翠或软玉等高档玉石，所以我们的读者一定要小心，不要用大

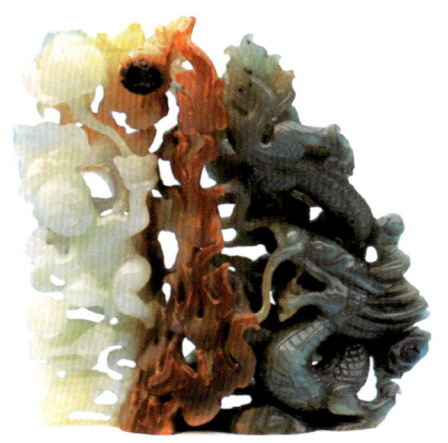

精美绝伦的岫玉俏雕

岫玉手镯，像这样的手镯，目前的市场价每只在 100 ~ 200 元

价钱把它当做高档玉购进这种相对廉价的制品；更要警惕的是防止购入今人用此类蛇纹石玉制作的假"古"玉器。

（4）蛇纹石玉硬度不高，易受硬物的磨损，所以无论是使用或收藏都切忌与硬物接触。在韧性上它也不及软玉和翡翠，相对易折断，因此也要谨防跌落。收藏时宜用软布或其他柔软物包裹，置于可固定位置的盒内，防止因震动而使其发生破裂。

（5）蛇纹石玉因主要组成矿物——蛇纹石是一种含有羟基根（OH）的层状硅酸盐；此外蛇纹石玉中常见的杂质矿物——滑石、水镁石、绿泥石等也都同样含有不同数量的羟基根。羟基根在矿物学中也被称为结构水。大量的实验研究证明，这种结构水不能耐受高温的烘烤，一般温度达到 300 ~ 900℃时（不同的矿物，因结合力不同，逸失的温度也不同），它就会变成水汽逸失，使晶体的晶格瓦解。所以蛇纹石玉制品的收藏一定要注意避免高温。特别是长期的灯光或阳光的照射，对它十分不利。如果由于陈列的需要，可在它的制品边上放一杯水，以增加周围环境的湿度，达到缓解结构水丢失的几率。

最后，顺便指出，近些年来，人们还风行用岫玉制作玉枕。据说这种玉枕具有冬暖夏凉的特性，而且它所含的微量元素与矿物的晶体结构可能对人体有益，起到稳定血压、镇静安神、促使气血流畅、脏腑安和的作用。有人对岫岩县一个小镇 234 人使用玉枕的跟踪调查，证明对高血压等症确有一定的疗效。不过，玉枕是否真的有此疗效？应该说上述调查仅是一种统计结果，并无科学的验证。这里仅录以供读者参考。

（五）五彩之石——欧泊

在瑰丽的珠宝世界中，欧泊是最奇异、最具魅力的一种玉石。它那缤纷的可变幻的色彩，使每一个看到它的人都会爱不释手。

早在公元纪年之初，博学的罗马学者普林尼（23—79年）就这样赞美道：它具有"红宝石的火、紫水晶的亮紫色及绿宝石的绿色，所有色彩不可思议地联合在一起发光"。罗马人把欧泊石视为爱神丘比特之子，并尊它为希望和纯洁的象征；还认为它能使佩戴者防病祛灾。诗人杜拜则赞美道："当自然点缀完花朵、给彩虹着上色、把小鸟的羽毛染好的时候，它把从调色板上扫下来的颜料浇铸在欧泊石里"。智者奥海儿则称赞道：欧泊石"用快乐充满了众神之心"。阿拉伯人则相信，欧泊石是从闪闪发光的真主神殿掉下来的，所以它才具有神奇的颜色。正因为人们对欧泊石有着这样那样的许多美好的想象和赞语，故欧泊石一直是许多人热情追求的对象。

1. 色彩变幻的欧泊

那么欧泊究竟是什么呢？它为什么会有如此神奇的色彩？

欧泊，在矿物学中叫做蛋白石。这是因为当它没有那种奇幻色彩时，外观很像是凝固了的蛋白。蛋白石中凡具有宝石学价值的，被称为"贵蛋白石"或欧泊石（英文为opal，音译为欧泊）；也有人称其为"澳宝"，这是因为澳大利亚是当今世界上欧泊石的最重要产区，而"澳宝"与"欧泊"又读音相似；在香港，人们又称其为"闪山云"或"闪山石"，以及"月华石"、"五华石"，显然都来自对其变幻色彩的描绘。

在化学成分上，欧泊石与水晶是近亲，以二氧化硅为主要成分，但含有不固定比例的水，化学式为 $SiO_2 \cdot nH_2O$。与大多数宝玉石不同的是，它不具有晶体结构，是一种非晶质的胶体。

胶体对于我们来说，其实并不陌生，我们日常生活中碰到的牛奶、豆浆、肉汤等就是一种胶体。在胶体中，组成

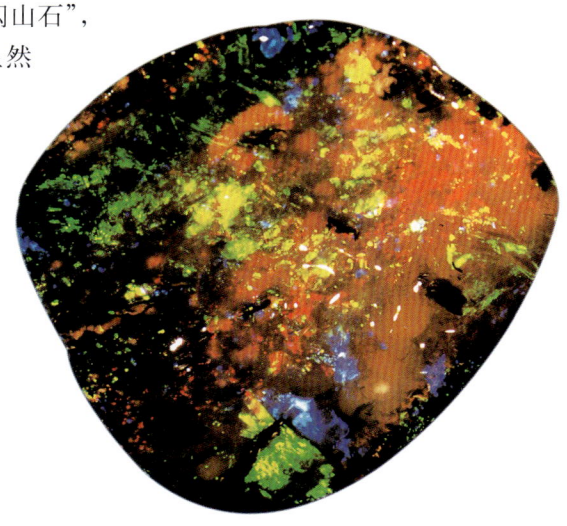

美丽的五彩缤纷的欧泊（据杨茉）

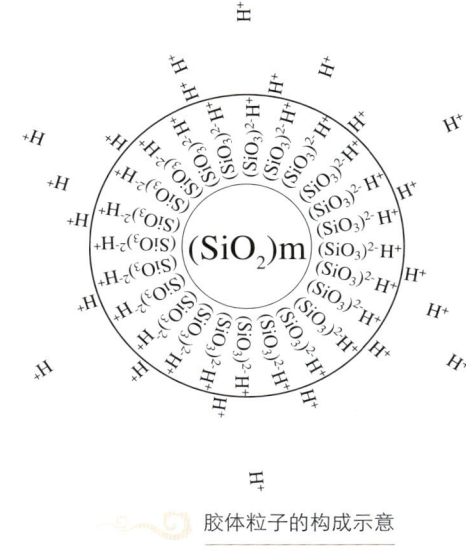

胶体粒子的构成示意

物质的质点由于表面吸附有带电离子，所以互相排斥，不会凝聚在一起。事实上，欧泊石就是由这种球状的粒子紧密堆积而成的。而在牛奶、豆浆中，胶体球粒则是分散在液体中。

研究表明，正是欧泊石的这种特殊的结构，决定了它所具有的变幻的色彩；而且小球的直径和观察的角度还直接决定了它的色斑的颜色。当小球的直径明显大于可见光波长时，可见光将直接通过它，就不会产生色彩，于是我们看到的便是普通的蛋白石。当小球直径明显小于可见光波长时，可见光将大部分被挡在石头之外，仅有少量散射光，于是欧泊石便会呈现出淡淡的蓝色乳光（天空所以呈现蓝色也是由散射光引起）。只有当小球的直径与可见光波长相近或略小于可见光波长时，部分透过的光会互相干涉（雨天，

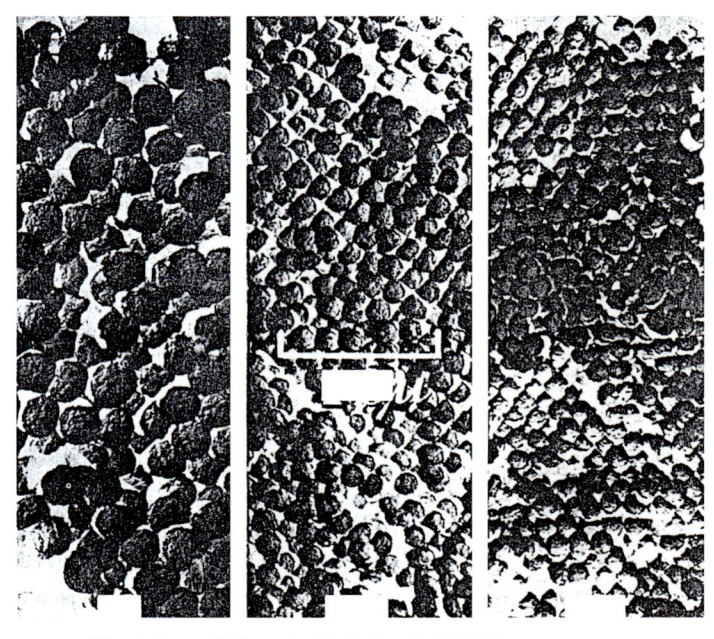

在电子显微镜下看到的欧泊石的球状结构

左边的球粒较大产生红色；中间的产生绿色；右边的产生紫色

路上的油花之所以呈现出虹彩，也是光互相干涉的结果），使某些相关的色光得到加强，从而产生相应的颜色。由于天然欧泊石中，二氧化硅小球的堆积不是完全均一的，有的球体大一些，有的小一些，因此便产生了不同的色斑；再则观察视角或入射光角度的变化，也会对光的干涉作用产生影响，致使我们看到的颜色发生变幻。对于欧泊石的这种光学现象，人们称之为"变彩"。

欧泊石的颜色，除了这种纯粹光学效应引起的变彩之外，还有来自其本身的体色。根据它体色的不同，一般将其分为三类，即一种以白、乳白、灰白等浅色调为主的"白欧泊"；一种以黑、灰黑、深蓝、深绿等暗色调为主的"黑欧泊"，以及一种以橙黄、橙红、红棕等偏红色调为主的"火欧泊"。另外，不久前人们在南美洲的秘鲁发现一种蓝色的欧泊，它应该属于三类之外的独立一类。

欧泊石由于是一种非晶质的胶体，所以它不属于任何晶系，并具有光学均质性和单一的折射率。但其折射率会因含水量的变化而变化，含水量多则趋低，反之趋高，一般变化于1.37～1.47。同样，相对密度与硬度也受含水量的影响，含水多则相对密度偏低，硬度也降低，反之则升高。一般其相对密度介于2.06～2.23，硬度为5.5～6.5。具有玻璃到树脂光泽。在紫外光下，大多可发出中等强度的荧光，有的还可以有磷光。欧泊石的最大弱点，是由于它含水，而且它所含的水是属于所谓的吸附水。这种水比结构水（如蛇纹石中的水）、结晶水（如石膏中的水）更容易受热丢失。所以它怕热、怕曝晒，这会使它脱水、干裂，严重时会完全失去变彩。它还相对较脆、易碎，也会被酸所侵蚀。

欧泊石在西方，由于人们一般并不区分宝石和玉石，所以一直把他视为是一种可与红蓝宝石、祖母绿相比肩的贵重宝石。在我国，由于迄今在国内还没有发现有欧泊产出，在漫长的历史时期里也基本无人知悉欧泊，更不用说把其

白欧泊

黑欧泊

火欧泊 　　　　　　　　　蓝欧泊

作为玉石来利用,所以习惯上也不把它视为玉石。但从今天宝石学中关于宝石和玉石的定义出发,由于它不像红蓝宝石、祖母绿那样是由矿物的单晶体构成,而是由非晶质的胶体球粒集合组成,所以应把它划入玉石的范畴。故我们也将其纳入本书之中。

世界上,欧泊石的最重要产地是澳大利亚。它占有世界欧泊石产量的95%。在这里,欧泊石一般呈细脉状分布在砂质岩石中。由于砂岩是一种水成的沉积岩;而且该地欧泊石的形成是所谓"风化淋滤作用"的结果。即雨水把近地表

澳大利亚产的欧泊矿石

美丽的欧泊戒面

岩石,在风化作用过程中分解析出的一些物质溶解以后,并携带着它们渗入地下,在经过地下岩石的层层过滤后,其中的二氧化硅(SiO_2)在地下潜水位附近,从溶液中析出,遂凝结为欧泊。所以当地产的欧泊又被人称为水欧泊。欧泊石的另一个著名产地是墨西哥。这里产的欧泊被叫做火欧泊。这一名称不仅来自其以偏红色调为主的体色,也在于它们主要产在火山岩的裂缝中,是火山活动产生的含二氧化硅热水溶液的沉淀产物。除此之外,匈牙利、巴西、美国、秘鲁、新西兰等地也有少量产出。遗憾的是,我国虽有普通蛋白石的产出,但迄今没有发现具有变彩的欧泊石矿藏。

2. 欧泊的优劣评价

评价欧泊的优劣,最重要的就是它的变彩效果。一般说来,可着眼于以下三点。

(1) 变彩的色彩要全,最好同时出现赤橙黄绿青蓝紫七种色彩。如果没有七色,则以色彩越多越好。若是仅有一二种颜色的变彩,则对于水欧泊来说,最好的颜色依序是红色、紫色、橙色、黄色、绿色和蓝色;而对火欧泊来说,若有变彩则以紫色为最好,然后是绿色和蓝色,因为这三种颜色相对于火欧泊的黄、橙、红的体色,会产生较强烈的对比效果。

(2) 彩斑要大,越大越好。面状彩斑好于线状,线状又好于点状。还要看彩斑在整块宝石中所占的面积,当然所占比例越高越好。优质的欧泊应是全部都有变彩。

(3) 看彩斑的明亮程度。越明亮越好。理想的是在一臂之远处仍能清晰地看到彩斑的变幻。

评价欧泊石除了变彩,还要看它本身的体色。在三种不同体色的欧泊石中,以黑欧泊最为名贵。这是因为它那暗色的体色,可把变彩衬托得更加鲜明、夺目,而显得更雍容华贵。据报道,世界上最优质的黑欧泊,其售价高达每克拉 1 万美元以上；即使品质差一些的，售价通常也不低于每克拉上千美元。其次是火欧泊，火欧泊很少有变彩，但它那色调强烈的橙色和橙红色，还是赢得了人们的欢心。倘若再有变彩，自然是锦上添花。白欧泊由于体色偏浅，变彩不能得到很好的衬托，而显得色彩不那么强烈，所以价值相对偏低。但有些白欧泊也会有很好的变彩，并给人以清丽宜人的感觉，价值也会迅速升高。

评价欧泊石，大小也是一个十分重要的因素。欧泊在分类上，虽然属于玉石的范畴，但由于在自然界它不像其他玉石那样会以较大的块体出现，而是大多呈薄薄的细脉状产出。所以在使用时它却更多地和红蓝宝石一样，主要用于制作戒面等小型饰品；而且它还很难做成凸弧面形宝石的厚片。这是因为它的矿脉常常呈很薄的状态夹杂在围岩中。何况即使它有足够的厚度，也由于最好

这块欧泊中央有很大的红色彩斑，周围又有橙黄绿蓝紫的变彩相配，无疑是块较优质的欧泊石，可惜它的变彩没有占满整块宝石

这块欧泊的变彩以蓝色为主，显然价值要低一些

从这块含欧泊的矿石可见欧泊呈很薄的细脉状分布

各种颜色和变彩的天然欧泊（据李景芝）

的变彩通常发生在平行脉体分布的扁平的区域里，所以若把它做成凸弧面形宝石，就会在加工成凸弧面形时减弱了它的美丽，因此人们更多是把本来的厚片剖割为二，做成两个扁平但却美丽的宝石。

由于欧泊石大多被切成扁平的薄片，为了满足首饰镶嵌的需要，它常被做成半真二层石或半真三层石。前者以欧泊石薄片为顶，以暗色的玻璃、胶或其他材料为底，目的在于提高变彩的对比度。后者则在薄层欧泊石的

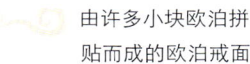
由许多小块欧泊拼贴而成的欧泊戒面

顶上再加上一个凸弧形的保护用的冠部，它们常用水晶等透明材料做成。欧泊石还常见一种叫"基质欧泊"的琢型宝石，它实际上也是一种半真二层石。但它的底部不是人工黏合上去的，而是利用欧泊石的天然围岩一起琢磨而成。毫无疑问，不管是哪一种二层石，其价值都会明显打折扣。欧泊石的拼合石，除上述的上下黏合的二层石外，还见有用小块欧泊拼接成一个完整戒面的。鉴于这种情况，一颗大的非拼合的欧泊石自然就会拥有较高的身价。

影响欧泊石优劣的另一个因素是它的完美程度，也即瑕疵和裂纹的多少，还有质地的致密或疏松程度。好的欧泊应是透明度较好，质地坚实，无裂纹、无瑕疵的。

综上所述，欧泊石会因上述优劣因素的不同，而具有不同的价值。广东中山大学的丘志力副教授根据对我国和周边市场的调查，把欧泊石分成若干等级，并提供了它们市场参考价。

基质欧泊

中国市场欧泊简略分级估价表（据丘志力2000年）（大小1～5克拉）

分类	级别	质量要求			价格（元/克拉）
		体色	变彩	完美性	
黑欧泊	A	黑色或蓝黑色	以红色为主，色彩强烈明显，整块分布	无明显瑕疵	8 000元以上，随大小而变
黑欧泊	B	黑色或蓝黑色	含红色变彩，但主要以其他色为主，变彩较明显，整块或部分分布	无明显可见瑕疵	5 000～8 000
黑欧泊	C	灰黑色或较暗的灰色	色彩不够强烈，缺乏明亮色彩	可见瑕疵	800～5000
火欧泊	A	橙色或橙红色	有明显变彩，透明度高	无明显瑕疵	3 000～5 000
火欧泊	B	橙黄色	半透明，无明显变彩	可见瑕疵	800～3000
白欧泊	A	白色或浅灰色	变彩非常明显，变彩明亮活泼，以红色为主	无明显瑕疵	800～3000
白欧泊	B	白色或灰白色	变彩明亮活泼，红色较少	无明显瑕疵	500～1 500
白欧泊	C	灰白色	变彩分散，不强烈，以冷色为主	可见瑕疵	200～500
夹层欧泊	A	黑色	变彩强烈明显，具红色变彩	无可见瑕疵	50～300
夹层欧泊	B	深灰黑色	有明显变彩，但不强烈	无明显瑕疵	30～200
夹层欧泊	C	深灰黑色	变彩较弱	可见瑕疵	10～50

应该指出，上表仅是一个参考。事实上，一些优质欧泊的价格远远在该表所列范围之上。如据报道，在澳大利亚，一些优质黑欧泊的克拉单价可达2万～4万人民币(4千～8千澳元)；在美国更达1 700～5 200美元(合人民币1.4万～4.5万元)，有些最优质的，每克拉竟在1万美元以上。

3. 欧泊的处理、合成和仿造

自然界产出的蛋白石，品质差异悬殊，价格也有天壤之别。这就促使人们努力寻找如何把劣质的蛋白石变成优质欧泊的途径。

欧泊石处理一般有两个最主要的目的，即：①使无变彩变成有变彩。②改变体色以提高变彩的对比度。

为了达到第一个目的，可采用充填法。一些质量不佳，结构较疏松的蛋白石，是不会产生变彩的。但人们发现，在让它们浸饱水或油以后，孔隙被填塞，便会出现颜色或美丽的变彩。但是，水或油会在较短时间内流失或干枯，颜色和变彩又重归消失。因此，人们便又改用塑料、硅胶、树脂一类物质来对蛋白石进行充填，以获取会变彩的欧泊。此类欧泊一般具有相对密度、折射率偏低的特征；另外，在显微镜下仔细检查，通常不难发现充填物存在的痕迹；再者，也可以在不显眼处用针刻画，然后在显微镜或放大镜下观察刻画处，将会发现由于充填物大多较软而留下的断续的划痕。人们还发现，一种来自巴西的填充欧泊，为了提高它的相对密度，让其接近正常欧泊，在填充物中掺杂有铁镍硫化物的粉末，因此在反射光下用显微镜进行检查，可见金属般的闪光亮点。

美丽的欧泊

改变欧泊石体色的方法有二。一种叫"糖煮欧泊"，方法是把预先洗净的白欧泊，浸泡在葡萄糖溶液或蔗糖溶液，再或蜜汁中，慢慢加热，力求让糖溶液能渗满整块欧泊；然后取出投入浓硫酸中。在硫酸的作用下，糖迅速炭化成微粒。由于这种碳质微粒遍布欧泊各处，就使欧泊具有暗黑色的体色，仿如黑欧泊。另一种叫"烟熏欧泊"。它是先用纸把白欧泊包好，然后再裹以干燥的牛羊粪，置于铁锅中，加热铁锅，直到纸和粪冒烟、烧焦为止。这样烟所产生的碳质微粒也会渗入欧泊的各个孔隙中，使其体色变黑。不过烟加工的碳质微粒很难渗入欧泊的内部，所以它的黑色大多仅限于表面。不管是前者还是后者，它所获得的黑色通常不会很均匀，在显微镜下用反射光检查，可见黑色成斑块状浓集或沿开放性裂隙分布；有的用针尖挑拨，还会拨出炭末。

把白欧泊处理成黑色还有一种更简便的方法，就是在透明度较好的白欧泊背面涂上一层黑漆，称为"喷漆欧泊"。这种欧泊的体色没有改变，还是原来的颜色。因此，从宝石的侧面仔细观察，会发现它具有与正视不同相对偏浅的体色。

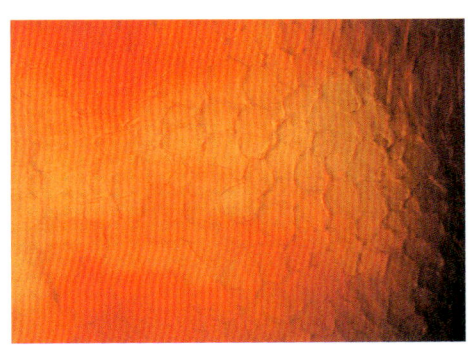

吉尔森合成欧泊的蛇皮状结构 ×70（据张蓓莉）

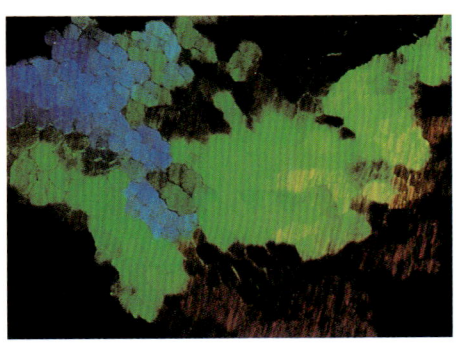

吉尔森合成欧泊的变彩 ×35（据张蓓莉）

市场上出售的欧泊，除了上述的处理欧泊外，还有合成欧泊和仿欧泊。

合成欧泊最先于1974年由法国吉尔森公司推出。在外观上，它与天然欧泊十分相似，也可具有良好的变彩。但这种欧泊的最大特点是具有蜂窝状或所谓的蛇皮状结构，尤其是合成黑欧泊更易发现。此外，它还具有硬度偏小（大约5.5，天然欧泊是5.5～6.5），相对密度值偏低（一般2.00±0.03，天然欧泊在2.15±）等特点，可资鉴别。

斯洛科姆欧泊由彩色金属箔构成的彩斑，有着固定不变且相对整齐的边界（据张蓓莉）

日本京瓷公司也生产有一种可产生生动变幻色彩的人造欧泊（不能称为合成欧泊，因其成分中含有树脂）。它很像填充欧泊，由80%的二氧化硅和20%的树脂组成。它具有更低的相对密度值（1.89），更低的硬度（摩氏4级）。

最近俄罗斯也推出两种人造欧泊，并与日本的人造欧泊类似，由二氧化硅小球与胶结物共同构成。根据胶结物的不同，分为氧化锆型（简称Z型）和树脂型（简称R型）。Z型含氧化锆3%～5%，相对密度为2.19～2.22，折射率1.46都接近天然欧泊的最高值；它的彩斑也近似天然，没有吉尔森欧泊那样的蛇皮结构。R型含丙烯酸类树脂20%～30%，可具有十分近似天然的变彩，折射率1.45～1.46，但相对密度则明显偏低，仅为1.81～1.83，可资鉴别。

不久前，香港一家公司推出一种假基质欧泊二层石，称之为"熔合欧泊二层石"。它采用日本生产的人造欧泊石为顶，然后将其黏贴在来自澳大利亚昆士兰的砾石基底上，使人误认为是真的基质欧泊。但由于它的顶部是人造欧泊，在放大检查时仍可观察到人造欧泊的固有特征。

还有一种被称为"斯洛科姆

日本京瓷公司生产的仿欧泊

(Slocum）欧泊"的仿欧泊。它是把彩虹色的金属箔或赛璐珞片、鲍贝壳碎片等夹于玻璃中；为了增加层次感，通常还把玻璃扭曲后再进行琢磨加工。这种玻璃仿制品虽然外观也十分接近欧泊，但放大检查时，可以发现它的彩片具有固定不变的界限，边缘相对整齐，与天然欧泊的变彩明显不同。另外，它偶尔还可见有气泡，折射率与相对密度也与天然欧泊不同，都要高一些（折射率 1.49～1.52，相对密度 2.40～2.50）。

市场上还可见有一种完全用塑料仿制的欧泊。外观极像透明到半透明的欧泊，肉眼很难区别。但它具有低得多的相对密度（1.20）和低得多的硬度（2.5），折射率则相对较高（1.48～1.53）。在偏光镜下出现异常的双折射。长波紫外下呈蓝白色强荧光反应；短波紫外下有弱荧光。日本产的此类塑料欧泊也称"日本欧泊"。

4. 欧泊的投资收藏要点

色彩变幻、艳丽的欧泊可说是人见人爱。但已知欧泊石有着众多的不同品种和形形色色的人工处理品、合成品和仿制品。因此，当你决定投资收藏欧泊石时，你必须注意以下几点。

（1）前面我们已经谈到，即使是天然欧泊，由于它大多很薄，故常做成各种夹层石。而夹层石的价值远低于整块欧泊，因此你必须十分小心鉴别它们。一种较简便的方法，可以把它放在盛满水的白底杯或碗中，用镊子夹着欧泊，仔细从腰部进行观察。如果是一颗未镶嵌或用齿镶法镶嵌的夹层石，大多都能发现其拼黏的痕迹；若是腰部已被镶嵌金属完全包住，则不能发现，但这种镶嵌法本身已告诉你，这很可能是一颗夹层石。

（2）购买投资欧泊石还要谨防购入欧泊石的处理品、合成品和仿制品。关于这些人工制品的鉴别，我们在前面已作了介绍。如果你自己无法掌握这些鉴别方法，那么为了保险起见，你还是应该请有关机构协助进行鉴定，免得上当受骗。

（3）当已经确定你拟投资购买的欧泊是天然欧泊时，接下来便是评判它的质量优劣和究竟值多少钱的问题。前面我们也已经谈到，欧泊的优劣首推它的体色和变彩。从体色而言，黑欧泊的价值最高。从变彩而言，则以有明亮强烈、齐全的全部光谱色为最好；如果色彩不全，则以有红色变彩的为好，蓝色变彩为差。

（4）欧泊石硬度偏低，且含水，因此较易受到磨损。为防止磨损，较宜用于作制作吊坠、胸针、耳环等物，而不宜用于制作经常佩戴、易与其他物体接触碰撞的戒指。若是制作戒指，最好用小颗钻石围镶，这不仅能增加美观，还能起到一定的保护作用。

（5）欧泊石因含水，有的含水量甚至可高到 20% 以上，因此它十分忌讳高

各种形状的欧泊首饰

温和曝晒，这会使欧泊因失水、干燥而破裂，并失去变彩。即使不让欧泊接触高温和曝晒，它也同样会因长期干燥而渐渐失水，为了避免这种情况的出现，可在不佩戴时，经常地把欧泊石首饰浸泡在净水中，让其随时补充丢失的水分，保持美丽的本质。

（6）欧泊石还大多富有孔隙，所以，不要佩戴欧泊石去发廊、厨房、化学实验室等地，因为这些地方散发出的各种气体很容易渗入欧泊中，产生损害。欧泊石首饰若因佩戴日久而有污垢，切勿用超声波清洁器进行清洗，因为强烈的震动也可能使它受损。清洁时应使用柔软的布轻轻擦抹。

5．欧泊的供需概况

现在让我们来概略地环视一下欧泊的世界供需情况。

欧泊，是一种早早就受到人们喜爱的宝石。早期的欧泊主要是来自欧洲的喀尔巴阡山（现斯洛文尼亚和匈牙利一带）。至今奥地利维也纳国立博物馆还藏有一颗来自这里的、拳头般大小、具美丽变彩的欧泊。但由于历代的开采，这里的欧泊资源已基本枯竭，故很少再有产出。

当代欧泊的最主要供应国是澳大利亚，其产量占世界产量的95%。澳大利亚的欧泊发现于19世纪的中后期。矿藏主要分布在澳大利亚西南部的新南威尔士州，南澳大利亚州和昆士兰州。其中，南澳大利亚州的库勃彼德是欧泊产量最高的矿山，占其总产量的50%以上。另一个著名的矿山是位于新南威尔士州的闪电岭，它是世界最著名的黑欧泊产区，曾产出重226克拉被命名为"澳大利亚精华"和重273克拉的"世纪之光"等重要的欧泊石。

由于澳大利亚的主要欧泊矿山都位于沙漠干旱地带，酷热的气候和缺水，使欧泊的勘探和开采充满艰辛。加之欧泊的分布又大多十分不规则，这更大大增加了开采的难度，并使产量很难保持稳定。一般说来，在气候干燥炎热的年份、产量会相应下降，反之则升高。

除澳大利亚外，当代欧泊的另一重要产地是墨西哥。矿藏主要位于墨西哥南部，如伊尔戈、吉玛巴和圣尼古拉斯等地。其中较早投入开采的伊尔戈和吉玛巴，已基本采尽，所以目前的产量也十分有限。

美国内华达州的维尔京山谷也产有部分火欧泊和黑欧泊。世界已知的最大一块欧泊，重2 610克拉就是来自这里（现存于美国华盛顿斯密森博物馆）。不过，美国欧泊的缺点是含水较高，长期暴露在空气中会因失水而开裂，最终甚至完全自动破碎。

20世纪80年代，在南美秘鲁的铜矿区发现一种非常特殊的含铜的蓝色欧泊。它一般呈绿蓝－蓝绿色，彩斑不明显，透明或半透明，内部常含苔纹状、絮状、斑点状的铁锰氧化物或褐铁矿，及偶尔可见的硅孔雀石的包体。2001年，在美国图森珠宝展销会上，其优质品的售价大约是每克拉80美元。另外，秘鲁还产有一种粉红色的欧泊，但多数不透明，也基本没有

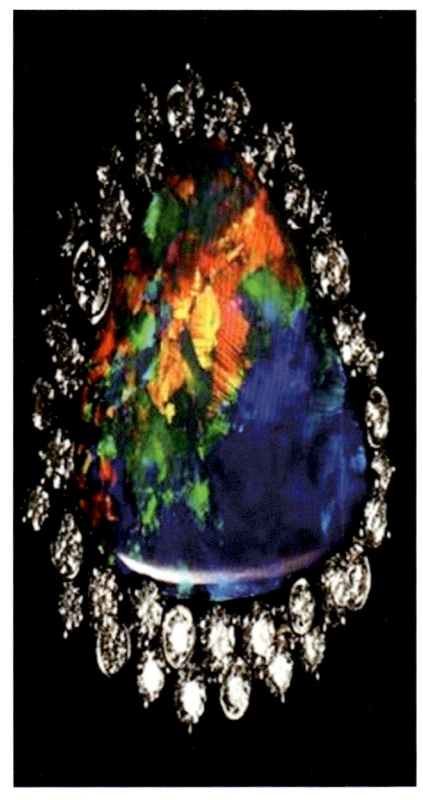

欧泊镶钻吊坠

变彩。

不久前非洲索马里也发现产有欧泊，其体色为白色、黄色、橙色、红色和巧克力色，透明－半透明，其中大约有一半可以具有变彩，并以巧克力色为最佳。

除此之外，欧泊还来自巴西、印尼、坦桑尼亚等地，但数量均相当有限。所以就全球来说，优质欧泊是供不应求的。

欧泊的加工也主要集中在澳大利亚。与其他宝石相比，欧泊加工的技术难度更大一些。它需要技巧、耐心和经验。因为它需要判断切磨哪个方向才能使手中的欧泊显现出最迷人的变彩。所以同一块欧泊，加工的优劣对其价值会产生很大的影响。欧泊加工还大多采用随形（即根据原石的形态加工成具原石轮廓的宝石）。这是因为欧泊矿脉大多薄且小，人们为避免因加工而损耗太多这种来之不易的宝石，只好采用这样的形态。一些加工师还会在充分利用料石的基础上，因材施艺，打磨出各种形状的宝石，从而更增添了欧泊的几分神秘。

欧泊的消费市场主要是欧美和日本。在欧洲，由于历史上有众多的学者、名士（如前述的普林尼、杜拜等）对欧泊赞美有加，这使欧泊在人们的心目中

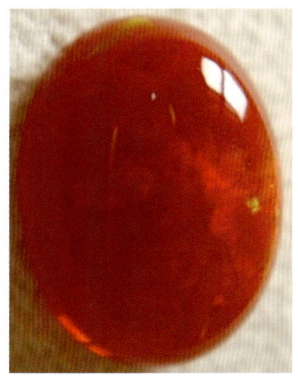

墨西哥产的火欧泊及用其磨制的蛋弧形戒面

一直占有十分崇高的地位，博得众人的青睐。所以具有良好的消费前景。在日本，欧泊也是人们最喜爱的宝石之一。据说这是因为日本有一本畅销书，书中的主人翁拥有一块美丽的欧泊宝石。正是该畅销书对欧泊石的描述和赞美，使民众也掀起了一股购买欧泊石的热潮。

香港不是欧泊的主要消费市场，但却是欧泊的二次加工（制成首饰）和转运中心。来自澳大利亚的欧泊大多先运抵这里，再转运欧美和日本。

欧泊在我国境内，由于很少有人知道这种宝石，故目前是一种尚未被广大消费者接受的宝石，所以，在大多数珠宝店中很难觅其踪影。1994年广州电视台领导访问澳大利亚期间，曾有澳大利亚政府官员表达要在中国合作推广欧泊的意向，也确实有几家公司在广州、北京、上海发起欧泊的销售攻势，但结果却收效甚微。看来，欧泊要被国人所接受尚需一定时日。

切割造型各异的欧泊，更添欧泊的神秘（据郝雅萍）

（六）土耳其玉——绿松石

许多人大概都曾听说过卞和献玉的故事。传说东周初期（大约公元前750年前），位于南方的楚国荆山地区有一个樵夫叫卞和。他在去山上采樵的路上，偶然地获得了一块宝玉。他决定把它献给楚厉王（前757—前741）。但这块玉是一块璞玉（即有皮的玉），厉王把它拿给宫廷玉工看，玉工不识，误以为是一块普通的石头。厉王大怒，以为卞和在骗他，遂命令砍去卞和的左脚。厉王死后，武王（前740—前690）即位，卞和又去献宝，结果也遭到砍去右脚的亏待。后来，武王崩，文王（前689—前671）继位，卞和没有脚，又到了垂暮之年，只好抱着璞玉在荆山下哭了三

东汉"长乐"谷纹璧（岫玉质）

天三夜。文王知道后，以为他是在哭自己的脚，但卞和却答以是哭没有人能识此美玉。文王见其心诚，便命玉工将璞剖开，果得一块极好的玉，并将其加工成玉璧，世称"和氏之璧"。

和氏之璧是一块什么样的玉石呢？由于没有实物流传下来，致使世人对此一直议论纷纷，莫衷一是。其中有一种观点认为，它可能是绿松石。因为卞和得宝的荆山，正是产有绿松石的地区，而且当地的绿松石多呈结核状，且常有皮（即璞）。这与传说中卞和所献的玉石也很相似。但也有人根据古籍中关于和氏之璧的描述："侧而视之色碧，正而视之色白"的特征，认为不是绿松石。这里我们不想对和氏之璧究竟是什么玉石作更深入的讨论。而是来谈一谈被人怀疑为是和氏璧原料的绿松石。

1. 绿松石的基本情况

绿松石在我国古称"甸子"，也被称为"碧甸子"和"青琅玕"；后又因其形似松球（结核状），色近松绿，而被称为绿松石。当代工艺界也有人称之为"松石"或"松耳石"。它是一种有着十分悠久使用史的玉石。早在新石器时代它已被人们用做饰品。如我国甘肃省永靖大何庄的齐家文化遗址（距今 4 000～5 000 年）里，就曾发掘出绿松石制品 20 件；稍后，又在甘肃省武威皇娘娘台，也是属于齐家文化的遗址里，又发掘出绿松石制品 32 件。另外，山东大汶口文化遗址（距今 4 500～6 500 年），和以后的商代中期、西周、春秋晚期、战国至汉等各个朝代的墓葬中，均时而可以看到有绿松石的身影。至今在西藏，绿松石仍被认为是最神圣的饰物。藏语把绿松石称为"gyu"，其读音与玉（yu）十分近似。

在国外，绿松石也享有盛誉。它曾是非洲古埃及人和美洲古玛雅人眼中的

 绿松石雕《江雪》（袁嘉骐作）

具有古老的土著美洲风格的绿松石项链,只是所用的绿松石品质较差

类似风格的绿松石项链,所用的绿松石品质明显优于前者,还有一些质地更好的戒面,及一块质次的料石

神物,认为它具有镇妖、避邪的作用。为了获得绿松石,在公元前2 000年左右,古埃及人就曾派遣一支由2 000多人组成的勘探队(这是已知的世界最早的勘探队),从富饶的尼罗河畔出发,远途跋涉来到当时还十分荒凉贫瘠的西奈半岛上寻找和开采绿松石。据考证,这样的勘探队,在古埃及的历史上曾多次出现,前后延续了2 000多年,并在那里挖了几百个竖井,其中有些遗址至今仍可找到。有的开采井竟深达250米,而最大的井竟可容纳400人在里面工作。可见当时人们对绿松石需求之旺盛。1 900年,考古人员就曾在5 000多年前的一个古埃及皇后的木乃伊的手臂上,发现有4只包金的绿松石手镯。据说,人们把它从墓葬中发掘出来时,它还仍然光彩夺目。

绿松石在西方的正式名称是"Turquoise",即"土耳其石"或"突厥石"。这应该是由于欧洲的绿松石,最初是由突厥人(即土耳其人)带过去的缘故。今天,绿松石仍然被许多民族所喜爱,认为它是吉祥如意、幸福美满的象征。人们还把它选为12月的诞生石。

那么绿松石究竟是什么呢?首先要知道的是,"绿松石"一名实际上包含了两个不同的含义。它的第一个含义是指一种铜铝的磷酸盐矿物$[CuAl_6(PO_4)_4(OH)_8·5H_2O]$。它的第二个含义,也就是人们通常所说的"绿松石",是指铜铝磷酸盐矿物的隐晶质集合体;因此更准确地说,它应该叫"绿松石岩"。

作为矿物,绿松石属于三斜晶系,具有似针状或鳞片状的晶形。在它的晶体结构中,铜离子常会被少量的锌离子所替换,铝离子会被铁离子所替换,所以它

我国湖北发现的大型葡萄状绿松石
（重59千克，长60厘米，高26厘米）

的化学式也常写成 [（Cu，Zn）(Al，Fe)$_6$ (PO$_4$)$_4$ (OH)$_8$ · 5H$_2$O]。

作为玉石，即绿松石岩，是一种基本上由绿松石矿物的细小晶体（大多数为隐晶，少数为微晶）集合组成的单矿物岩。在放大3 000倍的显微镜下，可以看到绿松石矿物以似针状或鳞片状的晶体形态聚集在一起。纯的绿松石岩，绿松石矿物的含量几乎可以达到百分之百。但在大多数情况下，它会夹杂有铁锰质或炭质的网纹，此外有时还会混杂有少量高岭石、石英、云母、褐铁矿、磷铝石、方解石等杂质矿物。在自然界，它通常以鲕粒状、豆状、结核状、块状或脉状产出。1994年人们在我国湖北郧县的云盖山，发现一个大块体，它长82厘米，宽、高各29厘米，全重66.2千克，据称是目前世界上已知最大的一块。

一般认为绿松石是近地面环境的外生作用的产物，是风化淋滤作用的结果；也就是说，它的形成过程与澳大利亚的水欧泊的形成有些类似，不同的是被风化的近地面岩石不同。产有绿松石地区的近地面岩石是一些含有或多或少铜元素的岩石。在风化过程中，岩石中的铜被分解析出，然后又被雨水所溶解，并随雨水渗入地下；当这种含铜溶液与地下含磷的组分相遇时，便互相结合形成绿松石。如我国湖北郧阳的绿松石就产在富含磷等有机组分的炭质岩石中，正是炭质岩中的磷为绿松石的形成提供了物质基础。

2. 绿松石的性质与品种

绿松石（下面谈到的绿松石都是指的绿松石岩）虽然被冠于"绿色"之名，但实际上真正优质的绿松石却不是绿色的，而是具有一种独特的天蓝色，有人还专门把它命名为"绿松石色"；在美国则称其为"知更鸟蛋蓝色"。当然绿松石也有绿色的，事实上我们可以把绿松石的颜色分为三个系列：即蓝色系列，包括深浅不同的蔚蓝－天蓝色；绿色系列，包括深蓝绿、灰蓝绿、灰绿、黄绿、浅黄绿等；杂色系列，包括黄色、土黄色、月白色、灰白色等。绿松石之所以有这样的颜色变化，主要在于其组成分中铜、铁离子含量的变化，也在于组分中水含量的变化。铜含量愈接近理论值，蓝色就愈深愈艳丽；反之铁的存在，则使它的颜色趋向黄绿，铁含量愈高，黄绿色调就愈浓。水在绿松石中以三种不同形态存在，一种是结构水，它以羟基根的形式出现，一般不易丢失，若丢失绿松石就演化为其他物质；再一种是以结晶水的形态出现，它比结构水易丢失，如果丢失会使绿松石的晶格受到破坏；第三种是吸附水，它存在于绿松石的孔隙之中，含量因环境中的湿度而异，也即它会随时从空气中吸收水分，也会随时丢失这种水分。当吸附水充足时，绿松石的颜色会加深。其道理与湿布比干布的颜色深是一样的，都是由于水填充了孔隙，使散射光减弱的缘故。绿松石中的结晶水和结构水虽然相对不易丢失，但在风化作用的影响下也会或多或少地丢失，并导致晶格的破坏，以至铜也跟着一起流失，于是绿松石的颜色也从蔚蓝色逐渐变浅，甚至变为灰绿色、灰白色。

绿松石可缓慢地溶于盐酸。另外它对热也比较敏感，热会促使它失水，甚至爆裂、瓦解，变成一些褐色的碎块。

以不规则的斑块状或脉状产出的绿松石

绿松石具有蜡状－油脂光泽，一些抛光良好的面也可以具玻璃光泽，但一些灰白色的多孔隙的绿松石则具有土状光泽。它通常不透明或近于不透明，平均折射率介于 1.610～1.670。蓝色系列多在 1.623～1.630；绿色系列的折射率较高，多在 1.640～1.670，杂色系列则较低，多在 1.617～1.626。在长波紫外光照射下，通常为惰性，无荧光。少数可以有弱的黄绿色荧光。摩氏硬度一般为 5～6，但多孔隙的灰白色品种的硬度可低到 3 左右。相对密度一般介于 2.4～2.9，其中优质的相对密度较大，常达 2.8～2.9，多孔的则可低至 2.4。

绿松石常可见有铁黑色、黑褐色或褐色的纵横交错的不规则的纹路，俗称"铁线"，实系褐铁矿和炭质等的聚集物。绿松石还时见有局部分布的，颜色变浅或白色的不规则斑块（俗称"白脑"）及细小的纹理（俗称"筋"），这是高岭石、方解石、石英等杂质矿物相对聚集的结果。

根据绿松石的组构特征，绿松石一般可区分为以下品种。

（1）透明绿松石。这是一种非常罕见的天蓝色的绿松石的独立晶体，迄今仅发现于美国的弗吉尼亚州，而

各种不同颜色和构造特征的绿松石

瓷松　　　　　　　　　铁线绿松石　　　两个斑点绿松石的小挂件

且晶体都非常小，其琢型宝石都小于1克拉，是绿松石中的珍品。

（2）瓷绿松石。简称"瓷松"，具有强－中等的蓝色，致密、细腻，外观如上釉的瓷器表面，故名。无铁线，断口贝壳状，硬度较高，一般5.5～6，小刀划不动。是绿松石的优质品。

（3）硬绿松石。简称"硬松"，具中等的蓝色，致密，较细腻，一般也无铁线，硬度中等，在4.5～5.3，小刀可划动；断口平坦或有丝状麻茬。

（4）铁线绿松石。有蛛网般铁线花纹的绿松石。以花纹美丽为好，但铁线也不宜太多。所谓铁线实为铁质、碳质等围岩物质聚集的产物。

（5）蛛网绿松石。网纹由蓝色的质较纯的绿松石构成。其特征与人工染色的绿松石十分相似，很难区别，最好的办法是将其剖开检查。

（6）斑点绿松石。绿松石呈斑点状、碎块状、云斑状散布在褐色或黑色的围岩物质中。它们实际上可视为是铁线绿松石的异化，当构成铁线的物质较多，以致绿松石呈大小不一的斑块分散分布时，便形成斑点绿松石。

（7）半绿松石。简称"面松"，是一种软质的，硬度小于4.5，且富孔隙的绿松石。天然的面松无宝石学的直接利用价值，但常被人采用注塑加固后，再予利用。

3. 绿松石的优劣评价

评价绿松石的优劣主要从以下方面着手。

（1）颜色。颜色在绿松石的评价中具首要意义，并以天蓝色（即前述的绿松石色或知更鸟蛋蓝色）为最佳，次为深蓝色，再次为蓝绿色。若为浅蓝－灰蓝，就一般不用于制作首饰，只用于制作玉雕摆件。绿色者档次更低，常用于制作项珠。黄褐色者基本无价值。

（2）均匀度。致密均匀的瓷松为最优，但有铁线花纹的也不错，这时关键在于花纹是否美观，好的铁线绿松石的价值不比瓷松低。

（3）硬度。硬度也是评价绿松石的重要指标。好的绿松石硬度大，小刀划不动。若小刀划得动，其价值就会显著下降。

（4）纯净度。以无白脑，无筋，无褐色斑点和其他杂质为好；如有，当然以越少越好。

（5）块度。自然也以越大越好。作为饰品，其中天蓝色的应至少大于4克，颜色稍差的也不应小于7～28克。若为料石

用具有美丽蓝色的绿松石做成的项坠

用具有美丽蓝色的绿松石做成的首饰，有的均匀度也很好

夹杂有白脑、白筋的绿松石

美丽的波斯级绿松石首饰

美国产的绿松石大部分属于美国级,极少数可以达到波斯级,另有一些铁线绿松石

则可分为4个等级:1级大于3千克,2级2~3千克,3级1~2千克,4级1千克以下的碎料。

(6)做工。无特殊要求,可参考前面翡翠、软玉对做工的要求来评判。

在商贸活动中,人们还一般把绿松石的优劣分为以下等级。

波斯级绿松石 指最优质的绿松石,不管它是来自那个产地。它通常具有强-中等的蓝色,孔隙度很小,十分致密细腻,硬度高,可以有很好的光泽。相对密度也较高，主要来自伊朗（旧时称波斯），也有来自美国，我国产的绿松石也有少部分属于这一等级。据报道，目前这一等级绿松石的售价大致为每克 5～10 美元左右。

美国级绿松石和墨西哥级绿松石 指一些颜色比较苍白，呈淡蓝－浅蓝色，或绿蓝色、蓝绿色的绿松石，经常是多孔隙，硬度、相对密度都较低的绿松石。售价大致为每克 2～5 美元。

埃及级绿松石 颜色多为蓝绿到黄绿色，虽然孔隙比美国绿松石少，较致密，硬度、相对密度也大于美国绿松石，但因颜色不受人们喜欢，所以价值低于美国绿松石。其售价通常每克不到 1 美元。

铁线绿松石 这种绿松石被独立分出，其价值视铁线花纹的美丽程度而定。

4. 绿松石的人工美化处理

绿松石虽然价值不是很高，但却是一种深受多个国家和民族喜爱的玉石，尤其是在阿拉伯世界和我国西藏等地，一直被视为是一种神圣的宝石，所以社会需求量较大，当天然优质的绿松石不能满足人们的需求时，便出现了各种优化处理品和仿冒品。现逐一简介如下。

（1）注油或浸蜡处理。这是最传统的处理方法。早在古代，人们就已发现绿松石的颜色会受湿度的影响，所以当时中东地区的一些绿松石采矿人，会把刚刚开采出来的颜色较浅的绿松石埋在潮湿的泥土下或马厩下，让它吸收水分或弱尿酸，使颜色得到改善。这应当是绿松石的最早的人工处理。只是经过这样处理的绿松石，时间长了以后，水分会逐渐丢失，致使颜色重新变为深浅不一的灰蓝色、蓝绿色。近代，人们改进了这种原始的土办法，先是采用注油的方法，即把绿松石直接浸泡在汽油等液体中，可迅速使绿松石的颜色得到改善。但油比水更易挥发，所以现已很少使用，改用浸蜡。浸蜡可使颜色的改善保持较长的时间，但太阳的曝晒或受热则会加速它的褪色。需要指出：由于绿松石的浸蜡处理与大多数玉石的浸蜡处理不同，不仅仅是改善表面的光泽，而是会改善它的颜色。所以我国在 1996 年和 2003 年颁布的"国标"《珠宝玉石名称》中规定，这种方法属于"处理"，在销售时是必须向消费者说明的，否则属于欺诈。然而，在 2010 年颁布的新"国标"中却把绿松

图中显示上方那块绿松石料石富含空隙，下方的珠链就是用类似的料石经浸蜡处理后加工而成的

经注塑染色后的绿松石

石浸蜡改为"优化",承认其是一种可以接受的优化处理方法,销售时可无需向消费者声明。笔者认为,这一更改有迁就商业利益之嫌。事实上这是一种不耐久的处理方法,阳光或热都会加速其褪色的程度。要鉴别浸蜡处理,可在放大镜下用烧热的针接近绿松石,此时可看到蜡熔化呈小珠析出的"出汗"现象。另外,也可利用绿松石的吸水性来进行检测。由于作浸蜡处理的绿松石,都是一些不那么致密富空隙的绿松石,而且一般镶嵌用的绿松石多是正面磨光,反面没磨光的,因此当你把这种绿松石在清水中蘸一下,就可以发现没处理过的所蘸的水分会马上被吸收掉,浸蜡的则吸收很慢;还会发现未作浸蜡处理的,会因吸水而使颜色加深,浸蜡者则变化不大。

(2)染色处理。一些黄绿色、土黄色的绿松石即使采用浸蜡也无法改善它的颜色,于是就采用无机(如硫酸铜溶液)或有机染料对其进行染色处理。染色处理的绿松石与其他玉石的染色品一样,在放大检查时可以发现它的颜色沿颗粒间隙和裂隙分布,而且仅是近表面不厚的一层。另外部分染色品,用蘸有氨水的棉花擦拭,可以发现棉花上沾染了蓝色。

(3)注塑处理。一些多孔的"面松",不能直接用作宝石,因此人们在一定温度压力条件下把有机塑性液体(一般均带色)注入面松内,不仅可使其得到加固也使颜色得到改善。但这种经过注塑,看上去很漂亮的绿松石,却有着与其漂亮外观不相称的低密度,也即它的相对密度一般在 2.0～2.48;此外它的硬度也很低。一般为 3～4;折射率也会低于 1.61,都足以与正常绿松石相区别。如果还有疑问,那么通过放大检查,时而可见有小的气泡;用热针进行试验,会闻到塑料熔化产生的辛辣气味。红外光谱检查也能发现有机物的存在。另外,同样也可以用蘸水的方法进行鉴别,注塑会比浸蜡更不易吸水。

(4)注硅酸钠(水玻璃)处理。这是对注塑处理的改进。在获得相似处理结果的同时,又使其相对密度和硬度都得到一定程度的提高。即相对密度可在 2.40～2.70;硬度一般可达到5。但这种绿松石会感觉透明度高一些;放大检查,仍时而可见有小的气泡。

(5)查察里(Zachery)处理。这是一种最新的由查察里发明的新处理法。

方法是在绿松石中注入一种未公布的含钾的物质，结果可使绿松石得到加固和增色，且光泽也增强。据说在阳光下曝晒164个小时也不褪色。它还具有与天然绿松石相近的物性，即具有相近的折射率和相对密度。在长波紫外光下可以有弱－中等的蓝白色荧光。鉴别这种绿松石的最佳方法是用草酸进行试验。涂抹草酸后，其表面会形成"白皮"。但这是一种破坏性试验。此外的另一方法是用尖端的电子探针仪来分析其成分，这时可发现它的成分中有天然绿松石所没有的钾的存在。

需要指出，绿松石的这些处理方法，在现行"国标"中，除浸蜡属于"优化"外，其他均属销售时应予明示的"处理"。

另外，1972年，法国的吉尔森（Gilson）公司推出了一种所谓的"合成绿松石"。它在化学成分和物理性质上与天然绿松石几乎完全一样，也可区分为致密块状的纯绿松石和铁线绿松石两种。但放大50倍后，可以发现它具有与天然绿松石不同的结构，是由无数紧密堆积在一起的微小的蓝色球粒构成，而天然绿松石则没有这样的结构。这使一些人认为，它不是真正意义上的人工合成制品，而是一种再造制品，即它是用绿松石粉末压结而成，所以称之为"再造绿松石"。现在且不管它究竟是怎样制成的，如果要鉴别它们，当然最好是观察到它的这种微粒结构；其次还可以通过分光仪的检查，天然的一般都含铁，会在蓝光区有一条弱－中等432纳米的吸收线；再造者则无。

（6）新法再造绿松石。这是我国近年生产的一种利用绿松石废弃料制成的再造绿松石。它不用有机高分子做胶结剂，而使用与绿松石成分相近的磷酸二氢铝$[Al(H_2PO_4)_3]$为胶结剂。其与绿松石粉料（粒度一般为250～300目，并可根据情况经染色烘干后再参加胶结）的质量比约1∶4。由此制得的再造绿松石颜色均匀。色调单一，具蜡状—玻璃光泽，折射率N=1.60～1.61（点测），相对密度2.32～2.54，硬度4.5以上（折射率、相对密度和硬度都比天然的低），紫外线下惰性；结构均匀，部分样品具微粒结构，抛光性能良好，无铁线和白脑。

吉尔森公司推出的两种所谓的"合成绿松石"

左为致密块状；右为铁线绿松石（有不同于天然铁线绿松石那样的网纹）

5．常见的绿松石仿冒品

绿松石也常见有多种仿冒品。根据它们的成因，我们可以把它们分为三大类。

（1）纯人工制造的，它又可分为四类。

釉陶绿松石 这是最早出现的绿松石仿冒品，据说早在古埃及时期就已出

 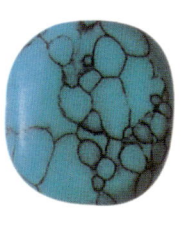
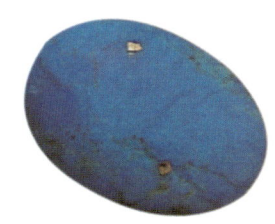

碳酸盐质绿松石与真绿松石的比较　　　　　一颗冒充绿松石的染色菱镁矿

左为天然绿松石；右为仿制品（据郑姿姿等）

现，并常做成项珠般的饰品。事实上，它的核心是用天然的细砂岩磨制而成，外面则涂上一层陶瓷质的蓝色釉。鉴别这种仿冒品并不困难，因为它们的折射率与相对密度都与天然绿松石有明显差别。目前，这种制品已很少见。

玻璃绿松石　用石英、铜化合物（如孔雀石）、碳酸钙、碳酸钠按一定配比共熔后制成的似绿松石玻璃。其特点是可能含有气泡，硬度比绿松石大，小刀划不动，折射率和相对密度也不同于绿松石。另外，大多是采用直接浇铸成型，所以常可发现它的底面微微内凹，这是热胀冷缩的结果。

塑料绿松石　用塑料仿制的绿松石。它和玻璃绿松石相似，也会有气泡；同样由于采用直接浇铸成型，所以底面也会微微内凹。另外，它的相对密度很轻，一般不会超过1.55，硬度也低，一般小于3。

碳酸盐质绿松石　这种绿松石是先把染成蓝色的方解石粉末黏结成团粒，然后给它裹上一层炭末，再胶结成块。从而获得酷似铁线绿松石的外观。要鉴别这种仿冒品并不困难，因为它由方解石组成，滴稀盐酸可发现它会强烈起泡，真绿松石一般不会（不过，少数有些含有方解石杂质的天然绿松石也会起泡）。还有它的硬度较低，约3，相对密度也低，一般为2.00～2.25。

（2）天然材料，经人工染色以后来冒充绿松石，其中较常见的有以下几种。

染色三水铝石　三水铝石是铝的氢氧化物[Al(OH)$_3$]，在自然界它常与绿松石共生。它一般呈白色、浅绿色，集合体和绿松石一样也呈豆粒状、结核状、团块状，所以极易与绿松石混淆，尤其是经染色处理后更难分辨。但它的硬度很低，一般为2.5～3.5，相对密度2.30～2.44也低于绿松石，折射率一般为1.56～1.59，可资鉴别。

染色菱镁矿　菱镁矿是镁的碳酸盐（$MgCO_3$），它一般呈白色、灰白色、浅米黄色，有的也有灰黑色或褐色的网纹，经染色后，很像铁线绿松石。常用于制作仿绿松石的串珠和小挂件。但它的相对密度较高，为3.00～3.13，折射率则较低，为1.60左右。更重要的是它可溶于酸，用蘸有稀盐酸的棉花擦拭，可发现棉花沾染了颜色。

染色磷铝石 磷铝石是一种铝的磷酸盐 [$AlPO_4 \cdot 2H_2O$]，也常和绿松石共生。它一般呈白色、浅红色、绿色、黄色和天蓝色，也常呈豆粒状、结核状、团块状产出。优质磷铝石本身可直接用作宝石，但由于优质者少见，且其知名度不及绿松石，所以其普通料石常用于冒充绿松石。它虽然也有蓝色，但绝不会有绿松石的优美蓝色，故通常都要进行染色处理。不过它的折射率较低，一般介于 1.56～1.59；相对密度也不高，为 2.53～2.58；硬度 5 左右，据此可以与绿松石区别。

染色羟硅硼钙石 羟硅硼钙石是一种含硼的硅酸钙 [$Ca_2B_5SiO_9(OH)_5$] 矿物，它通常呈白色、灰白色、灰褐色，也常有灰黑色或黑色的网脉，因此染色后很像铁线绿松石。但它的折射率较低，一般为 1.586～1.605；硬度也较低，多为 3～4，相对密度 2.45～2.58，在滤色镜下还可观察到呈粉红色。这种仿冒品主要来自美国。

除此之外，还见有染色的玉髓、染色的方解石或白云石等，它们由于在物性上与绿松石均有明显差别，所以只要稍具宝石学知识，应不难区分之。

（3）一些外观很近似绿松石的天然材料，其中较常见的有以下几种。

齿胶磷矿 又称"齿绿松石"或"骨绿松石"。它们实际上是古代动物的牙齿或骨骼的化石，因受到后期蓝铁矿 [$Fe_3(PO_4)_2 \cdot 8H_2O$] 的交代而形成的产物。蓝铁矿是一种具有深浅不同蓝色和浅绿色的矿物，所以与绿松石的颜色十分相近，折射率也与绿松石差不多，一般介于 1.57～1.63；相对密度则相对较高，为 3.00～3.20；其最大的特征是可能保留有化石的原有结构。齿胶磷矿因是来自化石，产量也有限，因此在价值上常不输于绿松石，甚至高于绿松石。因此在市场上，有时也可看到有用铁的磷酸盐，对骨化石或焙烧过的象牙进行染色处理而获得的仿冒品。

硅孔雀石 这是一种含水的铜铝硅酸盐 [$(Cu, Al)_4H_{3-4}(Si_4O_{10})(OH)_8 \cdot nH_2O$]，

品质一般的天然磷铝石

一堆硅孔雀石料石

通常呈绿色、蓝绿色，含杂质时也呈褐色或黑色，因此外观有些近似铁线绿松石。但硅孔雀石常具有比绿松石好的透明度，它的绿色也相对浓艳一些，不像绿松石的绿色常带有黄色雕或蓝色调；另外硅孔雀石的折射率很低，一般为1.460～1.570；硬度也很低，多为2～4(含石英类杂质多时，硬度也可达6～7)。

磷铜铁矿 也叫"铁绿松石"，是一种铜铁的磷酸盐 $[CuFe^{3+}_6(PO_4)_4(OH_8)\cdot 4H_2O]$，从化学成分讲，它实际上就是绿松石成分中的铝被铁替代后的产物，所以可以与绿松石紧密共生。它一般呈淡绿到绿色，折射率较绿松石高，一般为1.83～1.93；相对密度也较大，常为3.1左右；硬度4.5左右。

绿松石及其相似玉石鉴别特征简表

分类	玉石名称	主要物性参数			其他特征	著名产地
		硬度	相对密度	折射率		
	绿松石	5～6	2.4～2.9	1.610～1.670	隐晶质，不透明或几乎不透明	伊朗、美国、我国
完全人造	釉陶绿松石	>7	——	——	核心用砂岩磨制，外面为人工陶釉	古埃及
	玻璃绿松石	6±	2.50±	1.52±	非晶质，可能有气泡	
	塑料绿松石	<3	<1.55	1.46～1.70	非晶质，可能有气泡	
	碳酸质绿松石	3	2.65	1.48～1.65	滴酸会起泡	
染色仿冒品	三水铝石	2.5～3	2.30～2.44	1.56～1.59	隐晶质，不透明或几乎不透明	常与绿松石伴生
	菱镁矿	4～4.5	3～3.1	1.60±	可溶于稀盐酸	我国辽宁等地
	磷铝石	5±	2.53～2.58	1.56～1.59	透明度一般比绿松石好	美国
	羟硅硼钙石	3～4	2.45～2.58	1.58～1.61	滤色镜下会呈粉红色	美国
天然代用品	齿胶磷矿	4.5	3.0～3.2	1.57～1.63	常可见动物化石残余特征	西伯利亚、法国
	硅孔雀石	2～4	2.0～2.5	1.46～1.57	常含有石英、玉髓等杂质	许多铜矿区的风化带
	铁绿松石	4.5	3.1	1.83～1.93	隐晶质，不透明或几乎不透明	美国

6. 绿松石的供需概况

前面我们已经谈到绿松石是一种在近地表的外生环境下形成的玉石，已知它在世界上有若干个产地，其中最重要的是伊朗（旧称"波斯"）。

伊朗的尼沙普尔是世界最著名的优质绿松石的来源。据说已有几百年的开采史,并从中世纪以来就一直是欧洲所使用的绿松石的主要来源。所产的绿松石以瓷松为主,具有中－强的蓝色,质地致密,抛光后可显示出良好的光泽,因此向来被认为是最优质的绿松石;以至"波斯绿松石"成了最优质的绿松石的代名词。但据报道,在20世纪的第一次世界大战前,该地绿松石的开采在达到极盛期以后,已由于历代的长期开采而趋向衰落,有些矿坑的开采深度已超过100米,因此近些年来,其产量已十分有限。除尼沙普尔外,伊朗还有另外两个产地,即位于伊朗中部的亚兹德和中南部的科尔曼,但产量也有限。

在当今世界上,绿松石的最重要供应地则是美国。已知美国有多个绿松石产地,它们主要分布于亚利桑那州、科罗拉多州、内华达州和新墨西哥州等地。其中亚利桑那州的两座铜矿山所产的绿松石,在20世纪80年代曾占有世界总产量的80%左右。不过美国产的绿松石,虽也有部分优质的,堪与波斯绿松石媲美,但绝大部分质量则相对较差,多为浅蓝色,绿蓝色或蓝绿色,甚至部分为"面松"。

埃及的西奈半岛,也曾是世界重要的绿松石产地,而且是最古老的产地。早在几千年前就已开采,但现在已几乎完全绝产,仅偶尔有个别矿石被人们捡拾到。

我国也是世界上绿松石的主要出产国,已知主要产于鄂、豫、陕三省交界处,即湖北的郧县、竹山及陕西的白河、安康一带。其中湖北的绿松石有着古老的开采历史,有古矿坑40多处,尤以郧县的云盖寺及竹山的喇叭山两地最负盛名。所产绿松石除很少一部分可以达到"波斯级"外,大多与美国产的相近,绿多蓝少。除此之外,我国的绿松石还来自安徽的马鞍山、新疆的哈密、青海的乌兰等地。

用绿松石、钻石和铂金制成的《棕榈叶冠冕》,
1936年法国著名珠宝商卡地亚的作品

但产量均很有限。其中安徽的马鞍山虽产量极其稀少,却质量相对较好,大多可属瓷松等级。

在世界上,绿松石还来自墨西哥、阿富汗、俄罗斯、澳大利亚、秘鲁、智利等地。但所有这些产地都很少有优质绿松石的产出。所产的绿松石多为"美国级",甚至更差的"埃及级"。

所以尽管世界上绿松石产地众多,但真正优质的绿松石却明显不能满足市场的需求。而这正是众多的绿松石处理品和仿冒品得以纷纷问世的客观基础。

中东的阿拉伯诸国是世界上绿松石最重要的消费市场。早在几千年前,古埃及人就对绿松石有着特殊的偏爱,从而促使他们为了获取绿松石要从富饶的尼罗河畔,不辞辛苦,跋涉千里到荒漠的西奈去开采绿松石,同时也把喜爱绿松石的习俗传承至今。因此就像玉在我国人民的心目中有着崇高的不可替代的地位一样,在阿拉伯人的心目中绿松石也有着相似的地位,并凝聚了几千年来阿拉伯文化的精粹,成为阿拉伯文化的一个重要特征。因而时至今日,许多阿拉伯人仍以拥有绿松石为荣,相信绿松石能给他们带来幸运和欢乐,能使他们战胜困难,事业有成。

由于中世纪时,传承了阿拉伯文化的土耳其人建立的奥斯曼帝国曾扩展到中欧和南欧一些地区,并给欧洲人带去了绿松石。所以被称为"土耳其石"的绿松石在欧洲也很受人们的喜爱。因此后来人们在选定诞辰石时,把绿松石选为12月的诞辰石,用于象征幸福,祝愿成功。

在美洲,美国西南部的印第安人也对绿松石特别偏爱,自古以来他们习用

清代制作的绿松石摆件

在西藏的珠宝市场上可见有众多的用绿松石制成的饰品

绿松石装饰房屋和坟墓，用来体现大海和蓝天的精灵；他们也喜爱用绿松石装饰自己，相信它会给佩戴者带来幸福和好运，避免受到伤害。所以在那里，绿松石是一种长盛不衰的宝石。

在我国，绿松石的主要消费市场是西藏、青海一带的藏民。在那里，绿松石被视为是有灵魂的宝石，是最佳的护身宝石，因此只要有条件，几乎人人都会佩戴包含有绿松石的各种饰品。有人甚至说，在西藏没有任何一件珠宝玉石饰品会不装饰有绿松石，可见绿松石在藏民族中的地位。与西藏的情况相反，我国东部经济较发达地区的人民，却大多对绿松石知之甚少，自然也很少有购买绿松石的欲望。

7. 绿松石的投资收藏要点

投资收藏绿松石要注意的有以下几点。

(1) 绿松石虽然深受阿拉伯人、北美洲的印第安人和我国西藏人民的喜爱，但由于它是一种基本上不透明的玉石，不像其他一些优质的宝玉石那样晶莹剔透，光泽璀璨；再一个笔者认为更重要的原因是，对绿松石有特别偏好的这些民族，在当今的世界上都不是经济发达的民族，因此它们的爱好对世界的影响也相对较弱。所以绿松石在整个宝石殿堂中并不占有重要的地位，只被人们列为中档的宝玉石。在美国，其未经加工的天然石料的价格，一般每克仅 1~5 美元，甚至有的只有几十美分；即使加工好的优质绿松石饰品，其售价也一般不超过每克 10 美元。但尽管目前它的价值不高，我们却可以预期它的未来还是

黄金镶嵌的绿松石戒指和耳环

有较大的升值潜力的。特别是当喜爱这种玉石的民族,在经济上有了快速发展之后,绿松石一定也会有较大的升幅。

(2) 再者应该知道,绿松石虽然在世界上有多个不同产地,总的资源量并不匮乏,但其中真正优质的却十分稀少,远不能满足需求,而这正成为各种绿松石处理品和仿冒品大肆出笼的客观基础。以至可以说,市场上众多的绿松石制品有很大一部分都不是真正的天然绿松石。

(3) 鉴于市场上的这一现状,我们的读者如果想投资收藏绿松石制品,一定要倍加小心。如果自己不能辨别它的真假优劣,那么最好还是请专业机构对其作出准确的鉴定。

(4) 绿松石是一种含水的矿物,因此它怕高温、怕在阳光下曝晒。曝晒会使它褪色;若长期置于高温环境里,它甚至会最终瓦解。所以收藏时应注意避光,和不要放在太干燥的环境里。

(5) 绿松石通常较富孔隙,易以吸附周围环境中的各种气体,所以若佩带绿松石首饰,最好不要进入厨房、理发室、美容院、洗澡间等场所,以免让它吸入油烟、香水、发胶等可能使它变色的气体。

(6) 绿松石制品若沾有污垢,不可用超声波清洗,持续的快速震动有可能导致它的破裂,所以只能用微湿的柔软毛巾轻轻擦拭。这时还要注意,有铁线的地方,大多比较脆弱,

绿松石雕《岁寒三友》
冯喆设计,张鸿喜制作

玉石易沿铁线裂开，因此要格外小心，不要用力过大。

（七）天庭之石——青金石

如果有机会到美国芝加哥博物馆去参观，你会看到那里藏有一块巨大的蓝色宝石，它长60.96厘米，宽30.48厘米，厚20.32厘米，重达312磅（约合141.6千克）。这块蓝色宝石不仅色蓝如天，而且上面还散乱地点缀着点点金星。原来这就是被人们视为是天庭之石的青金石。

1. 青金石的早期应用史

在人类的早期文明（包括古埃及文明和美索不达米亚的两河文明）中，青金石就是一种享有十分崇高声誉的宝石，深受古巴比伦和古埃及的帝王贵胄们的青睐与赞誉，并频繁地出现在当时的一些诗歌里。如有一首流传下来的诗歌——《月神之魔》就这样写道："公牛般的强壮，大大的头角，完美的形状，舒长的颔毛，像青金石一样显赫"。可见青金石在当时人们心目中的地位。不过，当时青金石却来之不易，它产在今阿富汗东北部的巴达克山上。矿藏位于5 000～6 000米的崇山峻岭之间，这里荒无人迹，山高路险，交通十分不便，又有毒蛇猛兽之害；另一方面，当时的生产力又十分落后，艰苦的环境和繁重的采矿活动，常使许多采矿人十去九不回，所以青金石在当时是十分贵重的，并成为古巴比伦国王送给古埃及国王的主要礼物，也是一些小国向埃及进贡的重要贡品。迄今人们在中东地区的许多古墓中还可发掘到用青金石制作的饰品和护身符。

在古希腊和古罗马，青金石则被用作贵重的颜料。迄今流传下来的许多文艺复兴时期的世界著名油画上，还可看到有用青金石做成的颜料。当时的修道士们还把青金石粉末拌和蜂蜜、松香及麻子油以后，用以装订经书，使之成为富有

清乾隆御题青金石山子
宽13厘米，高15.8厘米

青金石雕《开花结果》（杜心藏品）

和高贵的象征。有意思的是，当时的古希腊人和古罗马人还相信，青金石具有药用价值，它的粉末可用作补药和泻药；也可以用来配制治疗忧郁症和"间三日疟"的良药。

在美洲，青金石也是一种深受人们喜爱的玉石。在古印加帝国国王的墓葬中，人们常常可以看到用青金石做陪葬品。目前，世界上已发现最大的一块青金石，也就是我们一开始讲到的芝加哥博物馆所藏的那块青金石，就是来自秘鲁古印加帝王的墓穴。人们认为，当时印加人之所以把青金石放入墓葬中，就是相信这种色相如天的宝石，可以为死去的帝王铺就登天之路。

有趣的是，印加人对青金石的信仰，竟然在相距遥远的神州大地也得到共鸣。青金石在我国古代虽不常见，但也屡有记载。如《宋史》载："于阗国贡金星石"；明《新增格古要论》则记"金星石出金坑，色青如豆靛"。这里所述的金星石就是青金石。我国近代的地质界前辈章鸿钊在其所著的《石雅》中还曾指出："《水经注》载大月氏之青玉佛钵，《隋书》漕国之青黛，《唐书》吐火罗之金精，《五代史》吐蕃之金星矾等，于今考之，皆当为青金石之异称"。他复指出：由于该石"色相如天，或复金屑散乱，光辉灿灿，若众星丽于天也"，故有青金石之名。但由于我国自己没有青金石的产出，要从遥远的中亚或北方的西伯利亚输入，所以历代十分少见。目前已知的最早的青金石制品，发现于徐州东汉墓中，系一个鎏金镶嵌兽形铜砚盒，其上镶有珊瑚、绿松石和青金石。另东魏（534—549）李希宗墓，也出土一枚镶青金石的金戒指。此外，我国古代也常用青金石作颜料，如敦煌莫高窟，西千佛洞等彩绘用的蓝色颜料就是用青金石制成。13～14世纪，成吉思汗的西征，可能促使青金石较多地流入我国，尤其是17世纪中叶，青金石就得到了较广泛的应用。《清会典图考》载："皇帝朝珠杂饰；唯天坛用青金石，地坛用黄玉，日坛用珊瑚，月坛用白玉"。显然是用玉色来象征天地日月，并把青金石视为天庭之石。另外，清代还规定朝服顶戴四品用青金石。迄今在故宫博物院还可找到不少清代留存下来的饰有青金石的饰物和玉器，如青金石双耳环炉、青金石双耳挖盒、青金石镶金嵌宝执壶、青金石山子等。

2. 青金石的基本特征

那么青金石是一种什么样的玉石呢?

从地质矿物学的角度讲,"青金石"一词就像绿松石一样包含有两层不同的含义。它的第一层含义是指一种矿物。这是一种具有等轴晶系晶体结构的,成分十分复杂的含硫酸根的钠钙的铝硅酸盐,化学式为 $\{(Na,Ca)_{7-8}(AlSiO_4)_6[SO_4, Cl_2, (OH)_2, S_2]\}$;而且式中的钠还经常部分地被钾所替换,硫酸根除部分地被氯和硫所替代外,还可能被羟基和硒所替代。其实,应该说作为一种矿物的青金石,它的化学成分究竟如何迄今还没能作出肯定的结论,所以在不同版本的著作中,常可看到有不同的化学式的表达。这是因为作为矿物,青金石几乎都是与其他矿物紧密共生在一起,只有在极少数情况下才以独立矿物的形式产出(有报导说,有人曾经发现青金石的非常罕见的独立晶体。这是一个蓝色的具菱形十二面体晶形的晶体,直径为5.08厘米),而且它还总是包含有这样那样的杂质,这就使研究者们很难获得纯的矿物青金石,所以也就很难准确地分析出它的化学组成。

青金石为何呈蓝色?迄今也还不是十分清楚,一般认为来自硫离子之间的电荷转移。因为人们曾经发现,在加热青金石时,其组成分中的硫酸根分解为硫离子,结果蓝色变得更深。

"青金石"一词的第二层含义,也就是我们将要讲到的作为一种玉石的青金石,更严格地说,它应该叫做"青金石岩"或"青金岩"。也就是说,这是一种

不同品质的青金石

具斑杂状构造夹杂有白色方解石和铜黄色黄铁矿的青金石

以矿物青金石为主要组成矿物，同时又包含有其他不同矿物的多种矿物的集合体。其中最常见的除矿物青金石外，还有与矿物青金石十分相似的方钠石$[Na_8(AlSiO_4)_6Cl_2]$和蓝方石$[Na_6Ca_2(AlSiO_4)_6-(SO_4)]$，再有就是那构成闪闪金星的黄铁矿（$FeS_2$），还有形成青金岩中白斑的方解石（$CaCO_3$），另外还可能有透辉石（$CaMgSi_2O_6$）、云母和角闪石等。

青金石（即青金岩，以下我们谈到的青金石都是指作为玉石的青金岩）一般具有微晶到显晶的不等粒的粒状结构；块状构造，或斑点状-斑杂状构造，也见有黄铁矿呈星点状散布的浸染状构造。

青金石通常呈中等到深的蓝色、紫蓝色，也有微绿的蓝色和绿蓝色，还有浅蓝到灰蓝色。其中则常点缀有铜黄色的黄铁矿的星点或斑点；也时见有方解石构成的白斑，这种白斑还常与黄铁矿紧邻；有的还夹杂有墨绿色的透辉石和黑色的角闪石的色斑。

青金石具有玻璃-蜡状光泽，通常不透明或近于不透明。平均折射率一般在1.50左右，有的因含方解石等其他矿物较多，致折射率升高到1.60以上。在查氏镜下，它的蓝色会泛果褐色。在紫外射线照射下，一般为惰性，但若含有方解石等其他矿物，则会有弱到中等的浅粉色荧光，也有的显示橙色或铜色亮光的斑点或条纹。青金石的硬度一般为5～6，当含黄铁矿较多时，硬度增大，含方解石多时，硬度则下降。它的相对密度为2.75左右，同样会因黄铁矿的含量的增多而增高。性较脆，易破裂，断口为不平坦状。青金石还会与盐酸发生反应，若含方解石，遇盐酸就会剧烈起泡；没有方解石，则缓慢溶解，并释放出硫化氢（一股臭鸡蛋味），并留下很难去除的白霜状的胶状氧化硅。

在自然界，青金石的形成与所谓"接触交代作用"有关。它一般产于花岗岩类岩石与大理岩的接触带，是花岗岩中的硅铝钠组分与大理岩中的碳酸钙，在岩浆期后富含硫的热水溶液的帮助下，发生交换反应的产物。所以青金石通常呈细脉状或囊状（一般大为几个厘米到几米），也有的呈浸染状，赋存于接触带附近的大理岩或花岗岩类岩石之中。

3. 青金石的主要品种与品质评价

青金石通常可划分为以下一些主要品种。

（1）波斯青金石。或称"伊朗青金石"，实际上是青金石中的一级品。它具有纯正浓烈的靛蓝色或带紫的蓝色，且一般颜色较均匀，不含或只含有少许星点状的黄铁矿，并几乎完全不含方解石和其他杂质矿物。因主要来自阿富汗（阿富汗立国前属于波斯），故名。

（2）俄罗斯青金石。原称"苏联青金石"，也叫"西班牙青金石"。实际上是青金石中的二级品。它以具有不同深浅、浓淡的蓝色为特征。颜色分布不均匀，通常都含有斑点状的黄铁矿和方解石。因主要来自俄罗斯而名。

（3）智利青金石。实际上是青金石中的三级品。通常为浅蓝色、灰蓝色、或绿蓝色、蓝绿色，是一种含方解石和透辉石等杂质较多的青金石，因曾主要来自智利而名。

（4）金格浪。俗称"金龟子石"。这是一种明显富含黄铁矿的青金石变种，

优质的波斯青金石

一堆智利青金石料石

含黄铁矿较多的金格浪

含方解石较多的催生石

以致蓝色与黄铁矿的黄色斑驳相间,状如金龟子而名。

(5)催生石。是一种富含方解石的青金石变种,通常呈浅蓝色或灰蓝色。由于古代的印第安人曾用其作为妇女催生之药,故名。

评价青金石品质的优劣,主要从下列几方面着手。

首先是颜色,人们指出,其实青金石的品质并不是很好,它没有其他玉石那样能显示灵气的透明度,光泽也不是很强,硬度又不高,质地也大多相对粗糙,但它为什么会成为人们心目中的高贵玉石,就是由于它具有那种纯正而深沉的蓝色,可以说是蓝色宝石中具有最佳蓝色的品种。所以它颜色的好坏,对它价值的高低具有决定性的影响。优质的青金石应该是具有纯正浓烈的靛蓝色或带紫的蓝色;而且随着蓝色浓度的减弱,价值也降低;若带有绿色调,价值就更低;最差的则是呈浅蓝或灰蓝色的。

其次看质地,好的青金石应该致密细腻,质地坚韧,含杂质矿物少;可以有少许呈星点状散布的黄铁矿,但若黄铁矿呈斑块状,等级就下降;另含方解石或其他矿物愈多,品质就愈差。

再次看裂纹,青金石性较脆,易裂,因此一个青金石成品,最忌是否有隐藏的较大的裂纹,因为若有这种裂纹,将意味着它很可能在不知什么时候就碎裂开来。

除上述三点外,青金石的评价当然也要看它的大小,和任何宝玉石一样,个体越大就会越贵重。最后也要看它的做工。关于做工的评价原则,我们可以参考前面已经讲到的其他玉石的做工评价,这里不再赘述。

要注意的是,大多数青金石成品,为了能取得更佳的外观效果,人们会给它上蜡(即浸蜡)或注无色油,以加强它的光泽和起到一定程度的保护作用。由于这种方法是传统上的习惯做法,并已被人们普遍接受,所以我国已颁布的"国标"把这种方法列为可以允许的优化,出售者可以不作宣示。

除上蜡、注无色油外,青金石也常见有染色处理,以提高它的色相。这时,若用放大镜仔细观察,一般可以看到有颜色在微小缝隙处

用优质青金石雕制的精美摆件

浓集的现象。另外，若用蘸有酒精或丙酮的棉签进行擦拭，将会看到棉签已染上蓝色。要注意的是，若这种染色青金石的表面已作上蜡处理，那么你应该先把表面的蜡层清除掉，然后才用棉签进行试验。否则由于蜡层的保护，你将得不到应有的结果。

青金石还见有拼合黏结处理。其中较常见的是把小块的青金石拼接组合成大块的。对于这种制品，只要仔细观察，当不难发现它的拼贴痕迹；如果有怀疑，可以用紫外线进行荧光测试。由于大多数黏结所用的黏合剂是树脂类黏合剂，在紫外灯下拼贴缝会显示出与青金石可能有的荧光不同的较强的蓝白色荧光。此外，也可以用热针对可疑的拼贴缝进行测试，若有黏合剂，则会发现黏胶熔融或冒白烟。

已知青金石也有人工合成品，它由一家加拿大公司制成。据说方法是在真空环境里加热方钠石 [$Na_8(AlSiO_4)_6Cl_2$] 或霞石 [$Na_3K(AlSiO_4)_4$]，然后，再在惰性气体环境里与含硫矿物一起加热，便可获得合成青金石。但由于合成成本很高，目前尚无实际的商业价值。

4. 青金石的仿冒品和代用品

青金石，尤其是优质的青金石，在世界上总的说来产量有限，不能满足人们的需求，因此在各地的市场上也不乏可见它的仿冒品和代用品。它们大致可分为三大类，现简介如下。

(1) 完全人工制造的仿冒品，它们又有下述三类。

料仿青金 这是一种用蓝色玻璃仿制的假青金石。要识别这种制品应该说并不困难，因为它具有比青金石好得多的透明度，而且常常可以看到它的内部会有小的气泡，硬度也比青金石稍大，折射率和相对密度也不同。

熔结的合成尖晶石 这是一种最初来自德国的仿冒品，系用钴着色的不透

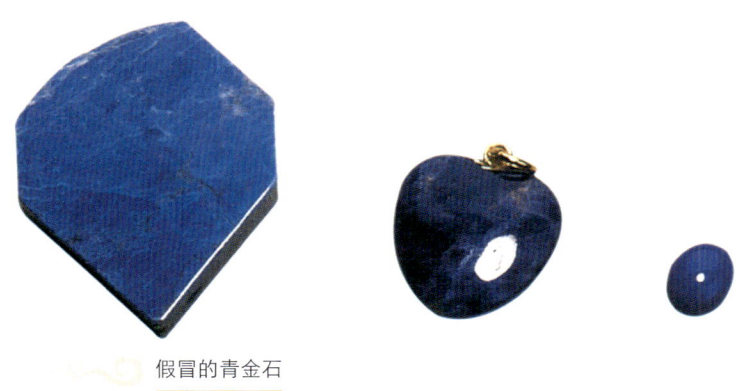

假冒的青金石

左为染色的玉髓；中为方钠石；右为吉尔森青金石（据林小玲）

明的块状的人造尖晶石。它具有十分酷似青金石的外表，甚至也含有闪闪的金点。但仔细检查可以发现它具有明显强于青金石的光泽；还有它的所谓的金点，由于是人为故意压入的铜屑金属，硬度较低，用钢针可以戳动，不像青金石中的黄铁矿那样坚硬。另外它的折射率为1.72，相对密度为3.52，都大大高于青金石。

吉尔森青金石 这是一种由法国吉尔森公司生产的制品，当初吉尔森公司曾宣布它是一种"合成青金石"。但随后的检测发现，它实际含有青金石所没有的含水磷酸锌，与青金石的化学成分不同，显然不能称为合成青金石，只能属于人造的青金石仿冒品。鉴别种制品，首先是颜色，它过于均匀，不像天然的总是或多或少有颜色不均匀的变化。它也会含有黄铁矿微粒，但那是把天然黄铁矿打碎后拌入人造材料中制成的，所以放大后仔细观察会发现它是破碎的小颗粒，而不是天然的小晶粒。另外，它的相对密度是2.45，硬度4.5，都低于天然青金石。人们还发现它的孔隙度较大，置入水中会吸水而使重量略有增加，天然青金石则不会（这一点对已镶好不能用其他方法检测的制品来说，特别有用）。

（2）半人工制品，它也有以下三种。

再造青金石 它是把青金石的边角料粉碎后，用塑料黏结而成的制品。这种制品在紫外灯下，一般会显示与正常青金石不同的异样的荧光；另外，它的相对密度会偏低一些；更有效的检测方法是用热针进行测试，此时将会闻到由塑料释放出来的难闻的气味。

德国青金石 也称"瑞士青金石"，实际上是一种用普鲁士蓝 $\{Fe^{+++}{}_4[Fe^{++}(CN)_6]_3\}$ 染色的碧石，或者是玉髓、大理岩等天然石料。它们通常不含黄铁矿，物性与天然青金石也有明显差异，是一种低级的比较容易识别的仿冒品。除了通常都可以看到染色剂在微裂纹处浓集外，若为染色的碧石或玉髓，可以看到有破裂后的贝壳状断口，且硬度较大，可以达到7。若为大理岩，则硬度低，只有3，并遇盐酸会强烈起泡。

炝色青金石 我国工艺界生产一种青金石仿冒品，通常是用岫玉染色来获得。与天然青金石相比，它的折射率较高，硬度则偏低。

（3）一些与青金石比较相似的天然矿物和岩石，因此常被用作青金石的代用品，常见的有下述六种。

方钠石 是最近似青金石的天然矿物，它不仅具有和青金石相似的蓝色，也具有相近的5～6的硬度，在查氏镜下也会显示为红褐色。事实上它也是青金石中的组成矿物之一。由于这类石料曾盛产于加拿大，而有"加拿大青金石"和"加拿大蓝色石"之称，又由于发现它时正值英国公主访问加拿大，所以又有"公主蓝色石"之称。相比于青金石，方钠石透明度稍高；相对密度2.15～2.40和折射率1.483± 均低于青金石；另外方钠石常具有较粗粒的结构，很少见有

方钠石及用其制作的戒面和项链

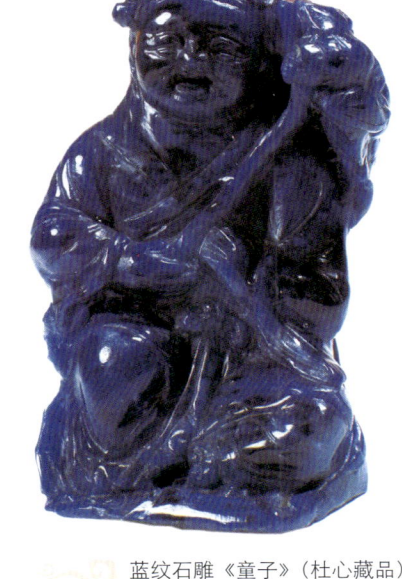
蓝纹石雕《童子》（杜心藏品）

黄铁矿，并时见有白色或黄色或粉红色的色斑与条纹。

蓝纹石 这是产于我国四川旺苍县境的一种类青金石岩，其岩石学名称是"方钠石化磷霞岩"。也就是说，这里本赋存有一套以霞石正长岩等为主的碱性杂岩，其中有较晚形成的磷霞岩呈脉状穿插分布。而磷霞岩脉的中下部因受到后期含氯溶液的作用便发生了方钠石化，遂形成了这种蓝纹石。蓝纹石是一种多矿物岩，它大致由40%～60%的钙霞石[（Na, K, Ca）$_{3\sim 4}$（Si, Al）$_6$O$_{12}$（SO$_4$, CO$_3$, Cl）·nH$_2$O]，10%～20%的方钠石，以及10%左右的霞石、黑云母、绿帘石等共同组成，也时有1%～5%的星点状或团块状的黄铁矿。通常呈蓝色、灰蓝色和灰白色的相间的纹带或斑块，但常夹杂有零星的黑云母的闪光鳞片，是其区别于方钠石和青金石的一大特征。蓝纹石具油脂光泽，微透明－不透明，硬度5～6，抛光性能良好；惜裂隙较发育，难以制作大型玉器。

蓝铜矿 是一种具有近似青金石的深蓝色的铜的碱性碳酸盐[Cu$_3$（CO$_3$）$_2$（OH）$_2$]，常与孔雀石伴生产于铜矿床的氧化带。与青金石相比，它的折射率1.73～1.84明显要高得多，相对密度也很大，达3.80，硬度则较低，为3.5～4，可溶于酸，而且不像青金石会释放硫化氢的臭鸡蛋味。

天蓝石 是一种镁铝的磷酸盐矿物[MgAl$_2$（PO$_4$）$_2$（OH）$_2$]，具有与青金石相近的蓝－紫蓝色（但颜色大多偏浅，缺乏青金石那样的深蓝），硬度也相当，

蓝铜矿的晶簇

天蓝石的晶簇

为 5～6，但仍以折射率 1.612～1.643 和相对密度 3.09 左右，高于青金石可资鉴别。

青透辉石 也称"堇青辉石"或"紫青辉石"（$CaMgSi_2O_6$），是一种产于意大利彼德蒙特的一种罕见的含有锌的透辉石变种，通常呈半透明到不透明的暗紫蓝色，也有鲜蓝－紫色，多为块体。硬度 6，平均折射率 1.69 左右，相对密度 3.23，都高于青金石。

蓝色东陵石 是一种富含蓝线石 $[(Al，Fe)_7(BO_3)(SiO_4)_3O_3]$ 的深蓝或紫蓝－紫色的石英岩。它主要来自美国的加州，而被人们称为"加利福尼亚青

一堆蓝色东陵石料石

金石"，特点是通常都会具有较好的透明度，在透射光下放大观察，可见其蓝色呈纤维状分布，这与青金石显然不同。另外它的折射率也较高，为1.55；相对密度2.7～2.8，硬度7，也均高于青金石。

青金石及其仿冒品和代用品的鉴别一览表

分类	玉石名称	主要物性参数			其他特征	著名产地
		硬度	相对密度	折射率		
完全人造	青金石	5～6	2.75±	1.50±	不透明，常含黄铁矿、方解石	阿富汗、智利、俄罗斯
	料仿青金	6	2.50±	1.52±	透明度较好，常含小气泡	
	熔结合成尖晶石	8	3.52	1.72	不透明，也可含"金"点，但可用针戳画	德国
半人造	吉尔森青金石	4.5	2.45±	1.50±	孔隙大，会吸水	法国
	再造青金石	<5～6	2.75±	1.50±	塑料胶结，热针试验会释放塑料的气味	
	染色 碧石	6.5	2.65±	1.55±	颜色在裂隙处浓集	德国、瑞士
	染色大理岩	3	2.70	1.48～1.66	颜色在裂隙处浓集，滴酸会起泡	德国、瑞士
	染色 岫玉	<5.5	2.57	1.56～1.58	颜色在裂隙处浓集	中国
天然代用品	方钠石	5～6	2.15～2.40	1.483	结构较粗，大多不含黄铁矿	加拿大、俄罗斯、中国
	蓝铜矿	3.5～4	3.8	1.73～1.84	可溶于酸	美国、中国
	天蓝石	5～6	3.09	1.61～1.64	一般颜色较浅	印度、巴西
	青透辉石	6	3.23	1.69	不含黄铁矿	意大利
	蓝色东陵石	7	2.7～2.8	1.55	颜色呈纤维状	美国

5．青金石的供需概况和投资收藏要点

世界上的青金石资源，总的说来不是很多，其中最著名的当属阿富汗的巴达克山。自古以来，这里就一直是世界青金石的主要供应地。但这里地处阿富汗东北角的高山峻岭之中，海拔在5 000～6 000米之上，人烟稀少，交通十分不便，又有毒蛇猛兽之害，加上这里生产力十分落后，几千年来人们都使用极其原始的方式进行开采。为了避开毒蛇猛兽的侵扰，也为了取水的方便，开采

青金石自古至今一直是埃及人民最喜爱的宝石。这串项链是时任埃及总统萨达特（1970～1981）的夫人送给当时美国国务卿的夫人的礼物

一般都在冬季进行（可直接利用岩壁上的积雪）。人们在含青金石的岩石上生火，把它烧热，然后泼上冷水，让岩石因骤冷而崩裂，从而取得青金石。显然这样原始的方法对于较深部矿石的采集将是十分困难的，所以产量一直非常有限。近代，更由于这里战乱不断，以致开采几乎陷于停顿。

青金石的另一产地是与阿富汗毗邻的塔吉克。这里的青金石实际上是阿富汗青金石矿藏的延续，可惜数量有限，产量不大。此外俄罗斯的贝加尔湖的南端也产有青金石，只是品质大多不及阿富汗所产，所以俄罗斯青金石已成为青金石二级品的代名词。

青金石的另一个重要产地是智利，这里也是自古以来就成为印第安人的青金石供应地。矿区位于安第斯山上，并有几个不同产地。已知储量相当丰富，分布较浅，适于露天开采，可惜品质大多欠佳，不是含透辉石较多而呈蓝绿色或绿蓝色，就是含方解石较多而成为催生石。

青金石还产于美国的科罗拉多、缅甸等地，但储量和产量均十分有限。

我国迄今没有青金石的发现，古今所用的青金石不是来自阿富汗就是来自俄罗斯的贝加尔湖地区（那里曾归清朝管辖，所以清代用得较多的青金石可能主要来自这里）。

由于我国自己不产青金石，加上战乱等原因，近代青金石制品已十分少见，大多数珠宝店都不见其踪影。国人对它更是知之甚少，因此在国内市场上几乎没有什么实际需求。

在国际上，青金石最主要需求还是在中东地区。那里受历史传统的影响，人们对青金石格外青睐，由于客观上供应量不足，所以青金石属于贵重宝石之列。

在欧洲，青金石也很受人们喜爱，尤其是在德国，需求量很大，这促使了一系列仿冒青金石——如所谓的德国青金石和仿青金石的熔结合成尖晶石等的出现。青金石的另一个重要市场是拉美地区，但由于这里的经济还不是十分发达，受经济条件的限制，市场也不是很大。

青金石是世界上十分少见的具有如此浓烈蓝色的玉石，加之它在世界上总的供应量不足，所以是一种身价较高的贵重玉石。而且可以预期，随着世界经济的发展，它的未来应该会有很好的升值潜力，是一种值得投资的品种。

投资收藏青金石要注意以下几点。

（1）投资收藏青金石应该选择那种具有纯正而浓烈的靛蓝色品种。而且颜色要尽可能均匀；可以有少许呈星点状散布的黄铁矿，但绝不能有方解石的白斑。另外要注意有没有隐藏的裂纹。由于青金石颜色较深，裂纹常不容易发现，必须谨慎审视，免得留下隐患。

（2）前面我们已经谈到，市场上的青金石不仅有经人工处理的染色品和拼合黏结品，也有众多的仿冒品和代用品，所以在你准备选购青金石制品时必须小心鉴别。一般说来，由于你自己缺乏必要的鉴定仪器，要正确鉴别它们将是十分困难的。因此你最好还是要求出让方能提供，出自第三方的鉴定证书。如果没有，则应该要求出让方允许你自己拿去鉴定，若鉴定有问题，可以退货。

（3）青金石硬度较低，质地较脆，还会被酸所腐蚀，所以收藏保存青金石要谨防与硬物接触，防止碰撞、跌落，也要避免与酸碱物质接触，尤其是含有白斑（即方解石）的青金石更应严防酸碱和硬物。

这件品质不是很好，含有较多透辉石杂质的青金石制品，系清代雕制的《双羊》镇纸（6.5厘米）

(4) 青金石制品若有污垢，切忌使用超声波清洗，可用中性的温水轻轻擦拭，不可把整件置入水中洗涤。

（八）古老的珍宝——玛瑙

沈括（1031—1095）是我国北宋时期的一位著名的学者，在他所著的《梦溪笔谈》中曾留下了许多对一些自然事物的珍贵认识，远远超越他的同时代人。其中就曾记载了这样一件有趣的现象，他说："士人宋述家有一珠，大如鸡卵，微绀色，莹澈如水，手持之映空而观，则末底一点凝翠，其上色渐淡；若回转，则翠处常在下。不知何物，或谓之滴翠珠"

那么这个被沈括称为"滴翠珠"的究竟是什么呢？原来它就是今天被我们称为"水胆"的矿物包裹体。可以拥有水胆的矿物已知有若干不同种类，其中最常见的就是在我们这一节中将要讲到的玛瑙。

1. 玛瑙史话

玛瑙，对于大多数读者来说应该并不陌生，在各种古籍中均不乏有关于玛瑙的叙述，在古人的眼中它是珍宝、财富的象征。当古书中一谈起某某富贵人家的珍宝时，均会提到那令人羡慕眼红的玛瑙，并与当时也非常名贵的珍珠并列。

那么玛瑙究竟是什么呢？玛瑙由于常具红色，我国古时曾称之为"赤琼"或"赤玉"。是一种很早就被人们利用的玉石。据报道，在4 000～5 000年前的甘肃齐家文化遗址里，人们就曾发掘到用玛瑙制成的珠子。晋王嘉（大约4世纪）撰写的《拾遗记》曾载："当黄帝时，码碯瓮至，尧时犹存。甘露在其中，盈而不竭"，舜时"迁宝瓮于衡山之上"。据说此宝瓮后沦于地下，到秦始皇通汨罗（江）之流，掘地得到，之后又下落不明。在此以后的各个时代，玛瑙一直是人们心目中的珍宝，并用于制作各种艺术品和装饰品。金代更把玛瑙钦定为帝王贵胄专用的瑰宝，明文规定，百姓不准使用玛瑙器皿，及用之装饰刀把和鞘。稍后的元代，继承了金代的传统，把玛瑙的利用推向更加鼎盛的时期。在宫廷中专门设置了玛瑙玉局，并"领玛瑙匠户五百有奇"，专为帝王贵胄制作玛瑙等玉器，以供赏玩。明清时玛瑙也很盛行，迄今仍有不少当时的玛瑙制品流传下来。

被剖开的玛瑙矿瘤

在 2006 年中国国际珠宝展上展出的经精雕细琢制成的奥运题材的玛瑙摆件

玛瑙俏色雕件

玛瑙一名，据说始于汉代。有人认为源自佛经，在梵文中本为"阿斯马加波"，意即"马脑"。后又因"马脑"属玉，遂转写为"玛瑙"。很有文才的魏文帝曹丕(187—226)曾写过一首《玛瑙勒赋》，曰："玛瑙玉属也，出西域，文理交错，有似马脑，故其方人因以名之。命夫良工，是剖是镌，追形逐好，从宜索便，乃如砥砺，刻方为圆，沈光内照，浮景外鲜，繁文缛藻，文采接连"。道出了玛瑙一名的来历。

然而，对于纹理交错的玛瑙是怎样形成的？古人却一直想不明白，于是便有了一些迷信的说法。如有人认为它是马口吐出物，还有的竟认为是鬼血所化等。对此，明代的李时珍（1518—1593）在《本草纲目》中曾分别予以驳斥，他写道："胡人云是马口吐出者，谬言也"；"拾遗记云是鬼血所化，更谬"。他接着又指出："马脑非玉非石，自是一类，有红、白、黑三种，亦有文如缠丝者。西人以小者为玩好之物，大者研为器"。他又说：玛瑙"坚而且脆，刀刮不动，出产有南北。大者如斗，其质坚硬，碾造费工。南马脑产大食等国，色正红无瑕，可作杯盅。西北者色青黑。宁夏瓜洲、羌地砂碛中得者尤奇，有柏枝马脑，花如柏枝；有夹胎马脑，正视莹白，侧视则若凝血，一物二色也；截子马脑，黑白相间；合子马脑，漆黑中有一白线间之；锦红马脑，其色如锦；缠丝马脑，红白如丝，此皆贵品……金陵雨花台小马脑，止可充玩耳"。可见李时珍对玛瑙已有相当认识。

在国外，玛瑙也是人们很早就已利用的珍宝之一。据报道，大约最早的玛瑙制品发现于爱琴海公元前约四千年的早期文化里。位于中东两河流域的古苏美尔人也很早就用玛瑙来制作饰品和象征权势的工具，迄今美国纽约的自然历史博物馆中还可看到，苏美尔人在公元前 3 000～前 2 300 年制作的玛瑙玉斧。此外，远在亚洲东北侧的日本古墓中，人们也发现有与苏美尔玉斧差不多同时代的玛瑙制品。在古埃及、古波斯也都有使用玛瑙的记录。那时的古埃及人和古波斯人常用玛瑙制作戒指,戒面上则刻有伊斯兰圣经、魔术符号或数字,用作代代相传的护身宝贝。有趣的是,在古波斯,人们还相信玛瑙是解蝎毒的良药;还认为一种表面带有斑点似狮皮的玛瑙可以使人免除蝎子的毒害。他们还认为把玛瑙扔进装满油和颜料的坛子里煮2小时,若玛瑙的颜色变成朱红,就能给人提供战无不胜的力量,保证胜利。古希腊人则相信,把玛瑙系在通向海底的绳子上,就能指引潜入海底的采珠人找到珍珠。

玛瑙,在英文中写作"agate",据说其名源自古希腊的哲学家赞奥法拉托(前372—前287),他在西西里岛的Achates河发现了这种美丽的宝石,并作了相应的描述。

2. 玛瑙的基本特征

玛瑙,从其性质而言,是一种石英的隐晶质集合体。石英作为一种矿物,读者应该都不陌生,它的具有几何外形的透明晶体就是人们熟知的水晶,化学成分是二氧化硅(SiO_2)。玛瑙就是由众多的非常微小的、连普通显微镜都很难看到的石英晶粒集合组成;此外它也会夹杂有少量的蛋白石($SiO_2 \cdot nH_2O$)或其他杂质矿物,但数量都很少,所以它基本上是一种单矿物岩。

玛瑙的最大特点是,它总是具有大量的色泽不尽相同的纹带。这是由于它一般形成于各种洞穴或裂隙里,特别是那些火山岩的洞穴和裂隙。它是岩浆活动以后产生的含硅热水,在洞穴中由外壁向中心逐层沉积二氧化硅的结果。由于它的形成要经历一个漫长的过程,含硅热水的成分会发生不同程度的变化,致使每次沉积的沉积层的颜色也有了一定程度的相应变化。据报道,有人曾在高倍显微镜下对玛瑙的纹带进行过统计研究,发现每英寸(2.54厘米)有纹带17 000来条;这些纹带都由与其呈垂直分布的细小晶体构成。在正常情况下,这

玛瑙的同心环带构造

中心有水晶晶簇的玛瑙

些纹带会形成具有同一个中心（俗称"眼"）的平行同心环带状。但由于地质作用的复杂性，大多数玛瑙会具有两个或两个以上的中心眼，纹带也因此而出现不同程度的错乱。许多玛瑙，在形成过程中由于地质环境的变化，致使含硅热水的供应中断，就使它的中心未被沉淀物充满，留下空洞。这个空洞通常会保留有没有逸散掉的形成该玛瑙的溶液。这些溶液尽管没有新的来源来继续补充，但它仍会与已凝结沉淀的二氧化硅发生作用，使紧靠

各种不同颜色的玛瑙和玉髓

空洞壁的二氧化硅小晶体，在该溶液的帮助下互相合并，逐渐生长壮大为肉眼可见的大晶体，也就是成长为水晶。这就是在剖开玛瑙时，人们大多会发现它的中心有一圈水晶晶簇的原因。空洞中的溶液，随着时间的推移，有的慢慢消散、干涸，留下真正的空洞；但也有的由于密封性较好，或由于时间较短，使溶液仍继续保留在空洞中，这就形成了在本节一开头讲到的具有"滴翠珠"现象的水胆。

谈到玛瑙，人们往往会联想到与它具有完全相同物质组成的玉髓。换言之，玉髓也是石英的隐晶质集合体。它与玛瑙的最主要区别就在于它不具有纹带构造，而是呈比较均匀的块状构造。所以它的物理化学性质与玛瑙相比没有实质性的区别。因此在这里我们就将它们合并在一起进行介绍。

玛瑙和玉髓都拥有十分丰富的不同颜色，俗称"千种玛瑙万般玉"，就是指的它有丰富多彩的颜色，加上它的纹带，更显色彩斑斓，五色纷缊。玉髓在颜色多样性方面也不亚于玛瑙。它们还都具有玻璃光泽；透明度大多都比较良好，一般为亚透明－半透明；在正交偏光镜下呈现为非均质的集合体，即全亮；平均折射率为1.54左右；在紫外光下，一般为惰性，即无荧光反应。硬度6.5～7，性较脆，受撞击，易破裂、折断；断口呈贝壳状。相对密度一般在2.65左右。能耐酸碱，只有最强的氢氟酸才会对它产生腐蚀。

在自然界，玛瑙通常呈直径几个到几十个厘米的瘤团状、囊状或窝状产出，个别的也可达到半米以上的直径。玉髓则多呈宽窄不一的脉状或不规则状产于围岩的裂隙里；也有的以被壳状或钟乳状产于空洞壁或开放型的裂隙壁上。

3. 玛瑙和玉髓的主要品种

玛瑙由于颜色多样，花纹奇特，所以人们据此将它分出众多不同的品种。如前面我们引述的李时珍《本草纲目》中的记叙，就曾提到有：柏枝玛瑙、夹胎玛瑙、截子玛瑙、合子玛瑙、锦红玛瑙、缠丝玛瑙等。对于这些玛瑙人们多是以其颜色或花纹，所作的象形命名。由于数量众多，我们就不一一细作介绍，仅择其重要者简介如下。

（1）苔藓玛瑙。也即柏枝玛瑙，即玛瑙中可见有苔藓般或柏枝状花纹的玛瑙。这种花纹在地质学中称为"模树石"，是玛瑙形成后，继续受到晚期的含铁锰质气水溶液的作用，部分铁锰质在玛瑙的微裂隙中沉析的结果；其形成的原理，与冬天玻璃窗上形成的冰花相同。此外，也有的是由后期形成的绿泥石等杂质矿物构成。由于它们花纹奇特，并具有较好的观赏性，所以这种玛瑙是玛瑙中较优等的品种。

（2）缟玛瑙。也称条带玛瑙，指具有众多纹带的玛瑙。这种玛瑙因比较常见，所以属于一般性的品种。但如果这种纹带在肉眼可见的条件下，格外细密，而且最好红白相间，便构成了很受人们喜爱的缠丝玛瑙。它属于玛瑙中较名贵的品种。

（3）火玛瑙。这种玛瑙由于在它的微纹层中，包含有薄层的液体或红色的赤铁矿的薄片，致使它会闪烁出火红的闪光，故名；由于十分少见，也属玛瑙中的名贵品种。

（4）风景玛瑙。一些玛瑙的花纹错综复杂，使人看上去如一幅优美的风景图画，便构成为风景玛瑙。还有的由于玛瑙中有棱角状构造，致其纹带折叠起伏，隐约如城廓或楼宇状称城廓玛瑙。我国南京产的著名的雨花石，许多就属于这种风景玛瑙或城廓玛瑙。此类玛瑙的价值主要决定于花纹构图的逼真程度和意境。

多眼玛瑙　　　　苔藓玛瑙和右上角的风景玛瑙

风景玛瑙（雨花石）

左为柳岸春晨；右为繁花似锦

（5）独眼玛瑙或多眼玛瑙。我们已经谈到玛瑙会具有俗称"眼"的中心，若仅具一个中心便是独眼，若具两个或两个以上便是多眼。玛瑙有眼并不稀奇，对它的价值高低一般不会产生大的影响。但这种独眼玛瑙或多眼玛瑙，在我国西藏常被用于制作，在藏人眼中具有崇高神权象征的所谓"天珠"，致身价也因此而倍增。

（6）水胆玛瑙。即具有水胆包裹体的玛瑙。需要指出，这种玛瑙中的"水胆"，除了前面我们已经谈到的，是形成玛瑙时残留下来的溶液外，也有的是玛瑙形成以后外界的地下水逐渐渗入的产物。不过，从玉石利用的角度来说，它们的价值是相同的。由于它们都相对少见，又是许多工艺师不可多得的绝佳的工艺

水胆玛瑙（中间发白部分为水胆气泡）（据丁龙熙）

229

石材，可以用它制作构思奇妙的工艺品，所以成为玛瑙中备受人们青睐的优质品种。

玛瑙还有许多品种，故有千种玛瑙之说。其中有一些是以颜色来命名，如红玛瑙、绿玛瑙等，但由于民间常不知如何区分玛瑙和玉髓，所以许多所谓的红玛瑙、绿玛瑙等实际上却是红玉髓、绿玉髓的误称（我们已经说过，玛瑙和玉髓并无本质的差异，故这种误称也是可以允许的）。

与玛瑙相比，玉髓不具有条带和花纹，所以玉髓品种的划分主要根据颜色的差异，其中较重要的有以下几种。

（1）红玉髓。是最常见的玉髓品种，也称"光玉髓"，是人们比较喜欢的品种。他一般呈橙红－橘红色，也有棕红、褐红到红褐色，很少有鲜红色。其中那些呈橙红－橘红色的也常被人单独划出，称为"肉红玉髓"。已知玉髓的红色与铁的混入有关。自然界天然产出的红玉髓比较少见，大多数红玉髓都是经过人工加热处理的所谓"烧红玉髓"。

水胆玛瑙俏雕《寿星献仙桃》，其中仙桃即由水胆构成（据丁龙熙）

红玉髓

红玉髓制成的护身菩萨，寓意：保佑人们一生顺遂，平安如意

(2) 绿玉髓。一般呈淡绿－绿色，也有黄绿、灰绿、暗绿等不同的绿色。澳大利亚是世界最著名的绿玉髓的产地。这是一种含有微量镍的玉髓，可以具有十分鲜艳的翠绿色，称为"澳玉"，但也有人鱼目混珠把它称为"澳大利亚翡翠"。

(3) 蓝玉髓。一般呈淡蓝、海蓝－蓝色，也有灰蓝、绿蓝等不同的蓝色。我国台湾曾产有非常优质的蓝玉髓，而有"台湾蓝宝石"之称。它的蓝色是来自一种蓝色铜矿物（羟硅铜矿，也可能有绿松石）的混入，可惜目前已近采竭。现在的天然蓝玉髓主要来自美国的亚利桑那和非洲纳米比亚等地。

(4) 黄玉髓。通常呈淡黄、黄、棕黄、黄褐－褐色的玉髓。其颜色主要来自褐铁矿的浸染，由于大多可以通过热处理变成红玉髓，故有"半光玉髓"之称。我国云南龙陵产的所谓"黄龙玉"就是黄玉髓的一种，由于其颜色酷似翡翠的黄翡，而被人大量用来做黄翡的代用品，以致身价日高，其优质石料已高达每

澳玉料石及用其加工的项链及戒面　　　　　　美国产的绿玉髓

非洲产的蓝玉髓

台湾"蓝宝石"的料石及用其制作的戒指

价值不菲的黄龙玉雕件

千克万元以上。

(5) 白玉髓。具奶白、灰白到浅灰色的玉髓,由于色泽欠佳,价值不高,但有些此类玉髓,由于内部的石英微晶在排列上具有一定的方向性,因此当取向正确时,可以看到它会像月光石宝石那样显示出朦胧的乳光,被称为"玉髓月光石",身价自然也相应提高。

(6) 黑玉髓。一般呈灰黑-墨黑色。在市场上人们常按英文名称onyx的音译称其为"安力士"。由于价值不高,多用作其他宝石首饰的配石。其实真正的具有墨黑颜色的黑玉髓比较少见,多为人工染色的。

(7) 血滴石。也称"血玉髓",这是一种与其他玉髓明显不同的玉髓品种。它一般不透明或近于不透明(其实从严格的分类学角度讲,它应归入下面我们将要讲到的碧石的行列,而不是真正的玉髓),呈灰绿到暗绿色,但散布有数量不等的红-棕红的色点,仿如血滴,故名。由于西方人相信它能让人避免出血,防止血灾;还能给佩戴者带来智慧,使他们能干、健康,不受坏人的蒙骗。所以使之成为玉髓中的名贵品种,人们还把它选为替代海蓝宝石的三月诞生石。

血滴石的料石及戒面

印度是此类血滴石的主要产地。需要指出,在有些珠宝书刊(特别是较早期的)上,有人根据其英文名称Bloodstone,将其译为"血石"或"鸡血石",读者切勿把它与我国产的含有辰砂的也被叫做鸡血石的印石混淆。

玉髓也还有一些其他品种,但大多不占重要地位,故从略。

4. 玛瑙和玉髓的人工处理

玛瑙和玉髓,在古代都曾是备受人们珍爱的贵重宝石,这当然主要是由于它们晶莹剔透,色彩丰富,花纹瑰丽,另一方面也是由于古代人们欠缺地质学知识,不懂得如何寻找,致使其产出稀少。加之它们的硬度又较高,达6.5～7,这使古人为了将其加工琢磨成为成品,不得不花费更多的时间和精力。但20世纪以来,科技的进步,使人们在加工琢磨此类宝玉石时已不再有任何困难,而且人们也在自然界发现越来越多的此类矿藏,以至可以说有些品种是遍地开花。这样一来,尽管它们瑰丽程度并无半点减退,但却因受供需关系的经济学的制约,使其价值明显降低,一些较常见的普通品种已沦为低档宝玉石之列。

玛瑙和玉髓由于价值不高,所以它们的人工处理方法也相对简单,已知主要有以下三种。

(1)热处理。这是最早采用,也是最常见的处理方法。一些颜色偏黄、偏棕褐的玛瑙和玉髓在经过加热处理(俗称"烧")以后,就可获得较好的红色。其原理和翡翠中翡的热处理一样,都是通过加热,让其组成分中的黄褐色的含水褐铁矿,转化为不含水的红色赤铁矿,或促使二价铁进一步氧化为三价铁。烧

玛瑙雕《根》,这样红的玛瑙在自然界是绝无仅有的,它很可能是烧红玛瑙

玛瑙被不同染色剂染色后的对比,可见在同种染色剂作用下,由于玛瑙各纹带本身色泽的差异和结构致密度的不同,而有不尽相同的染色效果

染色玛瑙切片

红玛瑙或烧红玉髓都属于优化处理,是允许的。

(2) 染色处理。这也是近代广泛采用的处理方法。人们在市场上所见的许多具有鲜艳绿色、蓝色、紫色的玛瑙(实为玉髓)链,大多都是染色制品。目前的技术可以根据需要,把玛瑙或玉髓染成各种不同的颜色。经染色处理的玛瑙或玉髓,一般说来颜色会过于鲜艳均匀,不像天然的那样会有颜色深浅浓淡的变化,据此可作大致的区别。但若要作确定性的鉴定,则客观上是很困难的,因为玛瑙和玉髓都具隐晶质结构,晶粒细小到普通显微镜下都无法分辨,而染色剂又是均匀地分布在这些晶粒之间,所以在显微镜下也是无法看到的;只有将其泡在特制的溶剂里,观察是否有颜色的溶出,方可作出肯定性的结论。不过,考虑到玛瑙和玉髓本身价值不高,染色后对其价值的提高也十分有限,而且染色的结果大多能保持较长的时间,所以我国有关珠宝玉石的"国标"中,已将玛瑙和玉髓的染色处理列为属于可以允许的优化。因此人们一般也就不对它们作出是否染色的鉴别。

这里要特别指出的是,近年来在市场上广泛可见的"天珠"。它的色彩、图案,和所谓的"眼",除个别的眼是天然的之外,几乎无例外的都是人工描绘和染色的结果。因此其价值顶多就像寺庙中画就的签符那样,只孕含有宗教的象征,而无真正的宝石学价值,当然更不像有些人吹嘘的那样,是什么天然的珍宝,也绝无可预期的投资收藏价值。

(3) 注水处理。我们曾经谈到水胆玛瑙是备受人们喜爱的玉石材料。但自然界天然的水胆玛瑙比较少见,这就促使一些人为了追逐不正当利益,想方设法制造人为的假水胆。方法是首先寻觅中心具有空洞的玛瑙(这种玛瑙因中心空心,相对密度会明显下降),然后选择适当部位,从外部钻入一个通达中心的小孔,接着通过小孔向里注水,最后用胶或蜡把钻孔封死,再做个假皮来掩护。这种处理多见于未经加工的原始材料中。也有一些已加工好的工艺品,原本包

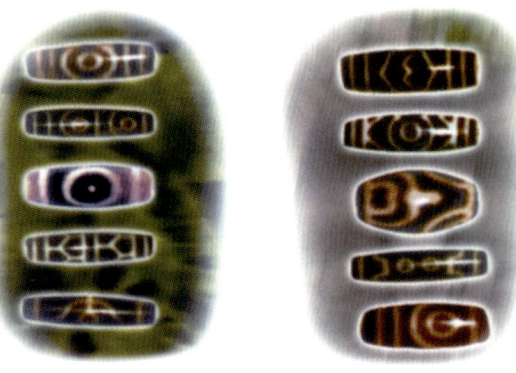

不同色彩和图案的天珠

裹有水胆,但可能因开采、搬运、加工等过程中产生有通达中心的裂隙,致使水分逸散,失去工艺价值。于是也有人把它们浸泡在水中,让水重新渗入其中,制造人为的水胆。不管是前者还是后者,鉴别它们的主要方法,就是要仔细观察,寻觅有无可能被人故意掩盖的小孔或裂隙。一般说来,只要仔细,总是会找到它的破绽。若有怀疑,则可用针挑拨,看是否有胶或蜡的存在。另外要注意,水胆玛瑙一般呈灰黑、灰紫、灰白色,很少有红色调的。这是因为我们已经说过,大多数红色玛瑙是属于热处理的产物,而水胆玛瑙不可能作热处理,所以它们都保持天然的原色。据此,若见有具红色调的水胆玛瑙,则很可能是伪制的。

玛瑙和玉髓由于价值不高,因此在市场上它唯一可见的仿冒品,就是玻璃仿制品。要鉴别它们还是比较容易的。玻璃是非晶质,在正交偏光镜下呈现为全黑;玛瑙和玉髓都是全晶质的非均质集合体,在正交偏光镜下呈现为全亮。另外,有些玻璃制品会含有气泡,玛瑙和玉髓则不会。

5. 玛瑙和玉髓的供需概况

我们已经说过,玛瑙和玉髓都是在自然界分布较广的玉石,尤其是一些普通的品种,更几乎可以说是遍地开花,世界上绝大多数国家都有这类玉石的产出。

我国玛瑙和玉髓资源比较丰富已知产地遍及全国24个省区,其中有几个蕴藏量十分可观。如内蒙古西部的茫茫戈壁之中,就有一个神奇的"玛瑙湖"。玛瑙湖(实为一个干旱的洼地)的总面积大约4万平方千米,仅湖心地区就达几十平方千米。湖里不但散布有众多的玛瑙,还有蛋白玉、风凌石、水晶石是一个名副其实的宝湖。据说人们曾在这里找到许多瑰异的玛瑙珍宝。20世纪90年代有一个60多岁的老人叫张靖就在这个湖里捡拾到一块玛瑙,其样子就像一只正要破壳而出的小鸡(后被命名为"玛瑙雏鸡"),据说有人给它估价1.3亿元。后来张靖老人把它无偿捐给了政府,得到了约800万元的奖励。除玛瑙湖外,内蒙古的还有许多地方也都有玛瑙的产出。此外，湖北的神农架、辽宁阜新、黑龙江、山西等地也都产有数量众多的玛瑙或玉髓。

其中辽宁的阜新地区，不仅有众多的玛瑙产出（全区有一半左右的乡镇产有玛瑙），而且还已发展成为国内最重要的玛瑙加工集散地。据称，全区有玛瑙厂家和个体加工户5 000余家，从业人员3万余人，年产值2～3亿元，产有玛瑙工艺品、装饰品、旅游纪念品、体育用品、保健品等200余个品种，数千种款式，占领了全国50%左右的市场份额。目前据说，国家文化部已将"阜新玛瑙文化"列入国家首批非物质文化遗产的名录之中。

在国外，虽然玛瑙和玉髓各国均有或多或少的产出，但优质的名贵品种则主要集中在一些少数国家。巴西是世界上重要的玛瑙出产国，尤其是水胆玛瑙，已成为我国工艺界应用的水胆玛瑙的主要来源。此外它也来自于巴西紧邻的乌拉圭，还有印度、北非沙漠、美国西部以及苏格兰等地。

玛瑙和玉髓的一些较名贵的品种，则分别来自以下地区：

苔藓玛瑙　主要来自印度、美国、苏格兰等地。

缟玛瑙　主要来自巴西、乌拉圭、马达加斯加等。

蓝玉髓　除了前面我们已提到的我国台湾、美国亚利桑那、非洲纳米比亚外，还来自俄罗斯的西伯利亚、印度和冰岛。

绿玉髓　除澳大利亚外还有斯里兰卡、美国加州、印度、巴西等地。

玛瑙湖远眺

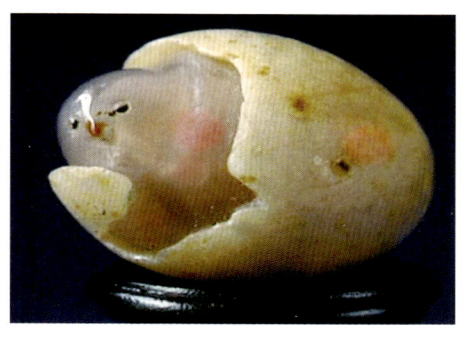
玛瑙雏鸡（张靖收藏，已无偿捐献给国家）

缟玛瑙手链

血滴石 主要来自印度、美国、巴西、俄罗斯西伯利亚、澳大利亚、苏格兰等地。

以上我们列出的一些产地，应该说只是见于文献的部分地区，它们显然没能覆盖世界上所有玛瑙和玉髓的产地。这里谨录以供读者参考。

大多数玛瑙和玉髓，由于价值不高，除了部分被人们选作工艺石料，用于精雕细琢外，绝大多数，特别是那些较常见的普通的料石，多用于制作中低档的廉价饰品、时装配饰，面向广大阶层，所以它们在各地的中低端市场上均不乏可见其身影。在世界各地，基本上可说是供需两旺。少数优质的名贵品种则被用作戒面石，或用于制作挂件等中高档首饰，如被称为台湾蓝宝石的蓝玉髓、火玛瑙、血滴石等。然而由于它们总的说来资源量有限，大多数市场很难见其身影；即使有所供应，由于没有特定的需求群体，所以通常也只是以非主流品种的形式存在于市场之中。

6．玛瑙和玉髓的投资收藏要点

投资收藏玛瑙或玉髓要注意以下几点。

（1）购买玛瑙或玉髓，千万不要被那艳丽的颜色所迷惑。要知道这种制品通常都是经过染色处理的。由于我国"国标"规定它们属于"优化"，是可以允许的，商家自然不会告诉你这不是天然的颜色。对于这种制品，如果你是为了装饰，当然尽可根据自己的喜好来选择，但若目的在于投资收藏，则显然不应给予考虑。除非能有可靠的证据证明它们是真正的未经任何人工处理的，如真正的天然蓝玉髓、绿玉髓等，它们当然还是有投资收藏价值的。

（2）如果真要投资收藏玛瑙或玉髓，我们认为最有升值潜力的应该是以下两种：一种是被列入奇石范畴的玛瑙或玉髓的天然块体，如前面我们提到的被估价为1.3亿元的"玛瑙雏鸡"，再如近年也被人们热烈追捧的葡萄玛瑙，以及

其他类似的能给人以翩翩联想,和具有奇特造型的玛瑙或玉髓;再一种就是具有特殊花纹和极具观赏价值的风景玛瑙,尤其是当其具有如诗如画的构图,蕴含有可让人细细品味的意境时,就更具投资收藏的价值。其实这种时候,它们的价值已主要不在于它们的石料质地,而在于它们那几乎可以说是独一无二的意境,在于那令人叫绝的鬼斧神工。也就是说,这时候它们的投资收藏价值,应该更多的是从奇石鉴赏的角度予以评述。

（3）普通的玛瑙和玉髓虽然价值不高,但若经过工艺师们的精雕细琢,其价值显然就会迅速增长;特别是若能巧妙地利用石料本身的颜色差异,它的工艺价值就会更高。同样,这时它们的价值也主要不在于它们石料的质地,而在于做工的优劣,在于构思是否巧妙,甚至在于制作者本人在工艺界的声望。也就是说这时它们的投资收藏价值,更类同于字画等艺术品的投资与收藏。

（4）水胆玛瑙的投资与收藏类同于上面所述的玉雕作品,但这时人们会更

葡萄玛瑙

水胆玛瑙《金玉满堂》

玛瑙俏色雕《花鸟》

注重水胆在整个作品中的布局,能否恰到好处地体现水胆的神奇。投资收藏水胆玛瑙,除了要关注它的艺术价值外,更重要的是要辨别它是真的天然水胆,还是人工后做的"水胆"。若为后者,由于它存在通达表面的孔隙,水胆的液体很容易逃逸、散失,以至过了不多久它就会失去原来的神奇效应,变成普通的玛瑙制品。值得注意的是,即使是真的天然水胆玛瑙,它所包含的液体也不是说可以永久地世世代代地保存下去,它同样也会随着时间的推移,而慢慢逸散(当然在时间上会长久得多)。为了防止它的逸失,水胆玛瑙制品不应存放在太干燥和高温的环境里,必要时还可以把它浸泡在水中,让它适当地吸收一些水分。

(5)除水胆玛瑙外,玛瑙和玉髓在物质成分上都是不含水的二氧化硅,所以化学性质十分稳定,几乎不怕任何酸碱,也不怕干燥和高温,硬度也较高,故对收藏环境没有什么特定的要求。唯一要注意的是,它性质较脆,需谨防跌落和撞击。但也有一些因包含有其他杂质而例外,如所谓的台湾"蓝宝石",因所包含的蓝色铜矿物大多是含水的,所以失水后,颜色常会变浅,故应注意防止高温和干燥。

(6)如果沾染了污垢,玛瑙和玉髓可以用清水,甚至用稀酸或碱水溶液来清洗。但要注意的是,尽量不要使用超声波,免得被洗的制品里万一有隐藏的裂隙,在超声波的持续振动下发生开裂,使制品受到损坏。

7. 其他石英质玉石简介

玛瑙和玉髓的矿物成分是石英,但已知由石英构成的玉石并不限于它们两种,现把其他的石英质玉石简介如下。

(1)碧石。在许多珠宝书刊上也称其为"碧玉",但"碧玉"之称易与也被称为碧玉的绿色软玉混淆,所以应该弃用,称其为碧石。碧石也是一种主要由隐晶质的石英微晶构成的玉石,只是它通常含有较多的杂质,而且不透明,据此可与玛瑙和玉髓相区别。又由于它的主要矿物成分和物化性质与玛瑙、玉髓相似,所以也常被人称之为"土玛瑙"。碧石因含有较多杂质,所以可以具有多种不同的颜色,有的甚至在同一块石料上五色斑斓,杂色相间,如我国福建九龙江畔产的"九龙碧",就通常具有多种颜色构成的花纹。正由于碧石颜色多样,花纹不同,因此人们常常据此给它冠上不同的名称,如红碧石、绿碧石、缟状碧石、泡泡碧石、图画碧石、虎斑碧石等。碧石颜色虽然丰富多彩,但通常不够鲜艳,而且不透明,缺乏晶莹水灵的质感,加之更主要的是它在世界各地产量丰富,所以大多价值不高,主要用于制作中低档的廉价饰品。未来的升值潜力有限,显然不是人们投资的理想品种。

(2)京白玉。这是一种几乎全由石英的微晶或显晶质晶粒组成的玉石,大多数情况下,用10倍放大镜可以清晰地辨认它的组成颗粒,地质学中称其为"石英岩"。通常呈白－乳白色，亚透明－微透明，外观酷似软玉中的白玉，因此常被人用来冒充白玉。又因早期曾主要来自我国北京西山地区，故有京白玉之名。但今天它实际上已来自多个不同地区，所以有人主张将其改称为"晶白玉"。也有的地方称其为"卡瓦玉"（名称来历不详）。还有，这种石料在染成绿色之后，被称为"马来西亚玉"或"马玉"，用于冒充翡翠。此类石料，因产地众多，价值很低，无投资价值。

（3）东陵石。也是一种具显晶质结构的半透明到微透明的石英岩，不同的是它总是含有一定量的呈均匀分散状分布的其他矿物。其中最常见的是含有许多大致定向分布的铬云母细小鳞片。这种云母片因反光能力强，在光照下会闪烁出点点亮光，称为"砂金光效应"或"日光石效应"。又因铬云母具绿色，所以在它们

各种不同颜色和花纹的碧石

的影响下，玉石整体也呈绿色。这种东陵石曾主要来自印度。另外我国河南密县也产有与它类似的玉石，称"密玉"，不同的是它包含的云母片，不是铬云母而是绿色的绢云母，所以颜色比印度产的相对偏淡。还有我国新疆也产有很好

左为绿东陵石；右为紫东陵石

的绿色东陵石,不过它不含云母,而含绿色的纤维状的阳起石。东陵石除绿色者外,也见有紫色的,称"紫色东陵石"。这是因为它包含的是具紫色调的锂云母。如果它包含的是蓝色的蓝线石,便构成了可用于冒充青金石的"蓝色东陵石"(参见《青金石的仿冒品和代用品》一节)。东陵石本身价值不高,主要也是用于制作中低档饰品,

放大后可观察到的木变石弯曲的平行排列的纤维状构造

另外也常被人用于冒充与它近似的高档玉石,如绿东陵石常用于冒充翡翠,紫东陵石用于冒充紫色翡翠等。东陵石的投资价值同样不大。

(4)木变石。这是一种误称,实际上它不是由树木变成,而是一种硅化的石棉。其原生矿物是蓝色的钠闪石石棉,但现在已完全被隐晶或微晶质的石英微粒所替代,然而仍保留有原来的钠闪石的纤维状外形。这些纤维细如发丝,定向排列,致使玉石会呈现出类似"猫眼"那样的条纹状闪光(不过不是集中一条,而是多条)。木变石可以有不同的颜色,其中最常见的是棕黄、褐黄、褐红、棕红、棕褐色,是由于褐铁矿和部分赤铁矿共同污染的结果。这种木变石也常称为"虎睛石";另一种具灰蓝、暗灰蓝或蓝绿色,它的颜色来自钠闪石的残余,通常它们又被叫做"鹰睛石"。木变石的产地,相对于其他石英质玉石要少得多,它主要来自南非、纳米比亚、巴西等地,我国则产于河南的淅川。相对于其他石英质玉石它的价值也较高,目前在国内市场上,一个用其磨制而成的普通大小的凸弧面形戒面,其价格大致在 50～100 元。由于产量较少,它具有一定的投资收藏价值。

木变石原石和戒面

原产于江西，现树立于上海金山石化公园的硅化木

(5) 硅化木。是已转化为隐晶或微晶质石英（通常也含部分蛋白石）的古代树木的化石。一些变化较彻底的，从成分来说，已是属于玛瑙或玉髓，抛光后可取得和玛瑙、玉髓同样的光亮晶莹的效果，因此一些人主张，应将其称为"木化玉"。木化玉一般为白、乳白、灰白、米黄白、浅褐、褐、灰褐等色，但少数也有的可以呈灰绿、浅蓝绿、棕红等彩色。它们应该都保留有可以观测到的原先的树木结构构造特征（这是鉴别是否是真硅化木的最基本根据）。

我国市场上的硅化木主要来自缅甸、印度尼西亚等地。此外，我国本土新疆等地也蕴藏丰富。硅化木中的木化玉，是当今国内市场上被许多人狂热炒卖的对象，一节高15～20厘米，直径10厘米左右的树干，其价格一般在千元左右，如果造型好，又挂有其他彩色，价格将会升至2 000～3 000元。可以预计，在人们的炒作下，它还会有继续升值的潜力。

（九）若干少见玉石介绍

除了前面我们已经讲到的八种玉石外，自然界还存在多种其他种类的玉石，不过它们大多由于这样那样的原因，在珠宝市场占有较次要的从属地位，有的则主要流行于个别地区，少为另一些地区的人所知道。这里我们选择其中几个，作一些概略的介绍。

1. 孔雀石

孔雀石是一种早早就被人们所利用的玉石。据说在公元前四千年，古埃及人就曾认为孔雀石是儿童的最佳护身符，若在婴儿的摇篮上挂上一块孔雀石，就可驱散一切邪恶的灵魂，使孩子睡得安宁、酣畅。在我国，孔雀石曾被称为"石绿"、"绿青"或"青琅玕"，也很早就被人们所利用。人们估计它曾是我国青铜器时代炼铜的主要原料，在殷墟冶铸遗址里就曾发现有不少孔雀石的碎块。另外，商殷五号墓也出土有一个用孔雀石制作的簪，云南楚雄县万家坝的一个春秋时期的古墓中，则出土有用孔雀石制作的工艺品。孔雀石还被人们大量用作绿色

| 葡萄状的孔雀石原石 | 结核状的孔雀石原石 |

的颜料，而见于许多古老的石刻绘画中。

孔雀石就其化学组成而言，是一种铜的碱式碳酸盐[$Cu_2CO_3(OH)_2$]，具有特征的被称为"孔雀绿"的绿色。在结晶构造上，属于单斜晶系，晶体呈柱状或针状。但在自然界，它通常呈皮壳状、钟乳状、结核状的单矿物集合体的形态产出。在切开的剖面上，常可以看到它具有美丽的同心环带。环带表现为宽窄不等，颜色深浅各异（由于孔雀石中常会有微量的钙、铁、硅等物质的混入，致使它的颜色发生不同程度的轻微变化）；每个环带则都由许许多多垂直于环带的孔雀石小针柱状晶体密集平行排列组成。

孔雀石一般为微透明或不透明；光泽强，可以达到半金刚光泽，也有的因具平行的纤维构造，而显示为丝绢光泽；单个晶体会具有强的双折射，最大折射率达1.909，最小折射率1.655，集合体的平均折射率则在1.85左右；在紫外光下，无荧光反应。孔雀石硬度较低，一般为3.5～4，小刀可以刻动，破裂后的断口呈参差

孔雀石及用其制作的戒面与项链，其中从左上角的原石剖面可见其内部的同心环带构造

不齐状；相对密度则较大，一般为3.95左右，但集合体因杂质含量的不同和结构紧密度的原因，有的可低到3.25，也有的可高到4.10。孔雀石可溶于酸，遇盐酸会轻微起泡。不耐热，高温下会分解。

在自然界，孔雀石产于铜矿床的氧化带，是近地表环境下风化淋滤作用的产物。世界许多铜矿床的浅部大多都有孔雀石的赋存，如非洲赞比亚、津巴布韦和纳米比亚、美国亚利桑那、俄罗斯、澳大利亚、智利等地。在我国湖北大冶的铜绿山曾是孔雀石的著名产地，其名称中的"绿"字就来自孔雀石，惜由于历代的开采，这里的孔雀石已所剩无几。此外我国的广东阳春、江西、西藏、内蒙古等地也均有孔雀石的产出。

作为玉石，孔雀石大致可区分为六个品种。

（1）晶体孔雀石。这是一种非常罕见的，透明到半透明的孔雀石的独立晶体。通常晶体的个体很小，用其磨制的刻面宝石一般在0.5克拉左右，最大不超过2克拉。

（2）孔雀石猫眼。一些具有良好的平行纤维状构造的孔雀石集合体，可磨制出具猫眼效应的凸弧面形宝石。不过其效果大多不是很好，猫眼光带常较宽，不够明亮、尖锐。

（3）普通孔雀石。即通常可见的孔雀石的块状、皮壳状、钟乳状、结核状的集合体，用其磨制成的玉石，通常都具有明显的深浅不同的条纹。常用于制作小的饰件和珠链，一些造型好的原石块体，也常被直接用作观赏石。

（4）青孔雀石。孔雀石常与具有相似成因的另一种铜的碱式碳酸盐——蓝铜矿（又称石青）[$Cu_3(CO_3)_2(OH)_2$]紧密共生。由于蓝铜矿呈蓝色，于是便显示出蓝绿条带相间的外观，称青孔雀石。

孔雀石猫眼

青孔雀石

（5）合成孔雀石。早在1982年就有由苏联研制而成的合成品，90年代后我国也能制造。但由于其合成成本高于天然产品，所以并无实际的商业价值，在各地的珠宝市场上没有合成孔雀石的出现。

（6）仿制孔雀石。目前在市场上可看到两种人工仿制的孔雀石。一种是用陶瓷仿制的"假孔雀石"，它会具有与孔雀石十分相似的色泽和条纹构造，但硬度大于小刀，不

孔雀石观赏石"擎天石柱"

溶于酸，断口呈贝壳状，可资鉴别。另外，市场上还出现一种用重晶石及少量石英、方解石和环氧树脂的混合物胶结而成的孔雀石仿制品。它具有与孔雀石相似的条带状构造，树脂光泽，不透明，可有白色荧光。放大观察，表面可见细小圆圈状凹坑，应为气泡断面（有的凹坑被杂质充填），以及细小的色素点和只出现在白绿色条纹中的浅黄白色团块；参差断口，时见少量分散的晶面反光。盐酸试验有起泡现象。相对密度可因样品而不同，变化于2.30～2.67之间；硬度低，小刀可轻易刻动。与热针接触有塑料味。

孔雀石的人工处理，主要是浸蜡，用于改善表面光泽、掩盖细微裂纹。但这种处理属于优化，可以允许。另外也见有用塑料或树脂进行充填处理，一般放大观察可以发现充填物的存在，热针测试可以闻到塑料或树脂释放出来的异味。

在珠宝市场上，孔雀石属于中档玉石，目前一串直径8～10毫米，60粒的项链，售价在400～600元。由于孔雀石硬度较低，又可溶于酸，因此它的耐久性较差，使用和收藏均要避免与硬物接触。夏日佩戴，若沾染汗水应及时擦除。有了污垢，可以用稀薄的肥皂水轻轻洗涤。

2. 印加玫瑰石

印加玫瑰石的矿物学名称是"菱锰矿"。在我们国内，人们称其为"红纹石"。这是一种使用相对较晚的宝石，在古代的文献中未曾发现有关它的记述。但已知曾被南美洲的印第安人广泛使用，其来源是今阿根廷卡塔马卡省圣路易斯的一个高海拔的山谷里，那里有一个在13世纪时就被印加人所开采的银铜矿，同时产有这种美丽的玫瑰色的玉石。因而有印加玫瑰石之称。

菱蒙矿和孔雀石一样也是一种碳酸盐矿物,即碳酸锰($MnCO_3$),通常具有粉红到浅紫红色。常有微量的铁、钙、锌、镁等元素的混入,致使其颜色发生不同程度的变化,一般钙镁的混入,使颜色变浅;铁的混入,使颜色变暗。菱锰矿的晶体属于三方晶系,晶体呈菱面体状,但更常见的是它的具隐晶或微晶结构的集合体。集合体一般呈块状、结核状、皮壳状、钟乳状等,切开它的剖面也常和孔雀石一样,可以看到有美丽的颜色深浅不同、宽窄不一的同心环带(所以才有红蚊石之称)。每个环带同样都由许许多多垂直于环带的菱锰矿小针柱状晶体密集平行排列组成。

菱锰矿一般为透明到微透明,晶体可以完全透明,集合体则大多为半透明到微透明;玻璃光泽;和孔雀石一样,它的晶体也具有强的双折射,最大折射率达1.820,最小折射率1.594,集合体的平均折射率则在1.65左右;在紫外光下,荧光反应不尽相同,有的无反应,有的可显示中等到弱的粉色或暗红色荧光。菱锰矿硬度较低,一般为3.5~4.5,小刀可以刻动,破裂后的断口呈参差不齐状;相对密度较大,一般为3.60左右,但集合体因杂质含量的不同和结构紧密度的原因,有的可低到3.45,也有的可高到3.70。菱锰矿可溶于酸,遇盐酸会轻微起泡。不耐热,高温下会分解。在强氧化环境下,表面会因氧化作用而变成褐黑色。

在自然界,菱锰矿形成于岩浆期后的热液作用,也形成于岩浆岩与富锰岩石的接触带。在世界上,菱锰矿的最著名产地,除了前述的阿根廷外,还有西班牙的霍查、德国的萨克森、美国新泽西州的富兰克林,以及科罗拉多、蒙大拿州等地,此外澳大利亚、印度、南非等地也有产出。我国则见于辽宁的瓦房店、北京密云及赣南等地,但产量十分有限。

作为宝玉石,菱锰矿通常可区分为两个品种,即菱锰矿晶体和菱猛矿集合体。

菱锰矿

左为在剖开面上可见的同心环带构造;右为美丽的晶体

美国产的菱锰矿晶簇　　菱锰矿原石及用其制作的项链和戒面（注意：其中有两个小戒面的色泽和透明度都非常好）

前者通常透明度较好，故常用于磨制琢型宝石。据报道英国枢密院存有一颗世界最大的菱锰矿刻面宝石，重达59.65克拉。后者透明度较差，除也有用于磨制弧面形宝石外，更多是用于制作小的饰件和珠链，再或切片制成观赏用的插屏。

迄今，菱锰矿尚无人工合成的制品。市场上唯一可见的仿冒品，是用玻璃仿制的。这时可根据玻璃仿制品可能包含的小气泡，大于小刀的硬度，和只有1.54左右的低折射率来鉴别之。另外，菱锰矿有可能与下面我们将要讲到的蔷薇辉石相混淆。但蔷薇辉石硬度大，小刀刻不动；且不溶于酸，与盐酸不起反应，可资鉴别。

与孔雀石相比，菱锰矿产量较少，尤其在国内市场上，更是很少能够看到。近一些年来方从国外陆续有少量进口，售价大多明显偏高。一般普通大小的戒面，每克的市场价在30～50元左右。而一颗重15克拉左右的凸弧面形菱锰矿宝石则标价多在800～1 200元。

由于菱锰矿和孔雀石一样，硬度较低，又可溶于酸，因此它的耐久性也较差；尤其是在阳光曝晒下，还可能因氧化而使表面失去光泽，严重的甚至变成褐黑色。所以使用和收藏既要避免与硬物和酸接触，又要避免受阳光的曝晒和长时间置于较高温的环境里。夏日佩戴，若沾染汗水则应及时擦除。有了污垢，可以用稀薄的肥皂水轻轻洗擦。

3. 京粉翠

京粉翠，也称"桃花石"或"桃花玉"，是一种主要由蔷薇辉石构成的玉石，由于它常见粉红色，在我国最先产自北京地区，故名。

蔷薇辉石是一种硅酸锰（$MnSiO_3$）的矿物，常有微量的铁、镁、钙元素的混入。

主要呈像蔷薇或桃花那样的浅红、粉红或紫红色，也有褐红色，故名；晶体呈厚板状，属于三斜晶系。但独立的晶体很少见，通常多以细晶、微晶，甚至更粗粒的块状集合体产出，并同时伴生有石英，有的还可有菱锰矿、锰榴石和方解石、透辉石等矿物杂于其中；还常见有黑色的斑点和条纹。它们是后期氧化作用产生的氧化锰。

秘鲁产的蔷薇辉石晶簇

蔷薇辉石的独立晶体，可以具有很好的透明度，但十分罕见；集合体则一般为微透明到不透明。玻璃光泽，具非均质性，平均折射率在1.74左右。在紫外光下，为惰性，无荧光反应。硬度5.5～6.5，破裂的断口呈不平坦状，相对密度3.50左右。

以蔷薇辉石为主体构成的京粉翠，由于通常含有数量不等的石英，及少量的其他矿物杂入其中，所以其物理性质与蔷薇辉石相比会有少许差别。一般说来，透明度会略有提高，折射率则因石英的存在而显著降低，甚至低到接近石英的折射率1.54；相对密度也会明显下降，有的可降至3.10，但硬度则会升至6.5～7。

在自然界，蔷薇辉石或京粉翠主要产于富锰岩石与岩浆岩的接触带；也见于沉积锰矿层的后期变质带里。如我国北京昌平的京粉翠就产在花岗岩类岩石与含锰灰岩的接触带。矿体呈板状或透镜状，一般长10～20米，宽0.5～1米不等。在我国，除北京外，同类石料也产于青海、吉林、新疆、四川等地。在国外，它的最著名产地是俄罗斯的乌拉尔。据说，在那里曾开采出重达47吨大玉料。此外美国的马萨诸塞州、德国的哈茨山、澳大利亚、巴西、墨西哥、印度、瑞典等地也均有不同规模的此类矿藏。

作为宝玉石，蔷薇辉石或京粉翠大致可区分为以下四个品种：

（1）蔷薇辉石宝石。由蔷薇辉石的透明－半透明的独立晶体构成，可用于磨制琢型宝石。已知优质透明晶体主要来自美国新泽西州的富兰克林；褐红色晶体来自澳大利亚新南威尔士州的布罗肯山。此类宝石因色泽优美，又十分少见，故具有很高的价值，是收藏家手中的珍品。

（2）块状蔷薇辉石。即蔷薇辉石的集合体。它基本上全由蔷薇辉石构成，含有很少的其他杂质矿物。其中少数优质的可呈没有其他杂色的桃红色或蔷薇红色。但大多数情况下会含有黑色的氧化锰的斑点或条纹。这些黑色斑点或条

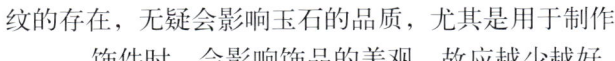

纹的存在，无疑会影响玉石的品质，尤其是用于制作饰件时，会影响饰品的美观，故应越少越好。但事物是两方面的，有弊也有利。在另一些情况下，当这些黑色斑点或条纹构成特殊的图案，以致能让人浮想联翩时，就使其身价反而大大提高。

(3) 红白花京粉翠。有较多石英紧密共生的蔷薇辉石集合体。石英和蔷薇辉石常分别聚集成花斑状，看上去如朵朵红花或白花，故名。根据石英含量的不同又可区分为两个亚种，即含石英较少的红地白花种，和石英含量较多的白地红花种。

蔷薇辉石的原石和用其制成的戒面与项链

(4) 钙质蔷薇辉石。或称"蔷薇辉石大理岩"，是一种含有较多方解石的蔷薇辉石块体。由于方解石的存在，使其硬度降低，坚韧度变差，因此是蔷薇辉石中品质较差的一种。故少用于饰品领域，而多用做建筑物的装饰板材。俄罗斯乌拉尔产有较多的此类石料，莫斯科地铁的"马雅可夫斯基站"就是用此类石料装饰的。

蔷薇辉石目前尚未看到有人工合成制品的报导。已知的人工处理主要是上蜡和染色。前者在于提高表面的光泽，属于优化，是可以允许的；后者则属于

观赏用的蔷薇辉石图案石（据刘辅臣等）

左为迎客松；右为玉树迎风

用蔷薇辉石制作的工艺品

处理,目的在于增色。由于蔷薇辉石大多颗粒较粗,放大检查不难发现染色剂沿颗粒间隙分布的特征,可据此鉴别。

蔷薇辉石或京粉翠色泽优美、硬度又较高是一种良好的玉石材料。可惜因知名度不高,人们对它了解较少,没有形成需求的市场,所以在市场上很少能见其踪影。

4. 萤石

萤石是一种分布很广,也很早就为人们所知悉的矿物。距今 6 000 ~ 7 000 年前的浙江余姚河姆渡遗址,就曾发现有用其制作的装饰品。由于它的透明度通常很好,酷似水晶,但硬度又比水晶低得多,所以我国古时曾称之为"软水晶",或"软水石"。在西方,早在古罗马时期,人们就曾用其来制作杯、碗、花瓶及其他装饰用的物品,并按颜色的不同,称其为"蓝约翰"和"绿约翰"(名称来历不详,可能来自著名的制作者)。

萤石一名,则来自它在紫外线或其他高能射线照射下会发出明显的荧光。另外,由于它是自然界最常见的氟化物,是人们获取氟的主要来源,所以也被叫做"氟石"。

理论上萤石是氟化钙(CaF_2)的矿物,但实际上它的成分常常比较复杂,其组成分中,除钙是主要元素外,也常有钇、铈等稀土元素,甚至铀、钍放射性元素替代钙,并占据钙在晶体结构中的位置;此外还可以有少量的三氧化二铁、三氧化二铝、二氧化硅和氦,以及沥青物质的混入;阴离子氟,也可能被少量的氯、臭氧和二氧化碳所替换。正由于它化学组成的复杂化,使它可以拥有多种不同的颜色,和某些不尽相同的特征。

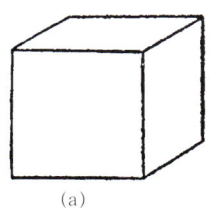 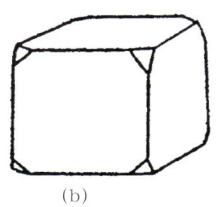 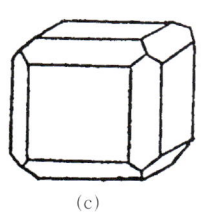 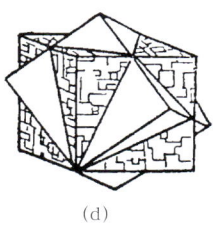

萤石的常见晶形（a、b、c）和穿插双晶（d）

萤石大多结晶良好，晶体属于等轴晶系，常见的晶形是立方体、菱形十二面体，偶见八面体等；有的也以粒状集合体和晶簇状集合体的形态产出。集合体一般具块状或条带状构造。萤石最常见的颜色是不同深浅的绿色、蓝色、棕色、紫色，也有粉色、橙色、黄色、乌灰色和无色（罕见鲜红色）。有时候还可看到有两种或两种以上的颜色共存于一块萤石之上，构成多姿多彩的图案。有些萤石会具有变色效应。萤石具玻璃光泽，透明度通常较好，即使是集合体，透明度一般也在半透明以上；并具有光学均质性和单一的折射率 1.434 左右。萤石的最大特征就是，在紫外线的照射下会具有明显的荧光。荧光大多呈紫－紫红色，但也有的呈天蓝－紫蓝色，或绿色等，因品种而异。有些萤石还会有磷光，即在外界辐射（包括可见光的光照）消失以后，它仍能维持较长时间的余晖；加热，

各种不同颜色的萤石

可使它的余晖维持的时间更长，也更明亮。正是它的这一特性，使它被人们用来制作所谓的"夜明珠"。为什么有的萤石会发磷光，有的不会？人们对此还不是十分清楚。初步的研究显示可能与某些稀土元素或铀的混入有关，也可能与有机混入物有关。如美国俄亥俄州一种褐色萤石的磷光，就可能来自它的石油或沥青质混入物。

萤石的硬度较低，是摩氏硬度4级的标准矿物。它还具有十分发育的4个方向的解理，即所谓的"八面体解理"，因此它的性质较脆，易破裂；破裂后的断口，常呈阶梯状。相对密度一般在3.18左右（可波动于3.0～3.25）。

在自然界，萤石可形成于多种不同的地质环境里，既可以是岩浆期后含氟的气水溶液活动的结果，也可以形成于近地表的外生沉积作用里。由于形成作用的多样性，就决定了它是一种分布很广的矿物。世界各地大多都有不同规模的萤石矿藏的分布。我国是世界最重要的萤石出产国，已知的储量占世界总探明储量的1/3以上。它主要分布在湖南、浙江、内蒙古、江西、贵州、新疆等地。在国外，较重要的出产国有美国、加拿大、巴西、俄罗斯、澳大利亚、英国、墨西哥、南非等。

萤石，按其在宝石学中的利用价值，大致可区分为四个品种。

（1）宝石级萤石。来自萤石的独立大个晶体。它们通常透明并具有鲜艳的颜色，尤其是具有艳丽的祖母绿色、葡萄紫色和紫罗兰色，还有少见的粉红色均属较佳的品种；若具变色效应则更佳。此类萤石虽可用于磨制刻面宝石，但由于萤石硬度低，解理发育，所以它们实际上无真正的使用价值，多为供观赏和收藏之用。

（2）玉石级萤石。主要来自萤石的集合体，多为半透明，并以具有不同颜色的条纹为佳。由于萤石软而易裂，因此通常用于制作杯、碗、花瓶、灯座等

左为法国产的红色八面体萤石晶体；中为紫色萤石的葡萄状集合体；右为绿色萤石晶簇

不需要进行精细雕琢加工的装饰性用具。

(3) 夜光萤石。具有能释放磷光的本领，是当今市场上被一些人热炒的对象。2002 年有一个当时号称最大的用这种夜光萤石磨制而成的"夜明珠"，直径为 21 厘米，喊价高达 5 亿元人民币。但这个记录不久就给打破，人们不断制作出一个比一个大的"夜明珠"。2007 年，在西安，人们展出了一个直径达 1.6 米、重 6.2 吨的巨大萤石"夜明珠"。我国发现的夜光萤石，已知大多数为不同深浅的绿色，也有紫色和白色。如广东就产有淡紫色和白色的夜光萤石。这种萤石发出的磷光（即俗称夜光）大多不是很强。如广东产的夜光萤石，在黑暗中，于 2～3 米远处尚可见其光亮，靠近时可借助其光亮分辨出报纸上的有字和无字部分，但不能看清每个铅字。就是我们前面提

用萤石制作的工艺品

到的那喊价 5 亿元的"夜明珠"，在黑暗中人们也仅能看到，它发出的朦胧的比月光还要淡得多的乳白色亮光。不过，曾有报道说，在国外发现过，在相距 2 米处仍能凭借其发出的夜光辨认印刷字的夜光萤石。

(4) 萤石晶簇观赏石。一些具有良好晶形的萤石晶簇，常被制成观赏石。这时，当以具有鲜艳的颜色和良好的造型为佳；尤其是若有其他矿物，如水晶，或方解石，或黄铁矿等硫化矿物伴生一起，就更具观赏和收藏价值。

萤石，早在 1963 年就有了人工合成品，但它并无实际的宝石学价值，因为自然界有足够多的廉价的天然萤石供应，人们无需去追求价格更高的合成品，所以它们主要被用于光学领域。

萤石的人工处理，最常见的是热处理。通过加热可使暗蓝到黑色的萤石变成较好的蓝色，而且处理后的颜色很稳定。这种处理属于优化，不需鉴别。萤石也可以通过辐射使无色萤石变成紫色，但一经光照，紫色又会很快褪去，所以无实际使用意义。

萤石解理发育且质脆易裂，致富含大小不等的裂隙，为此也常见用塑料或树脂进行填充处理，以达到加固和掩盖裂隙，使其在加工过程中不致碎裂。但这种处理只要在放大镜下仔细检查，一般不难发现。若还有疑问，可用热针测试，塑料或树脂遇热会释放出特有的异味。

曾在西安展出的直径达 1.6 米的萤石夜明珠

萤石，最常见也是最需要警惕的人工处理是，假磷光处理，目的在于制造假的萤石"夜明珠"。这种处理已知有三种不同的方法。① 给本来不会发磷光的萤石球，涂上一层含有人造磷光粉的胶。这使其表面摸上去会有黏滞感，不像天然的那样光滑；另外，由于这层胶的硬度很低，可用刀或针把它刮破来鉴别之。② 把人造磷光粉填充在普通萤石球的裂隙里。在黑暗环境里仔细观察这种假"夜明珠"，可以发现它发出的磷光极不均匀，具有明显的线状特征。③ 用 γ 射线等高能射线，对普通萤石球进行辐照处理，可使其产生发射磷光的本领。但这种人工制造出来的本领，维持不了很长的时间，据说最多可维持 3 个月。遗憾的是目前的鉴定手段，还无法识别出这种处理，只有让时间来揭示它的真伪。

最后，我们要指出，萤石虽然色彩丰富、艳丽，透明度也很好，只可惜硬度偏低，又解理发育，这决定了它不能成为高档的宝玉石；另一方面，又由于它分布广泛，产量众多，在矿业市场上其每吨的价格也只不过几百元，因此除了极少数的特殊的优质品种（如前述的会变色的萤石、罕见的粉红色萤石等）外，并无大的投资收藏价值。这里我们还要再说说萤石"夜明珠"。其实，我国古时传说的夜明珠究竟是什么？人们至今尚无定论。另外，已知具有发磷光本领的矿物，在自然界也不限于萤石一种，钻石、水晶、欧泊、菱镁矿等几十种矿物都有或多或少的这种本领。只不过萤石更常见而已，然而，正由于它的常见，不那么稀罕（所以才不断有直径更大的"夜明珠"推出），也就决定了它的价值不像有些人炒作的那样动辄几百万、几千万，甚至几亿。

这颗萤石"夜明珠"直径 20 厘米，可以看到有众多的裂纹，其实它的夜光就是来自填充在裂隙中的人造荧光粉

因此，在这里，笔者忠告我们的读者，切莫上当受骗。当然我们不是说它没有收藏价值，只是说它不值那么高的价钱。还有，需要警惕的是，已知有些萤石含有微量的放射性元素，为了防止放射性对人体的伤害，当你收藏萤石制品时，最好能请有关部门检测一下，它的放射性是否超过可允许的范围。

5. 梅花玉

梅花玉，是一种我国特产的美丽而独特的玉石。在用梅花玉制成的制品上，可以看到在那底色如墨的石面上，散乱地点缀着一朵朵风姿各异的梅花般的花朵，它们或呈白色，或为红色、绿色；有的怒放，有的含苞，有的飘飘欲落，还有的成簇成团点缀在盘根错节的金色枝条上；当你再细目巡视，还会发现在那繁花密枝之间，竟还有雀鸟、蝴蝶，或穿梭飞行，或依枝雀跃，其情景真使人疑以为是出自哪个名家之手。然而，这一切却完全出自天然，毫无人工的造作。

梅花玉，早在三千多年前就为我国人民所赏识。考古工作者曾在商周遗址中发掘到许多用梅花玉制作的饰品和器具。古籍《水经注》载"紫逻（在今汝阳县境内）南十里，有玉床，阔两百丈，其玉缜密，散见梅花，曰宝"。可见，在古代它就被人们视为珍宝。

梅花玉因产于河南省汝阳县，那里古称汝州，故又称"汝玉"，并与当地所产的汝瓷、汝贴，合称"汝州三宝"。

历史上，梅花玉的开采和利用在东汉初期达到了极盛。传说，西汉末年王莽（前45—后23）篡权，刘秀（前6—后57）起兵反王莽。一次刘秀兵败被王莽军追赶到汝阳境内，无路可走，危急中藏身于汝河岸畔的一个小洞内。说也奇怪，刘秀刚一进洞，立即狂风大作，黄尘滚滚，天昏地暗，不辨东西。王莽军因此分不清敌我，自相冲突，也就无心搜捕刘秀，使刘秀侥幸逃过一劫。王莽军一退，少顷，阳光又从新普照大地，先前混沌昏暗的世界又变的明媚和煦。这时定下心来的刘秀才注意到，这个洞，四壁尽是光彩闪烁的玉石，石上布满了朵朵绮丽的梅花，似乎还飘散着阵阵梅花的清香。刘秀不禁深有感触，遂咬破手指，在洞壁上留下两行血写的题词："此玉天下奇有，真乃国宝也"；"他年

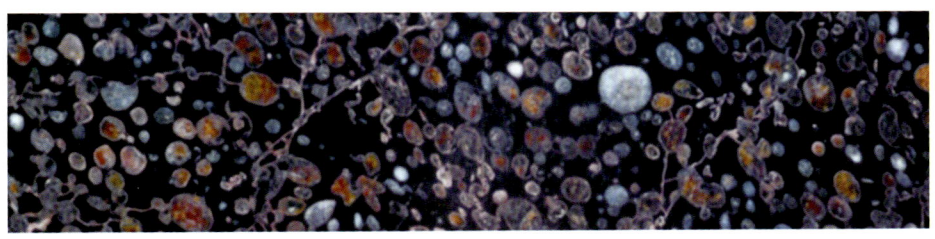

美丽的梅花玉图案

用梅花玉制作的茶具

我若为常青,定奉汝石为玉玺"。后来,刘秀果然打败了王莽,建立了东汉,成为汉光武帝。他便命工匠开掘、制作梅花玉的器具,供宫廷使用和赏玩。在他的影响下,梅花玉真是盛极一时。但东汉后期,战乱频发,梅花玉的开采和使用渐趋衰退,以致采区为乱石所掩埋,梅花玉也变得鲜为人知。

近代,改革开放以来,在发展地方经济的号召下,人们又从乱石丛中把梅花玉寻觅了出来,进行开发。它那独特的梅花图案,晶莹铮亮的光泽,立刻获得了许多人的赞赏。1988年国家体委的领导慧眼独具,指定用梅花玉制成玉杯,作为该年度国际象棋公开赛的奖品。从而使梅花玉声名远扬。不久,国家礼宾司又指定把用梅花玉瓶盛装的杜康酒,作为馈赠外国领导人的高档礼品之一。

近代的研究还使人们发现,梅花玉不仅具有美丽的梅花图案,而且还拥有一些十分优异的性能。用它制成的健身球,重击于地,能弹跳丈余而不碎。用它制成的餐具,三伏暑天扣入肉食,竟能三日不腐,故有"天然冰箱"的美誉。用它制成茶具冲制香茗,可使茶香更浓,且隔夜不馊。究其原因,是因为在梅花玉的物质组成中,有很大一部分与古老的药石"麦饭石"相类似。事实上化学分析还表明,它含有多种有益于人体的微量元素。如钼、锌、锶、锡、铬、钴、铜、钒、钇、镓、钙、镁等。而这12种元素正是人们发现的19种有益元素的主要成员。实验证明,一种单细胞生物——四膜虫,在这19种元素

梅花玉手镯

的帮助下，其寿命可从正常的 70 天延长到 180～246 天。所以用梅花玉制作的食具、茶具，若能长期使用就会有一定的防病、防癌、强身的作用。有人甚至声称，它对防治令人谈虎色变的艾滋病，也有特殊的功效。正由于梅花玉的这些潜在的性能，就使它更受到人们的青睐。

梅花玉插屏

那么，梅花玉究竟是一种什么玉石呢？据研究，原来它是一种形成于距今十七亿年前的火山喷发岩，在地质学的分类中属于"安山岩"类，是岩浆急剧冷却的产物。所以它的组成矿物有的还来不及结晶，就已凝固成为玻璃，也有的则结晶成非常细小的隐晶质，因此它是一种半晶质结构的岩石。而那些艳如梅花的花朵，其实是该火山喷出岩的气孔充填物。也就是说，当年火山喷发出来的岩浆含有较多的气体，在这些气体还来不及逸散之前，喷出的岩浆便已凝固，致使这些来不及逃逸的气体以气泡的形式保留在岩石中，后演化成为散布在岩石中的气孔。再后来，这些气孔又被后期形成的白色的石英和方解石，绿色的绿帘石和绿泥石，浅红色的长石等矿物所充填，从而表现为朵朵不同色彩的花朵。之后，岩石又因为受到地壳运动的影响发生破裂，形成许多纵横交错的裂纹；接着这些裂纹又被金黄色的黄铁矿所充填，于是便形成了类似梅枝那样的金色枝条。更有些时候，黄铁矿还会在"梅朵"的边沿镶上一圈金边，使其显得更加华丽，更加赏心悦目。综上所述，我们可以看到，梅花玉的形成是一个多期次复杂的地质作用互相巧合的结果，由于同样过程的不可重复性，就使其成为举世无双的玉石品种。

从工艺学的角度看，梅花玉质地细密坚硬，硬度 6.5 左右。琢磨抛光后光泽明亮，呈玻璃光泽。惜其透明度差，均为不透明；且色泽相对偏暗，通常为黑色、黑紫色、黑绿色，用其制造的小件玉器，因不能充分展示出其华丽的梅花图案而相形见绌。所以梅花玉不宜用于制作饰品，只适于制作较大型的器具或摆件，尤其适于制作可发挥其防病强身性能的食具、茶具和酒具。此外，由于其性质较脆，使用和收藏时要谨防跌落或撞击。

梅花玉产量有限，市场上一般很少可见其踪影，售价则大致与岫玉相当。

结束语

在结束本书之前我们要指出，市场上可以看到的玉石品种，当然不限于我们书中所介绍的这些，如还有曾被人误认为是翡翠的葡萄石玉，有"美国加州玉"之称的符山石玉，我国新疆产的丁香紫玉，以及属于天然玻璃的黑曜岩和玻陨石，还有在今天宝石学的分类里，归入有机宝石范畴的煤玉（即煤精）等，但这些形形色色的玉石，一则在国内市场上比较罕见，二则它们多属中低档玉石，收藏价值不高，所以我们这里就从略了。

另外，也要说明的是，在本书撰写过程中，曾参考了张蓓莉主编的《系统宝石学》、丘志力著的《珠宝市场估价》、唐元骏主编的《珠宝首饰评估师》等人的相关著述；书中的许多附图除了部分来自这些参考书外，还分别引摘自欧阳秋眉、王时骐、刘辅臣、袁嘉骐、赵永魁、林小玲等人的相关著述以及某些网站的图片，这些附图为本书能更直观地表述各种玉石，起到了十分重要的作用。在此，笔者特向这些作者表示最衷心的感谢。

本书还是集体劳动的成果，除主要执笔者张庆麟外，参加本书工作的还有吴秀玲、王美玲、张秀萍、张晓莉、寿金方、万嗣乃、李秀珠、臧珞珈和包建广。

最后，笔者也要向本书的读者表示感谢，谢谢你们对本书的支持和爱护。同时，我们还热忱地希望你们能对本书的不足之处或错误，提出宝贵的意见和建议。

张庆麟

2013 年 10 月